安徽省高等教育振兴计划“弘扬核心价值观”名师工作室（szzgjh1-1-2016-24）研究成果

经营思政课：地方高校的探索与实践

操国胜　郑龙发　主　编
檀向群　张桃红　副主编

合肥工業大學出版社

图书在版编目(CIP)数据

经营思政课:地方高校的探索与实践/操国胜,郑龙发主编. —合肥:合肥工业大学出版社,2017.12

ISBN 978-7-5650-3747-4

Ⅰ.①经… Ⅱ.①操…②郑… Ⅲ.①地方高校—思想政治教育—教学研究—安徽 Ⅳ.①G641

中国版本图书馆 CIP 数据核字(2017)第 319619 号

经营思政课:地方高校的探索与实践

操国胜 郑龙发 主编 责任编辑 王钱超

出 版	合肥工业大学出版社	版 次	2017 年 12 月第 1 版
地 址	合肥市屯溪路 193 号	印 次	2017 年 12 月第 1 次印刷
邮 编	230009	开 本	710 毫米×1010 毫米 1/16
电 话	人文编辑部:0551-62903205	印 张	18.25
	市场营销部:0551-62903198	字 数	314 千字
网 址	www.hfutpress.com.cn	印 刷	合肥市广源印务有限公司
E-mail	hfutpress@163.com	发 行	全国新华书店

ISBN 978-7-5650-3747-4 定价:49.00 元

像经营家庭一样经营思政课教学（代序）

操国胜

俗话说，“吃不穷，穿不穷，不会算计一世穷”。这里所说的“算计”，也就是经营、考虑、打算的意思。一个家庭的成功、幸福与和谐，排除客观因素，与家庭成员尤其是父母能否善于“算计”、经营紧密相连。这在古今中外都得到广泛印证，诸多家长也深有体会。可以说，在经营家庭上，天下父母无时不用心，无处不专心。其实，教学和家庭经营有着很多相似之处，作为思想政治理论课教师，也要像经营家庭一样经营思政课教学，如此，教育目标定能全部实现。

一、在教学目标上，思政课教师要像对待子女一样关注学生的健康成长

以父母为核心的家庭是社会的基本生活单位。家庭生活是丰富多彩的，概括而言，大体可分为教养子女和日常生活两个方面，家庭之经营也和此内容相一致。在教养子女上，父母对子女的责任，主要体现在“养”和“教”两个层面。正如马克思所说的那样，“家长的行业是教养子女”。“教”属于精神生活的范畴，“养”则是物质生活的题中应有之义。作为父母，大都能够体认家庭教育对子女成长的特殊意义而格外关注。在中国传统家庭中，“教”多以父亲为主，母亲为辅；“养”则以母亲为主，父亲为辅。进一步就“教”而言，在内容上既包括知识的传授（“为学”），又有做人的思想品德修养（“为人”）。教之“为人”是主要的，教之“为学”为其次，后者绝大多数是由专职教师承担的。在“教”的方法方式上，父亲更多的是严厉，母亲则偏向慈爱，往往是母亲的爱弥补了父亲严厉的弊端，并抚慰了由此可能给子女造成的心灵创伤。在“养”上，父母总是把最好的留给子女，宁可自己饿着冻着，所花的心血、力气、精力，堪称世界一流，成为中国父母的传统美德。也就是说，在教养子女上，父亲和母亲既有分工又相互协作，二者的有机统一、协调与和谐，极大地影响和决定着子女的健康成长。考察父母教育子女之所为对包括思政课教师在内的

所有教师和思想政治工作者都有着诸多启示。

第一，广大教师对学生要有真情实意，要像关心子女（兄弟姐妹）一样心系学生的成长。中国父母无不望子成龙、望女成凤，为了这一目标，对子女总是呵护备至、关爱有加，哪怕付出自己的一切甚至生命也在所不惜，从不祈求任何回报。乃如一位大哲学家、教育家所言，“还有什么比父母心中蕴藏着的情感更为神圣呢？父母的心，是最仁慈的法官，是最贴心的朋友，是爱的太阳，它的光焰照耀着我们心灵深处的意向！”尽管如此，父母的宽广胸怀和无私奉献客观上还是赢得了子女的内心尊重和爱戴。作为思政课教师也应像父母关心子女一样对学生全心全意，时时用心，处处专心，出自真心献爱心，“捧着一颗心来，不带半根草去”。为了实现把学生培养成社会的栋梁之材，成为社会主义事业的合格建设者和接班人的宏大而崇高目标，思政课教师应当以高度的社会责任感和历史使命感，全身心投入教育教学等各项工作，一切为了学生、为了一切学生、为了学生的一切而殚精竭虑。这是搞好思想政治理论教育教学的基本前提。

第二，所有教师必须肩负育人教书两大职责，不可偏废。上述言明，父母具有教、养子女之责，且多有分工。教师从一定意义上讲，即扮演了父亲母亲的双重角色，内在承担着教书育人的两大职责，既当“经师”又为“人师”。古语云，“师也者，教之以事而喻诸德者也”。事实上，中国传统社会恰恰是把教师当成父母看待的，正所谓“一日为师，终身为父”。苏联著名教育家苏霍姆林斯基曾明确指出，教师不仅是自己学科的教员，而且是学生的教育者、生活的导师和道德的引路人。《中华人民共和国教师法》和《中共中央国务院关于加强和改进未成年人思想道德建设的若干意见》均对此有着明确规定，这也正是教师的艰难和伟大之处。既然如此，教师就应毫不犹豫地肩负起家长的重任，按照党中央的要求，在教授科学文化知识的同时不忘思想品德教育，做到施教的科学性和思想性的统一。只教书不育人乃教师之“过”，是思政课教师的严重失职。

第三，思政课教师要做到严爱结合。教育学生的目的在于使其身心得到良好的全面发展，成为有益于国家和人民的栋梁之材。这一目标的实现，客观要求我们对学生给予关心爱护时还要有严格要求。事实已经并将继续证明，教育子女的成功离不开父母严格要求和慈爱之互动。诚如苏联教育家赞可夫所说，把教师对学生的爱仅仅设想成用慈祥的、关注的态度对待他们是片面的，教师对学生的爱应当同合理的严格要求相结合。对此，我们在教学实践中也深深感到，没有严格要求的关爱和尊重，容易造成学生行为上的放任，是对学生不负责任的表现；仅有严格要求而缺乏关爱，又往往导致师生情感对立，使学生产生逆反心理，二者都不利于教育目的的实现。只有严和爱的紧密结合才能增强教育效果。因此，思政课教师对待学生既要爱得得体，也要严而有度，严而有方。关爱和严格要求两大因素缺一不可。

二、在教学内容上，思政课教师要像巧妇一样善于精选和挖掘原料（教育资源）

教育目标要通过相应的教学内容和方法的实施才得以实现。前面已经指出，经营家庭的内容还包括日常生活的安排，主要体现在衣、食、住、行几个方面。单就“食”来说，涉及柴、米、油、盐、酱、醋、茶等诸多事宜。当认真观察时，我们就可以发现，两个食之花费相等的家庭，其食的内容和质量或效果往往不尽相同，一家好一家差；食之花费不等的家庭，也不能说花费较少的就一定达不到花费较多的生活质量。究其原因，是和一个家庭特别是家庭主妇是否善于“算计”紧密相连。俗话说，“巧妇难为无米之炊”，但巧妇的“有米之炊”却比一般家庭主妇做得好些、质量高些。其原因在于，巧妇有他人不及的“四巧”，即“精、新、多、活”。透视巧妇之“巧”，对思政课教师在教学内容的选择上有以下几点启示：

第一，精选教学内容（教育资源）是基础。拿做菜来说，它需要原料，包括主料和辅料。精明的巧妇精于原料的选择，善于在丰富多样的主辅料中进行筛选，找到家人的最爱，为烹制可口的佳肴打下良好的基础。这是巧妇“巧”之一。在教学中，教科书犹如主料，课外教育资源犹如辅料。高明的思政课教师总是善于抓住教材的重点，围绕教学目标精选教学内容。这在当前教学内容多而课时偏少的矛盾日益突出，各种教辅用书漫天飞舞、良莠不齐的情况下显得尤为重要。死抱着教科书照本宣科，或离开教学大纲只讲课外内容都背离了教学的基本精神。因此，我们教师要加强理论和专业知识的学习，不断提高自身的思想政治素质和业务素养，掌握善于驾驭教材、能对教材内容予以精选的扎实基本功。这是搞好思政课教学的基础。

第二，深入挖掘教育资源为内需。我们都有这样的生活体验，利用周末或其他闲暇时间到饭店撮上一顿，颇感新鲜，胃口大开；假若久在某个饭店用餐，即使餐餐是山珍海味，也会倒胃口。大鱼大肉吃多了，反倒愿意吃些野菜，这些年各地土菜馆、野菜馆不是像夏天雨后蘑菇一样纷纷冒出来了吗？作为巧妇，她总会千方百计获取新的原料，做到“人无我有，人有我优，人优我新”，使饮食品种繁多、花样时时翻新，家人始终保持新鲜口感。这是巧妇“巧”之二。在课堂教学中，如果思政课教师仅仅传授教科书的内容，那他是难以受到学生欢迎的，尤其在高年级学生中。睿智的教师总能根据教学对象、地域等的不同，扩展教学内容，例如，爱国主义红色资源、最前沿国内外形势等，加大信息量，以增加课程的知识含量，增强内在吸引力。《中共中央国务院关于加强和改进新形势下高校思想政治工作的意见》和《中共中央国务院关于进一步加强和改进未成年人思想道德建设的若干意见》中都有明确要求。我们思政课教师要根据中央文件的精神，按照贴近学生、贴近生活、贴近实际的要求，拓展教育教学资源，并将其作为永恒的追求。如此，将会拉近学生的认知距离，产生情感和思想上的共鸣，更好地达到教学目标。

三、在教学方法上，思政课教师要像巧妇一样精于多样性灵活性的巧妙运用

做好菜肴，仅有好的原料是远远不够的。事实上在原料完全相同的情况下，不同厨师做出的菜肴受顾客欢迎的程度是大不一样的。出现这种情况的原因多半是厨师烹调手艺的差距造成的。它给予思政课教师在教学方法上的启示也很多，概括起来主要有以下两点：

第一，必须坚持教学方法方式的多样性。我们作一设想，如果一个厨师或主妇只掌握一两种烹调法，仅能做出有限的菜肴，能够受到顾客和家人普遍且长久的欢迎吗？答案显然是否定的。巧妇则大为不同，乃煎、炒、烹、炸等各种烹调手法样样精通，并能做出各式各样色、香、味俱全，营养丰富的佳肴来，满足各式人等之需要。这是巧妇“巧”之三。它说明，方法多、办法新是取胜的重要法宝。人们常说，“教无定法”，这是非常有道理的，但教育教学绝不是没有方法，也不是没有规律可循的，否定经实践检验行之有效的基本方法则是错误的。它仅仅是说教学没有固定不变的方法。事实上，在教学中业经形成许许多多、行之有效的教学法，例如，案例教学法、问题情境教学法、实践教学法、研究式教学法、讲练结合法等，应当说，“教无定法”；但“教学有法”。成功的思政课教师既能掌握多种最基本的方法，也会创新教学法。在各种方法中，我倒十分推崇愉快教育法，即让学生在愉悦的审美体验和快乐的情景中接受教师知识经验的传授。正如捷克教育家夸美纽斯在《大教学论》中说，教学是“一种把一切事物教给一切人类的全部艺术”，“是一种教起来使人感到愉快的艺术。就是说，它不会使教员感到烦恼，或使学生感到厌恶，它能使教员

与学生全都得到最大的快乐”。尽管国内学术界、教育界对此还有不同看法，但就其精神和教学效果看，应当成为我们的正确选项。同时，还要重视教学方式手段的多样性，包括运用网络、多媒体以及“微课”“慕课”“翻转课堂”等，使学生始终处在充满新鲜而富有美感的氛围中，激发其学习兴趣和热情，达至良善的教学效果。

第二，灵巧运用教学方法及方式至为关键。巧妇，不仅烹调手法繁多而且运用极为灵活，能够依据家人的不同需要选用适宜的方法烹制出可口的佳肴。人所共知，众口难调，巧妇却凭借高超的烹饪手艺做到“能调众口”。灵活巧妙是巧妇“巧”之四，也是巧妇取胜的又一法宝。应当指出，灵活性是建立在多样性的基础上，没有多样性就谈不上灵活性。由此，也不能说，有了多样性就一定能做到灵活性。它启示我们，在教学中要力求避免方法方式上的呆板和僵化，要根据教学对象、教学内容、教学要求等的不同而灵活采用一种或几种，打出漂亮的“组合拳”。在我们这个转型加速，价值观念、就业和生活方式发生重大变化的现今社会，各地各学校各专业各年级的学生在思想等各方面情况存在很大差异、个性发展受到鼓励和张扬的背景下，教育教学方法方式的灵活就显得异常重要。一个受学生尊重和爱戴的思政课教师必定是知识渊博、激情洋溢、教法灵活而独具人格魅力的老师！

总之，作为思政课教师，要始终铭记教学目标，善于精选和拓展教育资源，坚持教学方法方式多样性灵活性的相统一。我们相信，在习近平新时代中国特色社会主义思想和习近平总书记在全国高校思想政治工作会议上的讲话精神引领下，在高校领导关心和各个部门协同配合下，思想政治理论课及其他课程教师切实“守好一段渠，种好责任田”，“各类课程与思想政治理论课同向同行，形成协同效应”，经过齐心协力，共同为青年学生“点亮理想的灯，照亮前行的路”，思想政治理论课教学质量和水平一定会有大的跃升，真正成为学生终身受益的精品课程。

目　录

实效为先：地方高校思政课教学改革与创新

工艺包装：思政课教学方法与艺术

平台搭建：地方性思政课资源挖掘与运用

以社会主义核心价值观引领高校思想政治工作创新发展

孙晓峰

摘　要：社会主义核心价值观是中国共产党的重要思想理论创新成果。培育和践行社会主义核心价值观是凝心聚气的灵魂工程，也是强基固本的基础工程。当前高校思想政治工作面临很多新问题和新情况，弱化了思想政治教育的针对性、实效性、吸引力和感染力。开展社会主义核心价值观教育，不仅可以为高校思想政治工作提供新的有效的理论支撑，而且对于进一步创新高校思想政治工作，更好地塑造大学生积极向上的人生观、价值观具有十分重要的现实意义。以社会主义核心价值观引领高校思想政治工作创新发展，是高校实现立德树人根本任务的重要抓手，也是高校思想政治工作实现创新发展的根本要求。在具体指导和引领过程中，要注重用社会主义核心价值观的科学内涵、精神实质、价值取向、价值标准，引领高校思想政治工作目标方向、价值认同、课程建设、体系完善。

关键词：高校；思想政治工作；社会主义核心价值观；创新发展

习近平总书记在全国高校思想政治工作会议上的讲话中指出，高校思想政治工作关系到高校培养什么样的人、如何培养人以及为谁培养人这个根本问题。要坚持不懈培育和弘扬社会主义核心价值观，引导广大师生做社会主义核心价值观的坚定信仰者、积极传播者、模范践行者[1]。《中共中央国务院关于加强和改进新形势下高校思想政治工作的意见》强调，要把社会主义核心价值观体现到教书育人的全过程，引导师生树立正确的世界观、人生观、价值观[2]。当前高校思想政治工作面临很多新问题和新情况，开展社会主义核心价值观教育，不仅为高校思想政治工作提供新的有效的理论支撑，而且对于进一步创新高校思想政治工作，更好地塑造大学

作者简介：孙晓峰（1963—），男，安徽怀宁人，池州学院党委副书记，教授，博士，硕士生导师，研究方向为思想政治教育、高等教育管理、区域经济文化等。

生积极向上的人生价值观具有十分重要的现实意义。

一、用社会主义核心价值观引领高校思想政治工作创新发展的内在依据

关于什么是“价值”这个问题，国内外学术界一直是有争论的。国外有三种基本观点：客体说、主体说、关系说。国内也有意义关系、满足主体需要等多种观点和看法。学者李连科认为，价值的问题与人、与人性、与人的需要等问题是密切联系在一起的，“所谓价值，在我看来，便是客体属性与主体需要的特定关系”[3]。原教育部长袁贵仁认为，价值是一种社会关系而不是某种实体，价值是关系范畴，而不是实体范畴。一方面，价值离不开人和人的需要，一个没有人的世界也就是一个没有价值的世界；另一方面，价值也离不开客体，客体及其自然属性是价值的承担者，客体对主体的作用是价值关系的客观基础[4]。美国学者拉尔夫·L. 基尼认为，价值是用来评估的原则。我们使用它去评估积极活动或不积极活动的真实或是潜在的后果，去评估提出的选择和决策的后果。这些价值观念既包括必须保留的伦理原则，也包括用作选择取舍的指导原则[5]。价值追求是人之为人的本质特征；而人，也就成为一种价值性的存在。

关于价值观的含义，也有不同的界说。有的认为，价值观就是关于人的价值的基本观念，即“价值观念”[4]；有的认为，价值观是一种社会意识，即“价值观是人们对价值问题的根本看法，是人们在处理价值关系时所持的立场、观点和态度的总和”[6]；有的认为，价值观就是人们关于生活中基本价值的信念、信仰、理想等思想观念的总和[7]；还有的认为，价值观、人生观、世界观等范畴是有本质联系的，因为“人是世界的一部分，人生观也必然是世界观的组成部分，作为人生观重要内容的价值观当然是世界观，也即哲学的有机部分”[3]。概括地说，作为一定社会文化、意识形态的表现形式，价值观是人们对客观事物有用或无用和作用大小的认识及评价标准，处理价值问题的立场、观点和态度的总和。价值观是文化的核心。价值观教育，正是在人类文明发展中对人生意义的引导、对生活价值的建构、对生命的终极目的的传承与追求。

核心价值观，就是那种反映一定社会中主导意识形态本质内容的，并且在该社会诸多价值观中居支配地位的价值观。价值体系，就是人们一种稳定的信念系统、基本的价值观念系统。在这个体系中居核心地位、起主

导和统领作用的就是核心价值体系。关于核心价值观与核心价值体系的关系，大致有五种观点：一是认为核心价值观是核心价值体系的内核；二是认为核心价值观是对核心价值体系的抽象；三是认为核心价值观是核心价值体系的具体展开；四是认为核心价值观与核心价值体系是内容与形式的关系；五是认为核心价值观与核心价值体系是理论性与实践性的关系。其实，核心价值观与核心价值体系二者反映价值观本身的不同方面，既有联系又有区别。核心价值体系是对主流意识形态基本内容的构建。核心价值观是对核心价值体系的提炼和践行。由此，我们认为：

第一，价值是人类生活的永恒主题，人的价值观不可或缺。人的精神世界是世界观、人生观、价值观的统一整体。其基本构成有四个层次：

基础层次→对自然知识、社会知识和思维知识的概括→世界观；

核心层次→对人生意义的总看法→信仰→规定人的基本生活态度→人生观；

中介层次→对周围世界的价值评价→由其他层次规定并影响其他层次→价值观；

表达层次→情感→情感体现“三观”。

第二，核心价值观的确立不能割裂历史。任何一个民族都不能割裂自己的历史和文化传统，更无法割裂传统价值观的影响。不同民族、不同国家由于其自然条件和发展历程不同，产生和形成的核心价值观也各有特点。西方社会经过历史变迁和文化推动，形成“自由、平等、博爱”的核心价值观，它承载着西方国家的精神追求，体现了西方社会的价值标准。中国封建时代倡导“三纲五常”的核心价值观，“三纲”即君为臣纲、父为子纲、夫为妻纲；“五常”即仁、义、礼、智、信。“三纲五常”深刻地影响了中华民族数千年的传统文化，潜移默化地影响着中国人的思维方式和行为方式，使得中国人看世界、社会和人生有自己独特的价值观体系。当代的社会主义核心价值观自然继承了中华传统文化的精华，汲取了先人留给我们的丰富宝贵的精神食粮，如：“天下兴亡，匹夫有责”的爱国情怀，“言必信，行必果”的诚信准则，“己所不欲，勿施于人”的为善态度，“和而不同”的包容精神，等等。

第三，核心价值观的建设不能脱离现实。一定要从本国的现实出发，而不能简单移植别国的价值观。现实应该是全面的、具体的，关注到每一个阶层、每一个国民的日常生活。中国最大的现实就是我们正处于并将长期处于社会主义初级阶段。核心价值观的有效推进是一项系统工程，需要多方配合、稳步推进。核心价值观要真正发挥作用，必须融入社会生活，让人们在实践中感知它、领悟它，在落细、落小、落实上下功夫。从社会意义上看，核心价值观具有提升意识形态的吸引力和凝聚力，引领社会思潮的作用。培育和弘扬核心价值观，整合社会意识，是社会系统正常运转、社会秩序有效维护的重要途径。从个体意义上看，核心价值观具有审视、校正、提升人的精神境界，完善和发展自我的作用。践行核心价值观，提高素质，是自我全面发展的重要途径。

第四，社会主义核心价值观是一个内含经济、政治、法制、道德等基本价值观的价值观体系。从国家的角度看，诉求的目标是富强、民主、文明、和谐，四者的核心是民富国强；从社会的角度看，诉求的目标是自由、平等、公正、法治，四者的核心是依法治国；从个人的角度看，诉求的目标是爱国、敬业、诚信、友善，四者的核心是品质美德。具体到大学生的核心价值观，可以概括为：爱党爱国、立身做人，勤学善思、立志成才，历练本领、立业为民，全面发展、保持个性。

第五，社会主义核心价值观是马克思主义主流意识形态的根本内容。回答了要建设什么样的国家、建设什么样的社会、培育什么样的公民的重大问题，凝聚了民族精神的精髓，体现了社会主义的本质要求，是全国各族人民价值观的“最大公约数”。社会主义核心价值观具有人民性、科学性、民族性、开放性等本质特征。社会主义核心价值观是实现中华民族伟大复兴的中国梦的价值支撑，是协调推进“四个全面”战略布局的精神动力，是引导大学生进德修业、成长成才的根本指针。

二、用社会主义核心价值观引领高校思想政治工作创新发展的现实考量

高校是我国意识形态工作的前沿阵地，培育和弘扬社会主义核心价值观，能够为实现中华民族伟大复兴的中国梦提供人才保障和智力支持。以社会主义核心价值观引领高校思想政治工作创新发展，是高校实现立德树人根本目标的重要抓手，也是高校思想政治工作实现创新发展的根本要求。

第一，是引导学生正确认识世界和中国发展大势的需要，关键在于增强学生的“四个自信”。当今世界，两种社会制度并存。社会主义和资本主义的力量对比，确实存在着有利于资本主义的态势，似乎推翻了马克思主义的“两个必然”的结论，致使部分人对马克思主义的真理性、对社会

主义的合理性产生了怀疑和动摇。对此，我们要通过开展中国特色社会主义理论体系的学习教育，特别是深入学习习近平总书记系列重要讲话精神，引导师生深刻领会党中央治国理政新理念新思想新战略，坚定中国特色社会主义道路自信、理论自信、制度自信、文化自信。

第二，是引导学生正确认识时代责任和历史使命的需要，关键在于提升学生的“四个认同”。“互联网+”，既冲击着传统的思想观念和思维定式，改变着人们的生活态度和价值取向，还使西方的核心价值观以其强劲的势头介入我国意识形态。它与落后的传统思想观念交织起来的，影响着甚至扭曲着我们的政治信念、价值取向、道德行为和生活态度。

当代社会出现的几种思潮对大学生产生很大的负面影响。一是实用主义思潮导致大学生理想信念缺失，价值取向呈现功利化倾向，从利益出发来衡量人生价值，入党动机实用化。二是消费主义思潮导致大学生把个人的自我满足和享乐放在第一位。他们以奢华摆阔为荣耀，以节俭朴素为寒酸；以挥霍享乐为潇洒，以刻苦发奋为傻帽。三是民族主义思潮导致大学生爱国意识偏移，呈现出民族意识狭隘性倾向。他们认为不购买外国商品就是爱国，对外持强硬立场就是爱国，抵制洋节就是爱国。四是普世价值观思潮导致大学生思想混乱。所谓“普世价值”，简言之就是指普适价值，即人类共同的价值观，如民主、自由、法制、人权等。它是美国霸权主义文化的重要组成部分，其实质就是要把适用于资本主义制度的核心价值观普遍化、全球化。五是历史虚无主义价值观思潮。其实质在于否认人类社会历史发展的客观规律和普遍意义，主张解构整体的历史。它与历史唯物主义理论上的根本区别在于，超越历史发展的现实条件，鼓吹形而上学的历史观。其危害在于误导人们离开国家和民族的历史发展过程和现实国情，空谈价值观问题。六是网络民粹主义价值观思潮。其表现为崇尚非理性和批判性，以不文明的话语，借用网络宣泄和释放消极情绪和不良心态。其危害在于诱发和激化社会矛盾，制造社会不和谐。应对网络民粹主义，需要标本兼治，坚决维护社会平等与公正，加强社会主义法制建设，实行依法治国。七是“去政治化”价值观思潮。这种思潮与“政治化”“泛政治化”相对立，与“中性化”“非政治化”“非意识形态化”相一致，主张“淡化意识形态”和“价值中立”。“非政治化”思潮，在思想政治教育领域也有各种各样的表现[8]。

第三，是引导学生全面客观认识当代中国的需要，关键在于铸造学生的“三大价值能力”。我国正处于社会急剧转型期。这一时期既是经济发展、物质富裕、科技进步的时期，又是社会分化明显、社会流动加剧、社会问题增多、社会矛盾凸显、价值观念多元的时期。独特的历史进程影响甚至左右着大学生“三观”的确立。随着经济体制深刻变革、社会结构深刻变动、利益格局深刻调整，社会思想多元多样多变趋势凸显，人们思想的独立性、选择性、差异性、多变性增强，形成社会共识的难度加大，确立主流价值观的难度加大。在校大学生大多是“95后”，朝气蓬勃、好学上进、视野宽广、开放自信，同时，他们的知识体系搭建尚未完成，价值观塑造尚未成形，情感心理尚未成熟，需要加以正确引导。

三、用社会主义核心价值观引领高校思想政治工作创新发展的具体路径

思想政治工作根本上是做人的工作，本质上是一个释疑解惑的过程。高校思想政治工作者应该帮助大学生认识人生应该在哪用力、对谁用情、如何用心、做什么样的人。而核心价值观的引领更是一个育心、育德、育人的过程。情感上、思想上、理论上的沟通与交流，行为上的示范，是引领的根本路径。在具体指导和引领过程中，要注重用社会主义核心价值观的科学内涵、精神实质、价值取向、价值标准，引领高校思想政治工作的目标方向、价值认同、课程建设、体系建设。

第一，坚守信仰，保持理论上和行为上的清醒与坚定，更好地担负起学生健康成长的指导者和引路人的责任。认真学习经典著作，保持理论上的清醒与坚定。守住做人处事的底线，保持行为上的清醒与坚定。坚持师生两大群体并重，紧密结合、密切合作、优势互补、相互促进。高校所有思政工作者都要用自己的行为激发学生对真善美的向往，引领学生健康成长、成才成功。通过真情、真心、真诚拉近同学生的距离，做学生的好朋友和贴心人。一是放低姿态，平视学生；二是摆正主体，尊重学生；三是贴近心灵，呵护学生。准确把握学生的“接受度”，“接地气”和“面对面”，让思想政治工作“入心田”。

第二，狠抓课堂教学，实现教学过程的优化，把社会主义核心价值观融入教学中，为学生筑起一个“同心圆”。何谓“融入”？怎么“融入”？一是“融入”不是表面的或片面的，而是提供理论支撑和根本方法。二是“融入”不是强行灌输，而是遵循“三大规律”（思政工作规律、教书育人规律、学生成长规律）。三是“融入”不是牵强附会，而是结合课程内容阐述核心价值观。怎么优化教学过程？在教学中实现理

性表达与情感抒发的统一，解决入门入耳入脑入行的问题。理性表达：使用概念、判断、推理等逻辑的思维方法，表达思想观点或意愿态度。情感抒发：用真情实感表达思想观点或意愿态度。把对马克思主义的信仰、对社会主义的信念、对改革开放的信心、对党和政府的信任充满感情地表达出来。

第三，把培育和践行社会主义核心价值观贯穿于教书育人的全过程，为学生筑起一座“承重墙”。针对“三重三轻”（重教书轻育人、重智育轻德育、重科研轻教学）的问题，高校要充分发挥思想政治理论课的主渠道作用，深入实施高校思想政治理论课建设体系创新计划，完善教材体系，提高教师素质，创新教学方法，增强教学的吸引力、说服力、感染力。其他各类各门课程都要融入思政元素，守好一段渠、种好责任田，与思想政治理论课同向同行，形成协同效应。思政课注重引领，通识课培植自信，专业课渗透情怀。大学生在不同的历史时期、不同的成长阶段有着不同的群体特征和不同的意见诉求，他们不是不喜欢思想政治理论课，而是不喜欢生搬硬套的讲法；他们不是不愿意接触老师、辅导员、领导，而是十分愿意同老师、辅导员、领导分享成长的困惑和成功的喜悦。构建丰富多彩的和谐校园文化，提升大学生的内心感悟，在日常教育中融入管理，依托网络教育阵地，通过社会实践等巩固社会主义核心价值观教育的实效。

第四，营造舆论环境和社会氛围，使学生受到全方位和多层次的熏陶，给学生建立起思想交流的“立交桥”。一是线上和线下相结合。线上就是运用好信息化手段，运用好网络阵地，给学生输送正确的营养、健康的营养。线下就是要通过各种制度安排和健康的活动载体，让学生充分发挥自身的积极性、创造性，促进健康成长。二是发挥大众传媒和影视作品的积极作用，让学生在娱乐和审美的同时，获得思想上的收益和道德上的感化。三是提升校园文化层次和品位，让学生在健康向上向善的氛围中接受和践行核心价值观。文化的核心是价值观，文化事业的发展方向直接影响着价值观的取向。文化产业是促进价值观宣传的有力手段。四是利用重要节日和纪念日，开展丰富多彩的特色主题教育活动，强化学生的爱国意识和民族认同感，提高他们的思想道德素质。五是充分发挥哲学社会科学的育人功能，积极构建中国特色、中国风格、中国气派的哲学社会科学学科体系，强化马克思主义理论学科的引领作用，充分发掘和运用各学科蕴含的思想政治教育资源，抓好三个课堂的有机结合，健全课堂教学管理办法。要加强对校园各类思想文化阵地的规范管理，加强校园网络思政建设和安全管理，营造风清气正的网络环境，充分发挥网络育人的优势和作用。

参考文献：

[1] 习近平总书记在全国高校思想政治工作会议上的讲话［N］. 人民日报，2016-12-09.

[2] 中共中央国务院关于加强和改进新形势下高校思想政治工作的意见［N］. 人民日报，2017-2-28.

[3] 李连科. 价值哲学引论［M］. 北京：商务印书馆，1999.

[4] 袁贵仁. 价值观的理论与实践［M］. 北京：北京师范大学出版社，2006.

[5]［美］拉尔夫·L. 基尼（Ralph L. Keeney）. 创新性思维——实现核心价值的决策模式［M］. 北京：新华出版社，2003.

[6] 陈章龙，周莉. 价值观研究［M］. 南京：南京师范大学出版社，2004.

[7] 黄凯峰. 当代中国价值观研究新取向［M］. 上海：学林出版社，2007.

[8] 吴潜涛. 社会主义主流意识形态与当今中国社会思潮［M］. 北京：人民出版社，2014.

论社会主义核心价值观教育的校园整体观

冯志华

摘　要：社会主义核心价值观是对人类优秀文化成果高度概括提炼出来的。我们要立基于文化自信，整体把握，全方位、全过程育人，通过纵横比较塑富强理念、校园管理铸民主观念、习惯养成树文明意识、和美文化扬和谐理念、权利本位崇自由意识、师生交往重平等观念、奖助评比尚公正意识、依法治校倡法治思维、革命教育抒爱国情怀、伦理教学弘敬业理念、人际交往守诚信意识、文化传承促友善理念等12条路径协同推进培育和践行社会主义核心价值观。

关键词：文化自信；核心价值观；整体性；全方位

社会主义核心价值观的教育路径有多重维度、各种视角，力求在落细、落小、落实上下功夫，但我们在校园培育和践行核心价值观也要强调系统性和整体性，既要落细落小落实，又要统筹推进、协同发展，这样才能实现核心价值观的“内化于心，外化于行”。

一、核心价值观的文化自信：包容性

（一）主流价值的包容和扬弃

首先要强调24个字的核心价值观，高度浓缩了人类优秀文化成果的精华，是对中华传统文化精髓的传承，更是对西方文化优秀成果的吸纳，不

基金项目：池州学院2015年党建项目“地方高校社会主义核心价值观教育协同实践路径和机制研究”成果之一（2015DJ2001）。

作者简介：冯志华（1973—），男，安徽望江人，安徽卫生健康职业学院副教授，法学硕士，研究方向为高校思想政治教育。

是对普世价值的简单的“跟风”，而是结合了中国国情和时代特征的“扬弃”；也是中国文化自信的一种体现——中国文化的包容性，善于将外来文化吸纳到中华文化体系中来，如佛教文明传到中国，逐渐从小乘佛教演化为大乘佛教并成为中国传统主流文化（儒道释）之一，这就是汤因比将中国文化视为两大文明奇迹之一（中华文明是唯一从古至今延续的文明）的最大原因。国学大师梁漱溟曾说：“历史上与中国文化若后若先之古代文化，或已夭折，或已转易，或失其独立自主之民族生命。惟中国能以其自创之文化永其独立之民族生命，至于今日岿然独存。”梁漱溟的话与汤因比的《历史研究》对中华文明绵延性的文明奇迹的感叹相呼应，充分说明了中国文化的兼容并蓄（包容性）这一优秀文化特质。马克思主义传播到中国后，中国化为毛泽东思想和中国特色社会主义理论体系，并成功地指导了实践；当代中国也是现代化［全球史视野下的历史发展历程：工业化、科学化（理性化）、民主化］和中国化的交融，核心价值观就是现代化和中国化交融视角的一种体现。

（二）核心价值的整体上把握

富强、民主、文明、和谐是我国近现代中国革命历程用鲜血换来的经验教训，也是中国共产党立党的初心——争取民族独立、人民解放，实现国家富强、人民幸福，是国家带领人民追求的价值目标，是被动卷入现代化历程到主动参与现代化，并创立中国模式的中国化过程。

自由、平等、公正、法治既是现代化历程中“三化”中科学化、民主化的产物，也能求索于中华民族的传统文化中讲仁爱、重民本、守诚信、崇正义、尚和合、求大同“文化基因”的传承，是中国社会发展的价值追求。科学化（或理性化）是指自文艺复兴、宗教改革、科学革命、启蒙运动以来人的思想解放的历程，文艺复兴从神本主义走向人文主义，再经历宗教改革和启蒙运动的熏陶，最后形成为天赋人权观念和“自由、平等、博爱”的口号，并体现为法国大革命的革命诉求。民主化则是自英国内战、美国独立战争、法国大革命直至殖民地的独立和解放的过程，是从国内阶级、阶层、群体争取的“自由、平等、博爱”的斗争到国家之间的独立和平等的过程。启蒙运动中，中国文化经典传播到欧洲起到了积极推动作用，从儒家、道家文化中，欧洲人读出了“自由、平等、博爱”（有点郢书燕说的原因），这种仅凭文本的“误读”使欧洲当时的先行者发出了“人同此心，心同此理”和“东西心理本自同”的感慨。由此可以看出中华传统文化中蕴含着这些精神。公正、法治则是伴随着英国内战、美国独立战争、法国大革命的各种宣言、宪章等权利的宣誓、国家权力的划分，并最终以《拿破仑民法典》作为精髓；1914 年中国的新文化运动引进了“德先生（民主）”和“赛先生（科学）”，却缺少了“罗先生（法治）”，因此，中国的法治历程起步较晚，但在当代中国与改革一起成为鸟之两翼、车之两轮，是中国现代化的支撑。

爱国、敬业、诚信、友善则是中华文化源远流长的传统基因，是我国文明跳脱文明“起源—生长—衰落—解体”生命周期的逻辑、在文明挑战与应战中延续至今的重要原因，正是由那些具有爱国激情、勤劳敬业的中国人民秉承诚信、待人友善、团结奋斗并对外来文化兼收并蓄、善于包容的结果。

二、核心价值观的校园打造：全方位

将 12 个抽象的词在校园教育实践中全方位地整体推进，形成协同效应，从而可以落细落小落实到 12 条路径上共同发力，在知情意行等全方位统筹推进核心价值观的培育和践行。

（一）纵横比较塑富强理念

纵向革命历程明确两大历史任务：民族独立、国家富强。在“中国近现代史纲要”或“毛泽东思想和中国特色社会主义理论体系概论”课程教学中，一定要讲清中国近现代史历程中“落后就要挨打”的深刻教训。在西方率先走上资本主义道路之后，由于资本的扩张性（追逐高额利润和更大的市场），最后演变成殖民地的争夺，当时的中国“闭关锁国”，依然沉浸在王朝更替的循环中，最终导致 1840 年到 1949 年 100 多年的屈辱史，当然也是抗争史，因此富强成为中华民族的价值诉求的首选项。

纵横比较现实进步与差距。国内生产总值由 1978 年的 3645 亿（0.3645 万亿）元上升到 2015 年的 67.67 万亿元，我国的经济总量位居世界第二，仅次于美国，国际地位显著提高；1952 年 GDP 为 679 亿元，而现在“双十一”淘宝销售额 2014 年为 571 亿元、2015 年为 912 亿元、2016 年为 1207.49 亿元，一日的消费比当年一年的生产总值还多。整体富了，但人均还有很大差距，富强依然是不舍的追求目标：2015 年人均 GDP（按 13 亿人口计）仅为 5.2 万元，大约是 8016 美元，而美国、日本、德国等发达国家人均 GDP 约为 3.7 万美元以上，我国的差距仍然很大。

再通过梁启超的“少年中国说”、周恩来的“为中华之崛起而读书”的故事进行情感激发。

（二）校园管理铸民主观念

学校可通过校务公开、系务公开、班务公开等方式，让师生了解并参与学校的各项事务，并在学生会、社团活动、班级管理中实现“自我管理、自我教育、自我服务”，让他们享有民主权利，在学生资助等关系到学生利益方面享有决定权、监督权，从而对民主有切身体会。

在文化理念上既阐释中国传统的“民唯邦本”的民本思想，又从西方文明雅典工商业文明（与中国农业文明对比）、启蒙运动中的民主自由思潮中追溯民主意识。

（三）习惯养成树文明意识

在认知上明确：农业文明向工业文明转型过程中，从乡村的各种生活习惯转变为城市文明中的市民意识，并从“随地吐痰的医学危害”说到中世纪欧洲城市发展中的不幸历程。

实践中，学校在开展各项活动（如“知礼修身、厚德端行，争做文明大学生”）中要培育文明意识，使学生养成文明行为，并在思政课的总评中将文明礼貌纳入考核内容。

（四）和美文化扬和谐理念

中国传统文化中有“和而不同”的尚和合、求大同的价值理念，安徽更有徽州和合文化的生活理念，在各种生活器具上、房屋建筑的诸多部位上均有体现。

社会学在人际交往中的三大视角即对抗性视角、合作性视角、解释性视角要求我们，与人交往中要以合作的态度开展每一项日常生活活动，至少应以虽不赞同但能理解对方所作所为的态度去进行交流。医患矛盾、交通摩擦、其他服务行业纠纷日益增多，其原因就在于对抗意识太强，造成不和谐局面。并且还要求学生理解各种不同视角的客观性，树立“事实或真相不是一个人的专利”的观念。例如要求学生写一篇题为“我的校园”的文章，就会发现每个人眼中的校园都是不一样的，但校园只有一个，是客观存在的。因此，只有能听取他人对同一件事物的不同描述、不同看法，才会与人和谐相处。

习近平总书记在对外交往中提出了命运共同体的观念，指出：人类只有一个地球，各国共处一个世界，国际社会日益成为一个你中有我、我中有你的“命运共同体”。面对世界经济的复杂形势和全球性问题，任何国家都不可能独善其身，这是把和谐的理念扩展到了全球。

（五）权利本位崇自由意识

自由是什么？基督教伊甸园的故事宣传上帝是全知全能仁慈（重点指公正）的，“全知全能”那就应该预知亚当、夏娃会吃智慧树的果实，预知了却等着其犯错误再给予惩罚是不公正（也就是不仁慈）的，究竟蕴含了什么意义？那就是人在上帝面前都有自由选择的权利，当然就必须承担选择所带来的后果。这个故事既使学生明白了自由的崇高性，也使其明确了自由所带来的责任担当。并结合哈贝马斯的主体间性理论，使学生树立自我与他人两个主体相遇时的交往理性，明确群己权界，树立正确的自由观。

教师在课堂实践中要尊重学生的权利，明确《教育法》中师生之间权利与义务的相对性和对等性，明确受教育既是权利又是义务的深刻内涵。

（六）师生交往重平等观念

师生交往中不能只强调学生对老师的单方性尊重，现以礼貌打招呼为例加以说明：从小学开始，学生碰到老师单手举起敬少先队礼，高喊“老师好”，但老师回敬的是一脸的漠然。因此，在高校师生交往中，教师要从我做起，对学生有礼貌的打招呼做出基本的回应：点头示意并说“你好！”从各种小的环节中尊重学生，树立师生平等的观念，培育学生的平等意识，不以地位高低、经济贫富、职业不同而有所不同。

在认知上，分析市场经济中的平等可知，平等是由于交换的需要而产生的。不平等主体之间的交换是无法进行的，只有平等的主体，才能“讨价还价”地对商品价格进行协商，然后决定交易与否，因此，社会主义市场经济的发展也是促进平等意识的“推进器”。

（七）奖助评比尚公正意识

高校中奖学金、助学金的评比，三好学生、优秀班干、优秀团员的评比，班干团干的产生和选择，都是在公平、公正、公开的环境和氛围中进行的，从而有效地促成学生对于处事公正原则的认知以及情感、行为的形成和发展。教师再通过国家各项招聘考试的公正性展示和学生亲身参与的体会，使学生对“（天资）+努力+机遇=成功”的成功公式有深刻的领会，明确“中国梦”的深刻内涵；提出“使人人有出彩的机会”，是国家给予每个人的平等机会的观点，从而使学生充分认识“人民幸福”的个体的梦只要经过努力，也能实现。

（八）依法治校倡法治思维

古人云：“小智者治人，大智者治事，睿智者立法。”现代社会强调规则至上、法治意识，这已成为现代性的一个标志性特征。因此管理的中心环节就是建章立制，以制度管人，以制度管事，才能实现管理的公平正义。法治就是“规则之治”，在我国“依法治国，建设社会主义法治国家”的大趋势下，规则至上、规则透明的意识深入人心，因此制度建设，或曰规范化建设是学校管理的重心之一。学校层面上强化建章立制，并强调规则的开放性，在规则制定时，人们可以对规则“说三道四”，进行讨论、协商，并最终在相互妥协中确定规则，保证规则的民主性和可接受性；规则的透明性，从已有的规则中，人们可以预测、判断甚至评价自己或他人的行为及其后果，从而理性地选择恰当的行为；规则的确定性，可以防止专断和任意性，有效保证公平，一个公正、公平、公开的开放型社会才能最终确立。最后，整个学校形成依法治理的思维方式，按规则办事，使教师的法治理念确立起来，并对学生产生传导作用。

在落实与学生相关的各项政策和管理措施中，要依据公开发行的《学生手册》办事，从而使学生感受到现实生活中的法律与权力、法律与权利、权力与权利三种基本关系，并形成三种信念——法律至上、权利平等、公民自治，掌握法治理念的核心之点。

（九）革命教育抒爱国情怀

“大道之行也，天下为公”和“天下兴亡，匹夫有责”的爱国主义，是我们的民族精神，更是我们流淌在文化血脉中的民族基因，尤其是反映近现代中国人民反抗外敌侵略史实的爱国主义电影的播放，可以激发学生的爱国主义情怀；再通过爱国歌曲的共同歌唱，保持学生的爱国激情；同时，通过每周的升旗仪式、清明节烈士陵园祭祀等各项活动，培养学生的爱国主义精神。

（十）伦理教学弘敬业理念

思想道德修养与法律基础有职业道德教育，各专业有职业伦理的课程，在职业伦理教学中，敬业是永恒的主题。“天行健，君子以自强不息”，只有具备自强不息的敬业精神，才能真正地融入中国特色社会主义建设的实践中去。正是一个个个体的勤劳敬业，才有人民群众是历史创造者的历史积淀。

（十一）人际交往守诚信意识

内诚于己、外信于人，诚信是中国传统的要求，“君子喻于义”“君子坦荡荡”“言必信，行必果”“人而无信，不知其可也”，古人的这些格言无不揭示诚信的重要性。在师生交往、同学交往中都强调讲诚信，诚心诚意保持良好的人际关系，真心兑现自己的承诺；在考试中也要求诚信考试，在借贷关系以及信用卡使用方面也强调学生保有良好的个人信用，创业也要遵循商业诚信；从而在认知上使其认同诚信对个人、社会的重要意义，行为上信守诚信，并在交往和未来银行信用中获取肯定和认可、在情感及意志上能保持诚信。

（十二）文化传承促友善理念

在尚和合的社会氛围中，人际交往的友善理念易于接受和保持。“仁者爱人”，仁即为二人，也就是人要心有他人，思考问题、付诸行动时都能考虑他人的感受，或是否妨碍他人，也就能“与人为善”。“己所不欲，勿施于人”，推己及人，这是最低层次的同理心；甚而“老吾老以及人之老，幼吾幼以及人之幼”，由己及他，从而尊老爱幼的风气才能再次高扬，这是再上台阶的同情心；“扶贫济困”，“大慈大悲”（“小慈”为对自己熟悉的亲朋好友遭遇困难时伸出援助之手，“大慈”则是对陌生人也施以援手；“小悲”是对自己或熟悉的人的不幸遭遇感同身受，“大悲”则是对陌生人的痛苦也感觉痛惜，即悲天悯人），是更高境界的友善。

总之，校园的社会主义核心价值观的培育和践行从多重路径，全过程、全方位地整体推进，学校各部门从管理、服务、保障等各方面协同发力，打造一个现代化和中国化交融的文化校园，从而使其成为师生的精神家园。

三、结　论

社会主义核心价值观是对人类优秀文化成果高度概括提炼出来的，既符合历史规律和社会潮流，又紧扣中国国情和时代特征。我们要立足于中国文化的“兼容并蓄”的包容性的文化自信的基础上，整体把握，全方位、全过程育人，通过纵横比较塑富强理念、校园管理铸民主观念、习惯养成树文明意识、和美文化扬和谐理念、权利本位崇自由意识、师生交往重平等观念、奖助评比尚公正意识、依法治校倡法治思维、革命教育抒爱国情怀、伦理教学弘敬业理念、人际交往守诚信意识、文化传承促友善理念等 12 条路径，协同推进培育和践行社会主义核心价值观。

参考文献：

[1] 中共中央办公厅．关于培育和践行社会主义核心价值观的意见［J］．中国共产党新闻网，2013-12-23.

[2] 高毅．现代社会的创造：18—19 世纪的欧洲［Z］．北京大学历史系，2003-07-27.

[3] 肖群忠．中国道德智慧十五讲［M］．北京：北京大学出版社，2008.

[4] 习近平．把思想政治工作贯穿教育教学全过程——在全国高校思想政治工作会议上的讲话［N］．人民日报，2016-12-09.

“微时代”下大学生价值观教育新探

余　丹　余钰琪

摘　要：“微时代”下的传播具有个性鲜明、信息共享、交流互动的传播特点，给大学生的学习、生活、德育等方面带来了深刻影响，也对传统的大学生价值观教育提出了挑战。文章在解析微时代下大学生价值观教育特征的基础上，明确“微时代”大学生价值观教育面临的主体权威、客体的心理及性格、教育方式等新问题，并从“微方式”“微媒介”素养及“微环境”的角度探究“微时代”下大学生价值观教育的新途径。

关键词：微时代；传播；价值观

一、微时代的传播特征

“微时代”是指借助网络及其通信技术，通过文字、语音、图片、视频等多种介质传播，使信息的阅读、加工、传播和反馈等社会活动具有“及时、高效、互动”的特性的时代。

（一）传播主客体的平等化与年轻化

传播主客体的平等化。微时代中各信息主体间处于相对平等状态，价值观的输出者呈现出多元化。价值观的输出从传统的权威“一言堂”转变为“议事集会”。价值观的输出或反馈变得更加大众化、扁平化、快速化，而且传播群体趋向年轻化。学生的任何想法、观点、即时的心情和状态都

作者简介：余丹（1983—），女，湖北荆州人，池州学院马克思主义学院讲师，马克思主义基本原理专业硕士研究生，研究方向为马克思主义理论；余钰琪（1981—），男，安徽枞阳人，池州学院马克思主义学院讲师，马克思主义基本原理专业硕士研究生，研究方向为马克思主义理论。

可以随时发布，这种新奇、便捷的传播方式正好契合了当代大学生的年龄及其心理特点以及对快节奏生活的需求，微传播的主体和客体呈现出明显的年轻化趋势。

（二）传播内容的个性化与多元化

微时代更加注重个体。每个人都是信息的创造者、传播者，他们以自媒体为平台，自主表达自己的感情思想，获得更大的话语自由。每个个体更加重视自我的发展和自我价值的实现，充分体现了其个性化的特点。同时，信息的海量化会更加突出价值观内容的多元化。大学生借助微媒体直播给受众，通过信息的交互传播，以价值观作为评判标准，自动站队形成不同的群体。而微传播的快速化、交互化、个性化大大增加了大学生接触、鉴别、选择价值观并融入其中的机会，并产生巨大的凝聚力和影响力。

（三）传播效果的广泛化与分层化

微时代下，传播影响力大，传播效果广泛。任何大学生都可以亲身加入“微时代”的信息传播中。虽是无数普通人的声音，但凝聚了较强的力量，传播效果极其广泛。同时，大学生借助自由“发声”的平台，特别是针对社会热点问题可以发出自己与众不同的声音，在得到众人关注与回应之后，满足自我存在价值的心里诉求。大学生在微媒介上发表的内容不仅是为了体现其价值观与生活态度，更期待获得与己相一致的价值观念，渴望得到受众的认同，从而形成共同的价值群体，使得传播效果呈现出分层化。

二、“微时代”大学生价值观教育面临的新问题

（一）“微时代”对大学生价值观教育的主体权威提出了挑战

微媒介的兴起造就了一种新的网络权威。微媒介的广泛应用为学生享受更多教育资源、扩宽知识来源的范围及渠道提供更多的选择。此外，由于微传播效果具有分层的特点，面对社会热点或舆论热点，大学生容易在价值观的甄别、选择上发生偏差。这样对高校价值观教育主体的理论水平、实践工作能力以及对微时代新媒介的运用都提出了更高要求。再者，

微时代中信息的海量化、碎片化使价值观呈现出多元的态势。各种价值观的碰撞在一定程度上削弱、淡化甚至扭曲了社会主义核心价值观，影响社会主义主旋律价值观的主导地位。在多元价值观影响下，思想尚未成熟、价值观尚未定型的大学生群体，在对复杂多变的社会现象进行观察、分析、思考时，容易做出模糊甚至错误的价值判断和抉择，增加了大学生对高校社会主义核心价值观教育的认知和接受的难度。

（二）“微时代”对大学生价值观教育的客体性格、心理及行为方式发起了冲击

首先，“微时代”影响大学生的群体性格和心理特征。微传播以其个性化、自主化的特征契合了大学生较强的自我主体意识，表现出较强的自我认同感。同时，微时代的平等化、个性化及多元化的特征也深刻影响了大学生的情感及心理。他们更加关注细节和自身的情感体验，并渴望得到别人的关注与认同。所以，高校传统的培育核心价值观的方式受到了挑战。其次，微环境中产生的功利主义、享乐主义、奢靡主义等各种价值观多样化，对大学生的行为方式也发起了冲击。“微平台”直接化、隐匿性的特点每时每刻都在催生新的“意见领袖”，如“网络大V”“网红”“网络主播”等，让大学生更容易受到舆论左右，使大学生的思想产生了混乱，出现模仿、从众、无意识行为等情况，由此造成恶劣后果。

（三）“微时代”对传统大学生价值观的教育方式提出了挑战

在“微时代”环境下，网络传媒技术高度发达，信息来源异常丰富，大学生新奇、求变的特性使传统的“你听我说”的单向传递方式，变成了教育者“自弹自唱”。比如思政课教学、讲座等比较单一的教育方式，其教学效果不甚理想。以往在价值观教育中扮演客体角色的大学生开始增强主动性，更乐于接受讨论、互动、启发式的教育方式，迫使高校教师必须转变教育理念，革新教育方法，以此来增强价值观教育的教学效果。为此，需要特别注重利用互联网手段进行潜移默化的价值观输出。目前高校德育网站、班级群、校园社区等以微传播为特点的教育渠道建设还有待完善，多数德育网站存在模块少、内容单一、枯燥、信息的社会敏感度较低等问题，没有充分发挥其价值观网络教育的作用，效果甚微。

三、“微时代”大学生价值观教育的创新路径

（一）紧跟“微时代”步伐，创新大学生价值观教育的“微方式”

首先，打破传统的“你听我说”的教育模式，变被动教育为主动教育。在微时代环境下，传播主客体模糊、信息交互化明显增强。尤其是思政课要树立双主体的教学理念：一是教师要自主转变角色，由价值观教育的输出者变为指导者和合作者；二是积极探索充分调动教育客体积极性的教育模式，增强大学生在价值观教育中的主体性，比如参与式教学模式、探讨式教学模式等。尤其是选择学生感兴趣的、社会敏感度较高的话题，让学生自主表达观点和见解，以此发掘学生中的潜在力量，提高价值观教育的实效。

其次，立足“微平台”，创新价值观教育的传播方式。以微博、微信等为代表的“微平台”，以音频、视频、文字、图像等为特点的“微空间”，让信息实现了实时、互动和高效的传播。如建立红色网站，树立“红色网络领袖”的典型；利用微博、微信、飞信等快捷、便利的新媒体，加强与学生的交流与互动。同时，结合高校和学生的特点，打造有品质、有名气的微媒体工作阵地，来吸引学生关注。此外，教育者要引导个性化“微言”向正确方向发展，帮助大学生树立正确的价值观、人生观和世界观，保持健康的心理和精神世界。

（二）立足“微平台”传播，提升大学生自我的“微媒介”素养

“微时代”下的“微生活”对大学生的性格、心理及行为方式都产生了重大影响。“微生活”中信息量大、更新快、来源多元化滋长了大学生的惰性思维，一味接受外来的价值判断，而丧失自我的理性精神、社会担当精神。同时，微时代个性化的特点促使大学生更多地关注自我、寻求认同，当不能获得认同，或需求无法满足时，他们便将网络作为情绪宣泄的工具，比如“喷子”。所以，受教育者要养成媒介素养。在微时代这样的信息传播环境中，媒介素养对大学生的身心健康以及正确价值观的形成发挥了重要作用。因此，高校在搭建符合学生实际需求、具有本校特色的各种校园微平台的基础上，要增强价值观传播者在大学生的价值观教育中交流、管理、服务的责任感，使其推动价值观在大学生中内化于心外化于

行。同时，大学生应积极主动学习媒介素养课程，了解积累媒介素养知识；养成网络自律精神，恪守媒介道德；积极参与媒介实践活动，培养理性思维，增强辨别、筛选媒介信息的能力，取其精华，去其糟粕，从而培养正确的价值观。

（三）规范自媒体网络行为，净化大学生价值观教育的“微环境”

高度发达的自媒体有其两面性，稍有不慎就可能由网络监督变为网络暴力。在日常生活中，因为网络机制不健全，法律、法规不完善，以及网络匿名的特点，信息缺乏把关，易被肆意放大，甚至歪曲，增加了大学生价值观教育的复杂性。所以，自媒体行为的自律对于净化“微时代”环境尤为重要。一是建立网络实名制，如微博、微信等，网络实名制能有效地监管、保护和引导用户的网络行为，降低青少年受网络不良因素的影响。二是呼吁对自媒体传播的立法工作。在法律监管下管网、办网和上网，加快完善互联网领域的立法，是治理网络乱象和保障网民利益的需要。三是加强自媒体网络环境人防与技术防御相结合。如网络过滤技术、邮件过滤技术、公共校园网络游戏监管等，对俗网站和不健康内容进行过滤，对某些危害性大的网络公众人物的微平台采取封闭和屏蔽措施，让其失声。只有净化“微环境”，才能让微时代真正引领大学生树立正确的价值观，促进大学生的价值观教育。

参考文献：

[1] 杨威．“微时代”中思想政治工作如何突破［J］．思想政治工作研究，2010，(4)．

[2] 余安龙，刘文佳．微文化对大学生社会主义核心价值观教育的影响及对策［J］．中国青年研究，2014，(11)．

[3] 林群．理性面对传播的“微时代”［J］．思想政治工作研究，2013，(5)．

“微时代”背景下大学生社会责任感探析

彭 梅

摘 要：以“微时代”为特点的各种媒介成为大学生最喜爱的交流方式，对他们的生活、价值观与行为方式产生了深刻的影响，也给高校思想政治教育工作带来了新的挑战。在“微时代”背景下，为了培养大学生的社会责任感，应突出大学生的主体地位，加强自我教育；创新高校的培养模式；创建大学生社会实践平台；营造健康的网络环境。

关键词：大学生；微时代；社会责任感

一、社会责任的内涵

社会责任是大学生立人之本，也是大学生之魂。社会责任感是大学生审视自我发展和整个社会进步的一个重要视角。何为责任？康德指出：“每一个人想要成为人，都要有所担当。不负任何责任的东西，不是人而是物。”[1]这句话深刻地揭示了责任在人的一生中所占据的重要地位。据《汉语大词典》解释，“责任”包含三层含义：一是法律、道义及承诺等方面使人担当的某种义务和职责；二是应尽的义务或者分内应做之事；三是未做或未做好分内应做之事所应承担的谴责和制裁[2]。简而言之，责任包含三层基本含义，即职责、分内事、因过失而受惩罚。

马克思曾说过：“作为确定的人，现实的人，你就有规定，就有使命，就有任务，至于你是否意识到这一点，那都是无所谓的。这个任务是由于你的需要及其与现存世界的联系而产生的。”[3]马克思这里所说的“规定”“使命”“任务”实际上意味着，我们存在于这个社会就必然会承担责任，

作者简介：彭梅（1987—），女，湖北天门人，池州学院讲师，硕士，研究方向：思想政治教育。

而只有在履行社会责任的过程中，我们才能体现自我的价值与尊严。社会责任感是指社会成员在一定的历史条件下，所形成的对自己所负责任的自觉意识，以及履行各种义务和使命的自律态度和情感体验，是内在精神和外在行为规范的有机统一，它体现着一个人的人格品质和社会化程度。社会责任感包括主体的责任认知、责任认同和责任行为。社会责任认知是社会责任感形成的基本条件和前提。社会责任认同是指大学生对社会责任的情感认同，主要表现为对负责任的言论和行为产生认可、肯定等积极的情感体验，对不负责任的言论和行为产生反感、厌恶等消极的情感体验。社会责任认同是人内心的道德情感体验，比社会责任认知更加深刻，可以说是来源于认知而又高于认知。而社会责任行为则指大学生为了承担责任、履行义务而付出的实践行动。社会责任行为是前两者的外在表现形式，也是大学生社会责任感形成的标志。从广义角度讲，社会责任感还包括家庭责任感、自我责任感等[5]。

二、培养大学生的社会责任感具有重要意义

大学生社会责任感的强弱与个人成长、社会稳定以及国家发展有着十分密切的关系。但是在新时代下，一些不利因素对大学生社会责任感的培养产生了一些负面的影响，当前大学生社会责任感的淡化主要体现为：重视个人利益，轻视集体或他人利益；重视个人价值，轻视社会价值；重视权利享受，轻视义务履行。因此，对大学生加强社会责任感教育和培养，已经成为迫在眉睫的任务。

（一）强烈的社会责任感是大学生成才的助推器

从某种程度上说，大学生的成长是一个不断从类似于动物的纯粹的“自然人”变为成熟、理性的“社会人”的过程。而在该过程中，只有社会责任感的不断增强才能对各种社会关系有明确的认知，从而深刻理解人生自我价值与社会价值的关系。大学生的成才主要是指大学生具备各种人才素质，进而实现人生价值。人才素质的内涵主要包括以下五个方面：身体素质、心理素质、思想道德素质、法律素质、科学文化素质。这五个方面的素质和社会责任感有着十分密切的关系。思想道德素质的内核就是责任感，一个有责任感的人才能在家庭生活、职业生活和社会生活中保持应有的道德，进而不断提升个人品德；法律素质中的权利与

义务、自由与责任，更是与大学生社会责任感息息相关；而在身体、心理及科学文化的素质培养上，社会责任感也发挥着重要的作用。珍爱自己的身体，加强锻炼；保持积极的心态，提升自己的意志品质，拥有健全的人格；努力学习科学文化知识，不断充实自己。这些都需要社会责任感的支撑。

（二）强烈的社会责任感是高校思想政治教育的现实需要

教育重在树人，为国家和社会输送人才是教育的根本目的。高校担负起了人才培养的重担。大学生在校期间不仅要学习科学文化知识，更应该学会为人处事的方式。责任感是一个人为人的必备条件之一。高校的思想政治教育就是要塑造有品行，有担当之人。只有对自己、家庭和他人负责，才能胸怀天下，进而学会对社会和国家负责。解决好大学生的社会责任感这一基本道德问题，其他诸如集体主义、社会主义、爱国主义等方面的思想道德问题，也必定能举一反三、迎刃而解。

（三）强烈的社会责任感是实现“中国梦”的重要保障

中国梦是民族复兴之梦，是强国之梦，也是每个大学生光荣而神圣的历史使命。习近平总书记指出：“青年一代有理想、有担当，国家就有前途，民族就有希望，实现我们的发展目标就有源源不断的强大力量。”[4]大学生是未来祖国建设的主力军，是社会发展的中坚力量，因此，不仅要提升自我的修养，更应胸怀天下，自觉地将个人的生存与发展融入国家命运之中，肩负起民族与国家的历史责任，为将中国建设成富强、民主、文明、和谐的社会主义现代化强国而不懈努力。

三、“微时代”背景下培养大学生社会责任感面临的新挑战

“微时代”背景下，大学生能够借助丰富的信息资源，不受时间、空间的限制，更加便捷地获取知识、交流思想。“微时代”为大学生社会责任感的培养带来了诸多机遇。但是，“微时代”背景下信息传播的开放性、隐蔽性、交互性等特点，也给大学生社会责任感的培养带来了一些新的挑战。

（一）多元化信息冲击着大学生的社会责任认同

在“微时代”网络环境下，任何组织或个人都可以借助微工具，如微博、微信等传播各种信息，这些信息有助于大学生了解社会的多方位动向，但是大量虚假的、低俗的信息也充斥其中。这些多元化的信息往往代表着多元化的价值观念，如果大学生不加以筛选和分析，就很容易导致“信息迷失”，其价值观念将面临巨大冲击，不利于大学生形成正确的社会责任认知和责任认同。一些大学生受到低俗腐朽思想和落后思想的影响，导致主流价值观迷失，忽视自己所负有的责任，模糊是非观念，无法认清自己在社会、国家中所扮演的角色，难以对自身负有的责任形成情感上的认同。

（二）虚拟化信息空间对规范大学生社会责任行为提出了挑战

“微时代”具有虚拟性和匿名性的特点，任何微用户都可以通过电子终端设备，以匿名的方式登录各类网络虚拟信息空间，大学生可以在其中畅所欲言，自由发表观点。如果这种自由不加以监管，容易产生非理性的网络行为。如一些大学生对网络上曝光的事件，在未加以证实的情况下，随意转发，大加评论，甚至有些还会发表带有攻击性、侮辱性的恶意评论，给当事人带来极大的负面影响；有些大学生利用计算机技术故意入侵他人电脑或网站，窃取他人隐私、知识产权、学术成果、商业机密等，从中获取利益；更有甚者，借助网络，伪造虚假个人信息，进行网络诈骗等。大学生的责任行为是大学生社会责任感的形成标志，而虚拟化的信息空间不利于监管大学生的具体网络行为。这些不负责任的网络行为反而会强化责任认知和责任认同，从而不利于大学生社会责任感的形成。

（三）大众化信息平台对大学生责任感培养主体的权威提出了挑战

“微时代”具有开放性、大众化、交互式等特点。在“微时代”信息平台上，信息的传播者与接收者没有明确的界限，二者有很强的交互性。相对于传统媒体，每一个人都有了自由、随意表达自己观点和张扬自我个性的渠道。在这种环境下，大学生有了更多机会自由参与教育活动，信息选择更加自主，打破原有的“一言堂”格局，实现了教育双方的互动。这对高校传统的思想政治教育主体的权威发起了挑战，因此，应用微媒介进行教学将成为思想政治教育工作的新常态。

四、“微时代”背景下培养大学生社会责任感的对策

（一）突出大学生的主体地位，强化自我教育

责任主体是社会责任感培养中最重要的要素，因此，在培养大学生社会责任感的过程中，自我教育是核心。一方面，大学生要正确地认识自我，充分认识自我责任和义务。认识自我主要是了解自我的生理与心理状态，正确处理个人与他人、社会和国家的复杂关系，扮演好自己的角色，经常反思自己的思想、行为是否符合社会发展的需要。另一方面，他们要加强自我约束，提高个人素养。同时，青年学生还要时刻提高自我管理、自我监督和自我约束的自觉性，运用法律、法规、道德规范等约束自己，调整自己的思想行为，改变精神面貌，养成良好的行为习惯。不管是在虚拟的网络空间还是在现实生活中，青年学生都能遵守相应的法律法规和道德规范，履行自己的责任和义务。

（二）创新高校培养模式，发挥其主导性作用

高校是培养社会所需人才的机构和场所，在培养大学生社会责任感的过程中发挥着主导性作用，“微时代”背景下建立高校社会责任感培养新模式，可以从教育的内容、形式及载体的角度入手。

1. 教育内容应以社会主义核心价值观为主导，加强大学生网络社会责任感和媒体素养教育。在培养大学生社会责任感的过程中，应该发挥思想政治理论课的主阵地作用，坚持正确的价值导向，以社会主义核心价值观为出发点，培养树立正确的“三观”，深刻认识到社会责任感的培养是未来实现人生价值的必经阶段。高校还应该紧跟时代的步伐，加强网络社会责任感教育和媒介素养教育，通过公共必修课、选修课或者定期讲座等形式开设相应的课程，也可以在原有的思想政治理论课体系中增加相应的内容。与此同时，还应该加强师资队伍建设，培养能够熟练运用新媒体的高素质教育工作者。

2. 教育方式要发挥新媒体技术力量，做到“线上”“线下”相结合。在大学生社会责任感培养过程中，教师通过理论教学帮助大学生形成正确的责任认知并产生责任认同，进而做出正确的行为选择，因此，传统的理论教学依然是最重要的手段。革新传统的理论教学手段，变被动教育为交

互式教育，教师应该充分利用现代化的教学手段，充分发挥新媒体技术力量来调动学生的积极性，如采用参与式教学、探讨式教学等方式。社会责任感最终需要落实在责任行动上，因此实践教学是合适、有效的强化大学生社会责任感的方法。如教师和学生共同建立论坛、开发微信公众号、微博主页、政务系统角色模拟参与软件等网络实践平台，教师与学生分工明确，由学生主导进行管理，教师监管，相互合作中提高学生的参与度，更能让其强化角色感，提升责任意识[6]。

3. 教育载体应依托微媒介，创建集服务与教育于一体的高校“微平台”。创建高校官方微信、微博等平台，能够拉近大学生与教育者之间的距离，通过平台进行宣传教育，开辟校园精神文化的网络阵地，拓宽大学生社会责任感培养的渠道。高校“微平台”应该坚持服务大学生的原则，及时发布大学生关心的时事热点问题，或者与其生活学习相关的考试、招聘、校园活动通知等信息。在“微平台”的建设和运营过程中，要积极传播正能量。“微平台”应结合国内外社会热点话题、网络热门事件，帮助大学生认清国际国内形势，提升国家兴亡匹夫有责的胸怀天下的责任感。通过信息发布、话题互动等方式有意识地引导舆论方向，创造良好健康的校园网络环境。

（三）共创社会实践平台，提升大学生参与度

《中共中央国务院关于进一步加强和改进大学生思想政治教育的意见》明确指出，社会实践是大学生思想政治教育的重要环节，对于大学生了解社会、了解国情，增长才干、奉献社会，锻炼能力、培养品格、增强社会责任感具有不可替代的作用。大学生社会实践平台的搭建是培养大学生社会责任感非常重要的一环，高校大学生思想政治教育为大学生社会责任感的培养提供理论支撑，而搭建大学生社会实践平台，鼓励大学生积极参加社会实践，则更能从实践的角度促进教育知、情、行的转化。大学生在社会实践中，主动选择、主动参与，教师再进行有意识有目的的引导，能更深刻地增强大学生对社会责任感的认知，从而提升大学生社会责任感。首先，高校要创新社会实践课程。改变偏向理论教育的传统大学课程，结合微时代特点创新社会实践课程，开展社会实践教育，以增强大学生真实的情感体验和对社会的适应性。其次，以自媒体为依托，实现实践方式的多元化。“微平台”如微博、微信，“微空间”如音频、视频、文字、图像等实现了信息的实时、高效，增强大学生的社会实践活动的实效性，如建立红色网站，树立“红色网络领袖”的典型；打造有品质、有名气的微媒体

工作阵地，来吸引学生关注等。“微时代”背景下大学生社会实践平台的搭建，将更加有利于大学生树立正确的价值观、人生观和世界观，培养社会责任感[7]。

（四）强化网络监管，营造良好的网络环境

出台相应的法律法规，完善法律保障机制。技术部门通过研究和发展网络监管技术，在信息技术层面对不良信息进行过滤和防堵。网络运行和使用过程中完善实名制，加强主旋律网络文化建设。高校和家庭应该对大学生网络行为给予更多的关注与指导，对于缺乏责任感的网络行为应该及时制止，进行心理疏导。政府、高校及家庭都应该肩负起网络监管的责任和义务，共同营造培养大学生社会责任感的良好环境。

参考文献：

［1］康德．道德形而上学原理［M］．上海：上海人民出版社，1995.

［2］汉语大词典简编［Z］．北京：汉语大词典出版社，1998：2456.

［3］中共中央编译局．马克思恩格斯全集（第3卷）［M］．北京：人民出版社，1960：329.

［4］习近平同青年代表座谈：在实现中国梦的生动实践中放飞青春梦想［EB/OL］．（2013－05－05）．http：//cpc. people. com. cn/n/2013/0505/c64094-21367211-2. html.

［5］韩秀凤．“微时代”背景下大学生社会责任意识培养研究［D］．大庆：东北石油大学，2016.

［6］吴帅帅，闵春发．信息时代大学生社会责任感培养策略探析［J］．南京邮电大学学报（社会科学版），2014，（12）：115-119.

［7］余丹，余钰琪．“微时代”下大学生价值观教育新探［J］．湖北函授大学学报，2017，（4）：11、84.

试论反腐背景下的大学生信仰教育

黄利顺

摘　要：信仰缺失，腐败滋生，使大学生思想感到迷惑，大学生的信仰教育显得紧迫而重要。信仰是人类所特有的精神现象，更是人自身的需要。大学生信仰教育任务就是要引导大学生选择马克思主义的科学信仰，使马克思主义的科学信仰深入大学生的心中。

关键词：反腐；信仰；信仰教育

近年来，大学生信仰状况一直被广泛关注，信仰缺失问题也一直引起各界重视，在媒体、报端、网络平台引发广泛讨论。信仰教育也不断有学者进行研究，可以说，在当代社会，社会各界对信仰缺失现象的存在已达成共识。对大学生信仰教育的研究持续不断，越来越受到重视[1]。

一、反腐力度加大后的大学生信仰教育

随着十八大以来党的反腐力度的进一步加大，反腐工作取得了很大的成效，受到广大老百姓的拥护。2014 年五四青年节，习近平同志在北大师生座谈会上的讲话中说，“当官就不要想发财，想发财就不要去做官”，是对世人的又一次警示。十八大以来，不断有违法违纪、贪污腐败的高官纷纷落马，这些落马的高官一一进入人们的视线，他们贪腐的行径和数额都为世人所瞠目，党内腐败问题进一步被放大。这也对当代大学生的信仰教育形成了一定的影响。

作者简介：黄利顺（1969—），女，安徽贵池人，安徽池州职业技术学院副教授，法学硕士，研究方向：大学生思想政治教育。

（一）积极的影响

对腐败分子的严惩，使人们看到党中央惩治腐败的决心，只要触犯了党纪国法，无论他多么位高权重，反贪部门都会“老虎”“苍蝇”一起打[2]，决不姑息，毫不手软。这些反腐的重大举措，振奋人心，使广大群众对未来充满希望，更加坚信党的领导，坚信党领导下的中国特色社会主义事业会取得胜利。这对树立马克思主义的科学信仰有积极的促进作用。

（二）消极的影响

从落马的腐败分子们来看，他们无不是前一秒正襟危坐在主席台上高谈阔论，义正词严；下一秒东窗事发，违法违纪行径曝光，威严扫地，臭不可闻。这样的反转会让人质疑：这样的贪官何以能一路高歌，坐上高位？其他仍在位的官员是否也会有同样的违纪、贪腐行为？他们会是下一个“老虎”或是“苍蝇”吗？他们的所言、所行可信吗？

落马官员有的将权力玩弄于股掌之间，有的成了金钱的奴隶，有的贪恋女色，有的迷信风水、信奉鬼神，对社会风气造成了恶劣的影响。这些官员接受党的教育，接受马克思主义的世界观、价值观教育多年，未能禁得住诱惑。他们的贪腐行为看似简单的钱权色的交易，背后都是因为世界观发生了变化，方向迷失，信仰缺位。这种变化也影响到了高校校园，在这样的背景下，信仰危机问题也变得相当突出，对当代大学生进行科学的信仰教育更显得非常紧迫也非常重要。

二、高校在思想政治教育中要加强信仰教育

2013 年，中国人均 GDP 达到 5300 美元，进入了中等发达国家行列。从发达国家发展的经验看，经济的飞速增长、社会的转型，会暴露很多社会问题，如社会公平、贫富差距、发展均衡等，进而也会影响人们世界观、价值观、信仰等精神世界。

信仰是人类所特有的精神现象，是人自身的需要。然而在现实生活当中，并非人人都有正确的信仰，有些人受到错误思潮的影响，选择了错误的信仰。信仰教育的任务就是要引导大学生选择科学信仰——马克思主义科学信仰。马克思主义运用辩证唯物主义和历史唯物主义观点，揭示了人类社会发展的客观规律，在现实生活中，只有运用人类的主观能动性积极

改造客观世界，才能创造美好的人生，才能得到社会的承认和尊重，才能获得真正的幸福和快乐，才能正确处理个人与社会的关系，正确认识和处理贡献与索取、理想与现实、苦与乐、生与死、福与祸、是与非、成与败等矛盾，坚持积极乐观的人生态度。

高校要充分发挥校园这个思想政治教育的主渠道和主阵地的作用，加强马克思主义信仰的教育，使马克思主义的科学信仰深入到大学生的心中。

高校思想政治工作要充分利用我国传统文化和人文知识方面的教育资源，把人文素质教育同思想政治教育工作有机结合，加强人文知识和科学知识的普及，全面提高大学生的综合素质。高校思想政治教育的根本任务是培养有理想、有道德、有文化、有纪律的社会主义公民，提高大学生的思想道德素质和科学文化素质。当代大学生不仅需要掌握一定的自然科学知识和专业知识技能，也需要掌握一定的人文社科知识，提高综合素质，有利于增强对来自各方面的信息的分析和鉴别能力，增强免疫力和抵抗力，不被错误思潮左右，促进健康全面发展。提高学生的综合素质也是高校育人的重要目标。马克思的辩证唯物主义思想是自然科学和社会科学知识的概括总结，离开了科学和文化知识就没有马克思主义。

高校要加强校园文化建设，丰富大学生文化生活，帮助学生形成正确的世界观、人生观、价值观；在传授科学文化知识的同时，着力培养大学生的科学精神。长期以来，我们偏重知识和技术的传播，而对科学精神的培养重视不够。

三、高校学生信仰教育的有效途径

（一）抓好课堂理论教学，使信仰教育在课堂上得到学生认同

要充分发挥好课堂这个马克思主义理论宣传的主阵地的作用，让学生在课堂上接受马克思主义信仰教育。思想政治理论课教学是高校的公共必修课，使用的是思想政治理论课统编教材、马克思主义理论研究和建设工程重点教材。要通过思想政治理论课教学，加强马克思主义辩证唯物主义理论的学习，引导学生做一个坚定的唯物论者。要利用好教材和课堂宣传马克思主义信仰。除了公共必修课以外，还要通过选修课的开设，以及马克思主义理论的专门讲座来宣传马克思主义理论，使当代大学生确立马克

思主义科学信仰。

（二）抓好学生管理，指导学生会、学生社团弘扬马克思主义信仰

首先是指导学生会和学生社团开展多种多样的活动，如读书、竞赛、参观科技馆等，使学生学习并掌握一定的自然科学知识和人文社科知识，相信科学，探求真理，破除迷信。其次是积极引导学生组织马克思主义理论研修、宣讲团，学习马克思主义基本原理，树立科学的世界观和人生观，做到将理论知识与实践的有机结合，在大学生中间进行马克思主义信仰的宣传，开展辩论，厘清是非，充分发挥学生自我管理、自我教育、自我服务的功能，使大学生坚定马克思主义信仰。

（三）抓好校园文化建设，使学生在良好的校园文化中接受马克思主义信仰

校园文化建设就是以学生为主体，以教师为主导，由全体师生员工共同创造出来一个文明健康、高品位的校园环境。如学校的校训，宣传主流价值观的展板、宣传栏，优雅健康的校园环境，积极、健康、向上的校园文化氛围，乐观、正直、文明的全体师生员工等，对于提高学生的思想道德素质、传递文化知识、陶冶高尚情操、活跃课余生活、疏导消极情绪等方面，具有不可替代的作用，它直接影响大学生的价值观念。校园文化对大学生的影响是潜移默化的，会让他们在浑然不觉中得到洗礼。良好的校园文化具有很好的导向作用及教育功能，使大学生自觉接受马克思主义思想教育，形成科学的信仰。

（四）在党课中加强马克思主义信仰的宣传和学习

在高校中，入党积极分子和党员人数在学生中占有相当大的比例，给这些入党积极分子和党员上党课，对他们进行马克思主义理论的教育，是使这些入党积极分子成为合格的共产党员的必要的程序。在党课中贯穿马克思主义基本理论的学习，要让这些入党积极分子和党员成为宣传马克思主义理论的宣传员，积极宣传马克思主义辩证唯物主义和历史唯物主义的理论，从而发挥党员及入党积极分子的模范带头作用。

（五）指导学生面对和解决各种问题，坚定马克思主义信仰

随着社会主义市场经济的发展，在“适者生存、优胜劣汰”规律作用下，人们面临着前所未有的压力和竞争。当代大学生要面临学业与就业的双重压力，容易滋生消极遁世、逃避的心态；处在特定年龄段的大学生在现实生活中还会遇到难以释怀的情感问题等。大学生由于现实问题而产生的心理问题仅凭他们本人有时难以解决，高校要积极干预，帮助学生摆脱心理困扰，形成积极向上的人生态度。这就需要高校根据学生的身心发展特点，结合社会发展的形势，有针对性地加强大学生的心理健康教育，包括各种心理咨询、心理测试、心理讲座及其他寓教于乐的心理健康教育活动，预防、缓解和解决大学生心理问题；引导大学生通过所学的知识，积极应对解决各种困难，运用马克思主义的立场、观点分析和解决问题，从而造就一批具有坚强乐观的精神、顽强拼搏的毅力、稳定良好的情绪和健全人格的新一代高心理素质的大学生。

参考文献：

[1] 贾建梅，高宁．近十年来大学生信仰教育研究述评［J］．胜利油田党校学报，2015，28（5）：117.

[2] 习近平．在第十八届中央纪律检查委员会第二次全体会议上的讲话［N］．人民日报，2013-01-23（1）.

大学生生命伦理教育之我见

俞念胜

摘　要：在高度开放的世界背景下，各种文化相互激荡，在经济文化蓬勃向上发展的情况下，一些发展中存在的问题也凸显出来，如大学生对生命意义的把握。因此，重视大学生生命伦理教育迫在眉睫。高校必须把培养有世界眼光、善于维护民族利益、具有国际竞争力的人才作为德育教育的首要任务来抓。

关键词：大学生；生命伦理学教育；现实性途径

21世纪是一个开放的时代，随着建设社会主义和谐社会命题的提出，对人的全面发展越来越关注，尤其是对当代大学生的德育教育。当代大学生是整个社会最富朝气、最具创造性和生命活力的群体，是祖国的未来、民族的希望。重视对大学生的生命关怀教育，不仅意味着对大学生个体自然生命的关切，更意味着对大学生生命价值与人生态度的引导与提升。近年来，高校频繁出现大学生道德伦理失范问题，如马加爵事件、虐猫事件、大学生诚信等问题层出不穷。由此看来，我国高校德育还存在诸如忽视人的主体地位、忽视教育对象的年龄特征和心身发展规律、缺乏生命意识等问题。因此，在高校教育中必须认真落实“以人为本”的科学发展观，构建“以人为本”的高校德育新模式，对大学生进行生命伦理教育具有重要的现实意义。

一、什么是生命伦理学

生命伦理学是对涉及人的生命和健康的行为实践中的问题进行综合研

作者简介：俞念胜（1984—），男，安徽贵池人，池州学院马克思主义学院副教授，博士，研究方向为高校党建与思想政治教育。

究的一门应用伦理学。

传统的伦理范畴指人们在各种社会关系中应当遵守的规则和应尽到的职责，最初仅涉及社会中人与人的关系，并没有人与自然关系的含义。与之紧密联系的是统治人类上千年的人类中心主义。人类中心主义，是一种悠久的伦理思想和价值观。它的理论根据在于：自我中心是地球上所有生命形式的普遍本质，这一本质是生命得以维系的根本。人类作为一个感知主体，以自己的利害尺度作为行动的内在依据和最高准则。虽然人类与非人类生物相比，人类具有自觉意识，但在某一具体环境中，行为主体可能会对自己的行为作一定的约束，还有可能做出悖反性或利他性等行为，但少许具体行为不会动摇主体行为的最高目的。

二、对大学生进行生命伦理学教育的现实性

在高校开展生命伦理观教育，一直是大学生教育工作的盲区和薄弱点。在国内外高校中，传授现代生命伦理价值观的形势不容乐观。在长期得不到正确生命伦理引导的情况下，再加上学业压力、经济压力、就业压力、情感问题等各种客观因素的综合作用，大学生极有可能把自己、他人或动物作为发泄的对象，从而做出自杀、伤害他人或动物的不良行为。马加爵事件就充分显示出了高校大学生生命伦理教育还存在严重问题。为了从根本上消除高校大学生自杀、伤人、伤物的现象，引导他们树立正确的人生观、价值观，同时促使我国生命伦理学的健康发展，有必要对高校开展生命伦理观教育进行系统的研究。

（一）生命伦理教育是回归教育本质的基本要求

人的生命是宝贵的，对每个人来说只有一次，大学生是国家的宝贵财富资源，他们的生命更是宝贵的。关爱生命，从对亲人、朋友、邻里的关怀到对每个生命个体的尊重、爱护；关注健康，从心理、生理、社会适应这三方面调适个体的状态，这是一切学习、工作、生活展开的前提。

教育是完善人的生命、培养健康人的一个复杂过程。这一过程是建立在每个学生个体生命的基础上，离开每个学生个体生命，教育就成为一种抽象的东西，失去它的意义和价值。“教育活动关注的是人的潜能如何最大限度地调动起来并加以实现，以及人的内部灵性与可能性如何充分生成。总而言之，教育是人的灵魂的教育，而非理智知识和认识的堆积。”

1. 教育就其意义来说是“直面人的生命、为了人的生命质量的提高而进行的社会活动，是以人为本的社会中最体现生命关怀的一种事业”。

2. 教育的本质是培养真正的人，而不是仅仅以传授知识、培养技能为根本宗旨的培养，而是要培养具有健全人格的全面的人。生命教育应成为大学教育的重要内容，教师通过生命教育，可以使学生更加理性地认识生命的意义和价值，善待生命、尊重生命。进行生命教育是回归教育本质的基本要求。

（二）生命伦理教育为大学生健康成长提供保障

大学阶段是大学生形成正确的世界观、人生观、价值观的重要时期，随着大学生年龄的增长、知识的增多，他们的自我意识日益增强，随之而来的是对人生冷峻的思考。然而，当代社会竞争日益激烈，大学生们面临多种多样的心灵困惑和现实问题。由于学校教育更多关注的是知识的传授、技能的培训，而忽视了对学生精神、人格等生命本身的关爱和呵护。一部分学生出现不同程度心理上的不适，甚至是心理障碍，他们自身无力解除，感到迷茫和痛苦。学校通过行之有效的生命教育，使学生明确人生的意义、确立人生坐标，为学生健康成长提供保障。

（三）生命伦理教育是维护校园稳定、构建和谐校园的重要措施

社会要和谐，离不开人与人之间的和谐相处，只有家庭和谐，校园和谐，才有可能形成整个社会大环境的和谐。党的十六届六中全会提出构建社会主义和谐社会的构想。和谐校园是社会主义和谐社会的重要组成部分，高校稳定与社会稳定息息相关。和谐社会提倡以人为本，人最有价值的东西就是生命，只有对生命的尊重，才有对社会的尊重。教育是服务社会的一项充满生命关怀的伟大事业。开展生命教育，使大学生的身心更加和谐、人格更加健全、心智更加成熟，应作为构建和谐校园的一项重要内容。

三、在当今时代如何进行大学生生命伦理教育

科学的生命伦理观是认识主体的认知能力和需求状况相关联，其目的是让学生认知主体能将生命尊严和神圣与生命价值和生命质量和谐统一起来。

（一）实施生命伦理观教育的内容

科学的生命伦理观要求把生命的尊严和神圣与生命价值和生命的质量结合起来，形成对生命伦理秩序和功能的高度概括和理性认识。其核心理念是平等、关爱、公正、尊严、宽容、生命自主等理念。高校要通过教育，使当代大学生树立起科学的生命观：一是进行关爱生命、关爱健康的教育；二是树立正确的功利观，把个人的理想追求与社会、国家、人民的期盼结合起来，确立建立在伟大理想基础上的功利观；三是教导学生学会宽容与倾诉，理解与人交往、交流中的冲突与矛盾。学会宽容与倾诉，及时地调整个体面临的问题；学会换位思考以调节自身的情绪，这对当今时代的大学生来说是一种必备的生存技能。

（二）实施生命伦理观教育的途径

大学德育目标预设应增加培养有全球眼光、具有国际竞争力人才的内容。当今世界正面临日益严峻的生存与发展竞争趋势，使得世界各国对世界资源的争夺进入一种白热化的状态。“优胜劣汰，适者生存。”然而每个民族融入经济全球化并不是以消解自己的民族个性为代价的，而是应保留自己民族的个性特色。为此，大学德育应注意吸收、学习和借鉴世界各国德育建设的文明成果，放眼世界，培养善于识别、协调和处理国际事务，具有国际交往能力和竞争能力的人才。

大学生生命伦理教育，就是指通过有目的、有计划、有组织地对大学生进行生命意识熏陶、生存能力培养和生命价值升华，最终使其生命价值充分展现的活动过程，其核心是珍惜生命，注重生命质量，凸现生命价值。

生命教育包括三个层次：一是认知层次，认识和了解身体及生命的意义和价值，熟悉与他人相处的法则以及知道爱惜自己和他人生命的方法。二是实践层次，个体除了具备维护自身和他人生命的知识能力之外，还要能够真正去加以履行，不轻视、不践踏自己和别人，不做出伤天害理的事，能为自己行为负责。三是情感层次，应具有人文关怀、社会关怀和正义关怀，而且能够不断地自我反思，欣赏和热爱自己和他人的生命。

因此，要加强大学生生命伦理教育，就要靠家庭、学校、社会三种力量齐抓共管，可以通过以下途径来实现：

人格教育是一个系统工程，需要家庭、学校、社会三种力量的齐心协力才能完成。

1. 首先，父母对子女人格的形成有着重要的影响。在童年时期，因为他们没有独立的个性，自我意识发展很不充分，可塑性极强。通过父母的称赞或谴责，子女逐渐形成其特有的个性。因此，父母的言传身教以及教育子女的方式，对孩子理想人格的培养都具有重要的影响。

2. 学校教育是塑造大学生理想人格的主要渠道，生命伦理教育必须与学校教育工作相结合。学校教育对人格形成的影响作用不容忽视，生命伦理教育的实质就是人格教育，因此，教育应充分挖掘课堂教学中的人格教育的内容，改变教育向学生传授知识而忽视对其人格进行培养的传统观念，把学校教育变成人格教育的主渠道。

第一，教师在课堂中必须处理好“传授知识”与“培养人格”的关系，在加强基础知识教学的同时，必须重视和加强大学生人格教育。

第二，在课堂教学中，教师通过讲授生命价值教育和自我认知教育等方面的知识，还可以提高大学生辨别是非的能力，帮助他们树立正确的世界观、人生观、价值观，引导他们追求真、善、美，培养优良的心理品质，如自尊、自律、勇敢、善良、进取心、责任感等等。

第三，积极营建健康向上的校园文化，为塑造大学生理想人格提供良好的载体。大学生通过参加一定的社团活动和交往训练，逐渐实现个性完善和心理健康，缓解一部分学生因学习紧张、生活压力大等因素造成的心理障碍。更重要的是，它通过潜移默化的文化氛围形成心灵的感应和精神的升华，有意无意地在思想观念、价值取向、行为方式、人格素养等方面与校园主导文化发生心理认同，并逐渐趋向一致。

3. 社会实践是塑造大学生理想人格的重要环节。一个人的人格是在其独特环境下，在他的社会实践中形成的。而这个社会实践的过程既是主体改造社会的过程，同时也是主体改变自我、发展自我、实现理想、塑造理想人格的过程。因此，社会实践在大学生的人格塑造过程中具有重要作用。社会实践可以使大学生广泛接触社会，从而正确认识社会、认识自我，找到个人与社会的结合点，增强对社会、对国家、对人民的责任感。学校也可以根据大学生心理问题的类型和成因，有针对性地组织有人格偏差的大学生进行社会实践活动，通过自觉接受和吸纳外界信息来调整适合自身的心理状态，以此来增强他们的社会适应能力，提高人格素养。

大学生生命意识淡薄的根本原因是缺乏对生命基本信念以及生命关怀相应的情感和能力。这种情感和能力不是与生俱来的，而是后天习得的，是通过学习实践在不断的体验中获得的。

总之，教育的根本宗旨是引导人之心灵的事业，泰戈尔曾说：“教育的目的应当是向人类传送生命的气息。”所以生命伦理教育应是整个教育的原基点和侧重点，先做人、后做事是亘古不变的真理。只有使大学生成长为有人性的人、注重自身人格的人才有价值；只有使大学生人格和个性完善，其人生才能有意义和有价值，才能提升他们的生命质量。

参考文献：

[1] 邱仁宗．生命伦理学［M］．上海：上海人民出版社，1987.

[2] 马文元，郑立娟，佟春光．生命伦理学［M］．大连：辽宁师范大学出版社，2006.

[3] 李济良．生命教育论［M］．北京：中国社会科学出版社，2004.

[4] 许静波．构建和谐社会与大学生道德人格的养成［J]，黑龙江高等教育研究，2005，(9)．

[5] 万慧进．大学生生命教育研究［J］．中国高等医学教育，2006，(9)．

大学生非传统安全教育刍议

叶三梅

摘　要：目前高校的大学生安全教育存在缺乏长远规划、缺乏整体规划以及滞后于新安全形势的变化等特点，由此带来了一些突出的问题，特别是非传统安全教育的缺失，对未来社会的发展稳定带来了巨大的不确定性。对大学生进行非传统安全教育是高校思想政治教育、大学生人文素质教育的重要组成部分，有利于培养大学生非传统安全思维，树立综合安全观、合作安全观和以人为本的安全观，提高大学生的综合素质。对大学生进行非传统安全教育在于通过健全体制，规范制度，构筑非传统安全教育的长效机制；兼顾显性和隐性，整合资源，优化非传统安全教育的环境；实现校内外结合，发挥主体性，增强非传统安全教育的实效。同时，对大学生非传统安全教育的评价要与其教育途径相配套，这样才能真正使非传统安全教育具有可操作性、可控性，达到教育的目的。

关键词：大学生；非传统安全教育；非传统安全思维；长效机制；开放式评价体系

当今世界仍处于冷战后国际秩序变化与重建的重要时期，影响国家安全的不确定因素愈来愈多，传统安全和非传统安全威胁的因素相互交织，同时，非传统安全因素正在对国家安全构成多方位的、越来越严重的威胁。非传统安全是相对于传统安全而言的，是指除军事、政治和外交冲突以外的直接造成人类生存性威胁或国家安全威胁的其他安全问题。这些安全问题包括经济安全、信息安全、生态环境安全、公共安全和社会文化安全等。高校如何对大学生加强非传统安全教育，培养大学生非传统安全思维是一个需要认真对待的问题。

作者简介：叶三梅，(1968—)，女，安徽桐城人，池州学院马克思主义学院副教授，法学硕士，研究方向为马克思主义政治理论课教学与研究。

一、大学生安全教育的现状

目前高校的大学生安全教育存在这样几个方面的特点：

一是安全教育缺乏长远规划，没有形成长效机制。对于安全教育倾向于“功利性”，从而出现重语言、轻行动，重管理、轻教育，忙处理、少规划等现象。不少学校的安全教育存在以下问题：在外部或校内出现了一些安全问题后，学校才进行这方面的教育、宣传；为了迎接上级机构、地方或领导的考评或检查（如综治检查、创建“文明单位”或“绿色学校”等），突击式地开展一些活动，等这一切过去，安全教育也就悄无声息。

二是安全教育缺乏整体规划，没有形成联动机制。大多数高校没有把对大学生进行安全教育纳入学校的人才培养目标中，没有一套规范的运行机制、管理机制、监督机制和评价机制；没有将安全教育纳入正规课程教学体系，安全教育比较零散，只是渗透在“形势与政策”等“两课”教育中，其他课程很少涉及，也没有这方面的要求；教育内容不够深入、系统，教学方法单一，往往停留于传统的说教和宣传方式，教学设施陈旧、落后。

三是安全教育滞后于新安全形势的变化，没有形成动态机制。从宏观角度看，安全教育一直注重军事、政治等传统因素，还停留在军事教育、军训层面，新安全议题内容的教育明显不足，缺乏历史纵深感和时代感。从微观角度看，学校安全教育仅注重防火、防盗、防打架斗殴，强调食品卫生、寝室卫生等，普遍对安全形势出现的新变量、新样态以及危害安全的各种新现象认识不足，因而大多数学校对于非传统安全如信息安全、文化安全、生态安全、经济安全等方面的教育还没有全面展开。

高校目前的安全教育现状造成以下结果：大学生安全教育的主要渠道是报纸、电视、广播、安全知识讲座以及上级有关文件、通知精神等；一些学生国家安全意识淡薄，对国家安全还停留在军事、战争、国防、领土、情报、间谍这样一些传统的、局部的认识上；有些学生认识到国家安全内涵正在发生变化，但不够深刻和透彻，停留于表面；不少学生体会不到国家安全问题的真实存在，错误地认为离自己生活十分遥远，还未认识到国家安全问题已渗透到日常生活中；部分学生甚至认为“国家安全与己无关”，根本不清楚公民在维护国家安全方面应承担什么义务。

由此带来的更加突出的问题是：非传统安全对不少学生来说是一个陌生而新鲜的名词，对非传统安全概念以及相关问题则认知模糊、片面，缺乏系统性和全面性。学生还没有把非传统安全问题上升到危及国家安全的战略高度来认识和对待：如一些学生缺乏必要的责任意识和保密意识，更有个别经不起金钱、美色等种种诱惑，不惜丧失国格人格，出卖国家情报，给国家安全和利益造成重大损失；不少学生对维护网络安全的法律、法规、条例知之甚少，网络法制观念滞后，网络安全防范意识相对淡薄；有些学生对主权意识、民族情感和国家安全意识日趋淡化，价值观念上的功利化倾向明显，“洋节”“洋文化”在大学校园大行其道，民族文化观缺失；不少学生缺乏正确的环境意识和健康意识，对形成可持续发展的生活方式和消费方式认识不足；许多学生风险和危机意识淡薄、忧患意识淡化、自我保护意识欠缺，应对突发事件的能力、自防自救的能力较弱，应对危机的心理准备不足，造成面对突发事件时容易产生心理紧张，甚至是群体性的恐慌，面对伤害不知所措。

综上可见，当前高校没有充分发挥对大学生进行安全教育尤其是非传统安全教育的主渠道和主阵地作用，造成学生人文素养和科学精神的缺乏，造成学生对非传统安全的实际认知和他们的期望值之间的巨大反差、学生的社会认知与社会现状的巨大反差，人为地拉开了大学生与社会的距离，这对于大学生更好地了解社会、认识社会进而融入社会十分不利。同时，作为21世纪我国社会主义现代化建设和参与世界竞争的骨干力量，大学生们对非传统安全问题的态度、认知和能力直接影响了整个社会应对非传统安全的能力，高校大学生非传统安全教育的缺失为未来社会的发展稳定带来了巨大的不确定性。

二、大学生非传统安全教育的目标和意义

（一）大学生非传统安全教育的目标

对大学生进行非传统安全教育是高校思想政治教育、大学生人文素质教育的重要组成部分。进行大学生非传统安全教育就是高校管理者和教育者以党和国家的法律、法规、方针、政策为依据，以全面提高大学生综合素质为目标，以安全知识、安全意识和安全技能为主要教育内容，通过多种途径和方式，使学生逐步形成非传统安全意识，掌握必要的安全行为知

识与技能，养成正确应对非传统安全的态度和习惯，以保障国家、社会的稳定和个人健康地成长[1]。

1. 知识目标

学校通过非传统安全教育，让学生了解非传统安全的内涵、特点及影响，明确非传统安全与传统安全的关系、非传统安全与国家安全、社会安全的关系、非传统安全与大学生的关系；弄清当今国际社会面临的主要非传统安全问题，主权国家和非国家行为主体在应对非传统安全中所起的作用；把握中国当前面临的主要非传统安全问题，了解中国政府的态度和政策措施。

2. 能力目标

学校通过非传统安全教育，让学生具备识别危险的判断力，掌握避免安全事故的技能，具备应对安全事故的自救、自护能力；具备拒绝诱惑、抵御违法犯罪的能力；初步认识现实社会和国际形势的复杂性，能够做出有利于个人安全、社会安全和国家安全的行为选择；在保障自身安全的同时，能采用恰当的途径和方法救助他人；面对各种正在或可能给国家重大利益造成影响的威胁时，具有维护和获取国家重大利益的行为能力。

3. 情感、态度、价值观目标

学校通过非传统安全教育，激发学生民族自尊心和自豪感，强化他们对国家、社会和民族的安全责任意识，培养其“国家归属感”、公民责任感及忧患意识，养成安全习惯；培养学生的国际意识、大局意识和合作意识，塑造团队精神，确立正义和平等观念；感悟生命的意义和价值，形成尊重生命、珍视健康的态度；普及正确的生态意识，具有科学的伦理观、价值观和发展观；树立拒绝诱惑、远离危险、防范侵害的自我保护意识和防灾文化意识；遵纪守法，遵守社会公德，维护公共秩序；具备健康的心理素质，培养积极向上的生活态度和健康的生活方式，塑造安全人格[2]。学校要通过教育，使非传统安全文化的培育成为大学生人文精神的自觉追求。

（二）大学生非传统安全教育的意义

对大学生进行非传统安全教育，除了具有传统的安全教育所产生的意义外，重要的是有利于培养大学生非传统安全思维。

1. 树立综合安全观

非传统安全涵盖了经济、社会、生态等人类社会生活的方方面面，涉及恐怖主义、流行疾病、生态环境、能源枯竭、金融危机等各种各样的问题。对于一个国家来说，经济、军事、政治、文化、生态、社会各方面的利益已经相互交织在一起，成为一个有机系统，任何一个方面受到威胁，整个国家安全都会受到严重威胁。也就是说，国家安全利益已经多元化、系统化。同时，与传统的国家安全威胁相比，非传统安全问题的形态、边界和活动规律往往难以确定。它们好似蒙面杀手，多半“来无影去无迹”，杀伤力强大且带有突发性，有时事态看上去相当孤立，有时又“牵一发而动全身”。某一方面的安全问题可能引发或者激化其他方面的安全问题，有些问题之间已经形成“问题—危机—冲突”的恶性循环链条，而使其造成的影响和危害呈现逐步放大和连锁效应，对国家安全造成双重或是叠合的威胁。高校对大学生进行非传统安全教育，就是要培养学生的综合安全观，在认识、分析和解决问题时重视各问题领域之间的联系，避免单向性的思维倾向。

2. 树立合作安全观

许多非传统安全问题往往超越了国家边界而带有跨国性、不确定性，它们可能从一国“外溢”至他国或从他国“内流”到本国，对于国家间、地区间关系甚至全球性的国际关系造成的冲击和危害都是前所未有的，解决非传统安全问题单靠一国之力难以完成。同时，非传统安全所涉及的领域十分广泛，非传统安全威胁还容易与传统安全威胁相互结合，许多领域的安全问题仅靠简单的军事手段已不能解决。这表明，在相互依赖程度日趋加深的全球化时代，任何国家不可能脱离地区安全、全球安全而独善其身。各国在解决非传统安全问题时，要注重国际社会的各种行为主体的协同合作。“共同安全”“合作安全”以及其他的新安全观都应该纳入非传统安全中。高校对大学生进行非传统安全教育，就是要培养大学生的合作安全观，塑造放眼全球的大局意识、责任意识和合作意识。

3. 树立以人为本的安全观

非传统安全是一种更注重“人的安全”的安全观。在传统安全中，安全更多的是对国家整体安全、维护国家主权和领土完整的考虑，认为只要国家安全了，个人的安全也就有了保障。但是，面对非传统安全问题时，人们发现，国家安全并不必然等于个人的安全。在非传统安全中，直接面对威胁的是人（你、我、他），而不是其他，人的安全与人类安全是所有安全问题的核心，对人的价值的尊重是所有安全问题的终极关怀[3]。非传统安全强调谁安全、从哪儿得到安全和如何确保安全等问题。因此，那些对人的安全存在直接威胁的要素是考察非传统安全的基本出发点。它从人的基本需求出发，既关注人的生命本身，也关注人的自由和尊严；既关注暴力威胁，更关注非暴力威胁。高校对大学生进行非传统安全教育，就是培养大学生“以人为本”的安全观，保持对生命的敬畏、对他人的宽容，尊重和维护人的价值和尊严[4]。

三、大学生非传统安全教育的途径

（一）健全体制，规范制度，构筑非传统安全教育的长效机制

对大学生进行非传统安全教育，绝不能仅靠一时一制的突击性活动，要形成常抓不懈的有效机制。（1）健全领导体制，加大对非传统安全教育的重视力度。建立健全由校领导负责，学校各职能部门、院系统筹兼顾的领导体制，规划和制定大学生非传统安全教育的总体工作目标和任务，加强对大学生非传统安全教育的指导、协调和监督工作。将大学生非传统安全教育列入学校发展的总体规划中，纳入人才培养目标中。制订详细的教育计划，提供教育的软硬件保障，形成学校上下重视非传统安全教育的氛围。（2）加强制度建设，建立良好的非传统安全教育管理机制[5]。学校要根据党和国家的法律、法规、方针、政策，制定和完善各项安全工作和责任制度，保障安全教育责任到人、安全教育落实到位。要建立公共安全危机管理机制，包括危机预警机制、信息透明机制、危机反应机制、善后救助机制、心理干预机制等。

（二）兼顾显性和隐性，整合资源，优化非传统安全教育的环境

对大学生进行非传统安全教育，绝不能仅靠一些人和一些事，要整合校内各类资源，形成合力，让大学生始终置身于安全教育的文化氛围之中。（1）显性课程与隐性课程相并存，发挥课堂在非传统安全教育中的主渠道作用。高校要全面落实非传统安全教育“进教材、进课堂、落实学分”的要求，把非传统安全教育纳入正式教学计划，制定教学大纲，走非传统安全教育系统化、规范化的道路。非传统安全教育进课堂一般有两种模式：一种是单一学科模式，从各学科选取与非传统安全教育有关的内容整合后发展成一门独立的系统课程，作为公共必修课或选修课在全校进行教育。另一种是渗透模式，将非传统安全教育的内容渗透到各个已有学科的课程中去，通过各学科的实施，化整为零地实现非传统安全教育的教学（见表1）。（2）显性文化和隐性文化相辉映，发挥学校在非传统安全教育的主阵地作用。学校的显性文化包括校容校貌、各类设施、各类教学、课

外活动和规章制度等，其中丰富多彩的课外活动的教育作用不可小视。它寓教于乐，使安全教育更加直观、生动，更易入脑。如利用广播、电视、网络等媒体以及校刊、校报、橱窗、画廊宣传安全知识，在校园公共场所设置醒目的安全教育标志；创建“防灾型校园”“绿色校园”“平安校园”“无毒校园”等；利用军训加强防灾演习和应急救援训练；在中国传统节日，开展一些民俗民风活动等。学校的隐性文化是指隐含于学校师生员工自我意识中的价值观念、教育观念，以及集体舆论、精神氛围、校风、教风、班风等[6]。它体现在学校的一草一木、教职工的一言一行之中，对大学生的影响“润物细无声”。高校在完善显性文化建设的同时，要更加重视隐性文化的培育。如校园的环境设计、建筑布局、道路布置、绿化甚至教室采光是否体现了人与环境的和谐，后勤服务方面是否节约资源、减少污染等等，让学生漫步校园时潜移默化地接受环境教育。

表 1　大学生非传统安全教学渗透的课程和主要内容

课　程		主要内容
“两　课”	思想道德修养与法律基础	“三观”教育、相关法律法规（《国家安全法》《反分裂国家法》等）教育
	形势与政策	当前国际或中国面临的主要非传统安全问题教育
	当代世界经济与政治	恐怖主义、核扩散等全球性非传统安全问题教育
电子信息类课程		网络安全、信息安全教育
财政金融类、经济类课程		经济安全（包括金融安全）教育
医学、卫生类课程		流行疾病安全教育
环境类课程		生态安全教育
社会学类课程		人口安全、社会安全教育
语言类课程		文化安全教育
农业类课程		粮食安全教育
工业类课程		产业安全、能源安全教育
档案类课程		保密与国家安全教育
法律类课程		与非传统安全相关的法律法规教育
政治类课程		国家安全与社会安全教育

（三）实现校内外结合，发挥主体性，提高非传统安全教育的实效

对大学生进行非传统安全教育，绝不能仅是学校、教师和学生的单向性活动，要走向社会，发挥学生的主体性，形成学校与社会、师生之间的双向性互动。（1）实现校内教育与社会实践相结合。在进行非传统安全教育过程中，要建立固定和临时兼有、专业性和综合性并存的社会实践基地，把理论与实际结合起来，把实践和服务社会结合起来，做到学以致用。如与环保部门合作，了解当地环境状况，实地进行环境质量监测；参观一些名胜古迹，了解中国的传统文化；走访当地的疾控中心、艾滋病防治委员会等，学习流行疾病的防治知识；深入农村进行农业发展情况的调研，了解中国的粮食安全；寻求当地消防部门的帮助，进行防灾演习，加强安全防灾文化教育。（2）充分发挥学生的主体性。一方面，让学生参与学校的安全教育决策和管理中来。比如，让学生参与学校环境、卫生等的决策、参与安全管理制度的制定等。组建以学生为主体的校园安全检查组，负责监督和检查特别是涉及学生的安全监督和管理工作；建立适当的机制，如宿舍管理、绿化领养、卫生保洁等，鼓励大学生参加校园环境的建设和维护；鼓励学生参与校园网络建设和维护。另一方面，要引导学生进行自我安全教育。充分发挥学生的积极性和主观能动性，由学生自我组织开展活动，以达到自我学习、自我教育的目的[7]。如开辟学生安全教育网页；开展预防艾滋病的“青年同伴教育”活动；引导学生开展以安全为主题的社团活动，举行“大学生校园文化节”“科技节”；利用世界各类宣传日，如世界环境日、世界艾滋病日、世界地球日、世界卫生日、世界人口日、世界粮食日等开展宣传教育活动；组织学生进行志愿服务，参与“三下乡”活动，开展社区服务；组织大学生进行各种形式的社会调研等。

四、大学生非传统安全教育的评价体系

对大学生非传统安全教育的评价要与其教育途径相配套，这样才能真正使非传统安全教育具有可操作性、可控性，达到教育的目的。因此，同大学生非传统安全教育的途径相对应，非传统安全教育的评价也要做到全员参与、全面渗透、全程跟踪：评价客体要面向学校、教职工和学生三个群体，要将非传统安全教育的方方面面都纳入评价范围，力争做到哪里有非传统安全教育，哪里就有非传统安全评价。同时，对非传统安全教育的

评价也应改变传统安全教育的评价理念，树立新的理念：由单向性的评价路径改为双向性的评价路径，由单一的评价主体变为多元的评价主体，由封闭式的评价模式改为开放式的评价模式。从这个意义上说，高校要应用实证评价和人文评价相结合的评价方法，建立立体的、全方位的、开放式的非传统安全教育评价体系。具体来说，依据非传统安全教育评价客体的不同，包括以下三个方面：

（一）高度重视对学校的评价

学校提供一个良好的硬件设施、制度规范和人文环境，是进行非传统安全教育的重要前提和有力保障。评价学校对非传统安全教育的重视程度及其实施成效，包括：学校是否贯彻了国家在安全教育方面的法律法规和方针政策；是否将非传统安全教育纳入人才培养目标、学校整体发展规划、学科建设和教学大纲；有没有相应的领导体制、相关的制度建设和公共安全危机管理机制；有没有对管理者和教育者的培训制度，具不具有可操作性；有没有提供教育的硬件：教师、教材、设施设备、实践基地和资金支持；有没有营造良好的人文氛围；等等。对学校的评价有三个途径：一是政府管理部门的考评、检查。应该把这方面的评价指标纳入教育部的本科教学评估中，尤其要将高校党政一把手的政绩与是否重视非传统安全教育以及非传统安全教育的成效挂钩。二是社会有关部门、专家和家长的评价，这方面的评价主要是定性评价。三是全校师生的评价，主要是定量评价，可采取问卷调查、召开座谈会、设立专门信箱、网评等多种形式进行。当然，对学校的评价指标有些需分解到分管的各部门、院系。

（二）正确看待对教职工的评价

教职工是实施大学生非传统安全教育的重要主体，没有他们的言传身教，对大学生进行非传统安全教育就名存实亡。教职工评价的对象包括三类人员：管理人员、服务人员、教学人员，不同人员评价内容有所侧重，管理人员和服务人员主要看是否严格执行学校在非传统安全教育方面的规章制度、如何避免和处理各类公共危机事件以及管理育人、服务育人的成效；教学人员主要看是否按照要求渗透进非传统安全教育的内容：教学大纲中是否有所体现、在教学过程中的执行情况、教学态度和教学效果。对教职工评价采取四种方式：学校对教职工的评价、教职工的自评、学生的评价和社会的评价，评价结果要作为年度考核、评优、晋升职称的重要内容。

（三）全面考察对学生的评价

非传统安全教育的对象是大学生，对学生学习效果的评价是非传统安全教育评价体系中最重要的环节。对学生的评价包括学校评价、社会评价和群体评价。学校对学生的评价方法观必须从以考试为主的评价方式转变到全面调查、综合测评的评价方式，建立健全完善、科学、严密的评价程序。要把观察、访谈调查作为搜集评价资料的主要途径。具体来说，评价既包括课堂成绩、还包括平时表现，如参加社团情况（要把社团活动也纳入学分制体系，学生参加社团，也要考核，考核合格者取得学分。也可以进一步规定，学生在校期间必须修满一定标准的社团活动学分，否则不予毕业）、社会实践情况（包括参加社会调研完成调研报告情况、参加志愿活动情况、参加各类竞赛情况等）。教师要坚持鼓励性、发展性的评价原则，既要考察学生对基本安全知识的理解和运用情况，更要注重考察学生自救自护的素养和能力，关注学生的情感态度价值观的形成。其中，教师尤其要重视对学生的非规范性评价，就是在日常的教育活动中，学生在教师的随机言行中感受的来自教师的期望与评价，这种评价具有互动性，使得评价过程更日常化、动态化，更有利于学生的进步。当然，在对学生评价中还要考虑到学生的群体评价，即同处群体对其中个体的评价，一般情况下，基于有共同生活学习的经历，这种评价更加可靠、真实。总之，在评价学生接受非传统安全教育效果时，要把定量评价和定性评价结合起来，通过建立学生、学校、教师、家长、社区和专家等共同参与、交互作用的评价制度，从而以多渠道的反馈信息促进学生综合素质的发展。

当然，大学生非传统安全教育是一个系统工程，还有诸多问题需要我们进一步去思考和解决，如教材建设、师资队伍和管理队伍建设等，本文只是在这方面的初步探讨。

参考文献：

［1］黄维平，韦帮得．新建本科院校安全教育的挑战与对策［J］．广西财经学院学报，2008，（1）．

［2］肖莉．“安全教育”教学建议及案例设计［J］．江西教育，2009，（Z2）．

［3］杨宝东．非传统安全的价值与维度［J］．理论导刊，2005，（4）．

［4］叶三梅．大学生非传统安全思维的培养［J］．中国高教研究，

2010，(9).

[5] 韦庆辛．新时期加强和改进大学生安全教育的实践与探索［J］．中国安全科学学报，2009，(2).

[6] 吴祖强．关于高校开展环境教育的思考［J］．高等师范教育研究，1997，(2).

[7] 葛冬冬．“全人发展”教育理念下大学生安全教育探索［J］．北京教育（高教版），2008，(1).

论新时期大学生的孝道教育

张桃红

摘　要：孝道在中国已有几千年的历史。但自新中国成立之后，现代中国人的孝道信仰，正在呈逐渐流失的状态。由于家庭、社会、学校教育等方面的原因，部分大学生中出现了孝道缺失的现象，这不仅引起家长的不安，而且引发全社会的关注和忧虑。在我国步入人口老龄化的今天，在构建和谐社会的新形势下，对大学生加强孝道教育有着深远的社会意义和现实的指导意义。

关键词：大学生；孝道教育；德育；学校

目前，不少大学生身上经常会出现这样的现象：遇到过节，同学之间常要互发短信送祝福，父母却是被忘却的角色；在校期间，有的同学很少与父母联系，一打电话不是要钱就是让父母干这干那；有的同学忙着给朋友过生日，却不知道自己父母的生日；有的同学因不服父母的管教，对父母恶语相向，甚至夺去父母的生命……“谁言寸草心，报得三春晖。”讲究孝道本是中国传统文化的基本内容，但上述大学生对父母含辛茹苦的养育，不仅不知道感恩，反而以怨报德。近年来，在校大学生甚至硕士、博士动辄轻生，不仅是对自己生命的漠视，更是对含辛茹苦养育自己的父母的不孝。《增广贤文》有“羊羔尚有跪乳之恩，乌鸦也有反哺之义”的警世恒言。动物尚且如此，何况人这一高级动物？

一、孝道的精神内涵

“孝道”是一个涉及子女对父母、晚辈对长辈的伦理道德规范，在中

作者简介：张桃红（1972—），安徽池州人，池州职业技术学院副教授，法学硕士，研究方向为思想政治教育。

国有几千年的历史。甲骨文中的“孝”是一个会意字，由儿子承老人头行走，意思是人老了，行动困难，应有子女扶持[1]。传统的孝道在被封建统治者作为工具时，它过于强调服从，过于强调在下的臣子、幼辈对在上的君父尊长尽忠尽孝的责任；在具体的礼节上，其内容也过于繁缛和刻板；至于养老礼制涉及的受养对象，更局限于一部分退休的达官显宦、耆旧老臣，而不能普及一般的民众，使之打上了官本位的深深的烙印。但是，无论如何评价我国传统的孝道文化，都不可否认其更多的是中华民族文化的精华，其养老敬老的基本社会道德，是一份足弥珍贵的文化遗产。古人对孝道的解释有合理的一面，《礼记·为政》中记载：“是故孝子之事亲也，有三道焉：生则养，没则丧，丧毕则祭。养则观其顺也，丧则观其哀也，祭则观其敬而时也，尽此三道者，孝子之行也。”意思是说，一个能事奉双亲的孝子平时要以最诚挚的心情去周到地照顾父母，任劳任怨地服侍父母；父母过世时，要以最悲痛的心情来追思父母。敬养父母主要看是不是恭顺，埋葬父母主要看是不是悲哀，祭祀父母主要看是不是崇敬适时。能够做到这三个方面就是孝的行为[2]。“父子之道，天性也”，父亲的培养，教育子女，儿子侍奉、尊敬父亲，这是人类自然的本性。孔子认为，在一切生灵中唯有人最为尊贵，在人的所有孝行中，尊敬父母最为重要。子女的孝敬是对他们一生辛勤劳动的报答。我们所讲的现代的孝道，主要指的还是亲情上的孝道，可以说孝道情怀是人类一切美好感情的基础，只要有血缘关系存在，那么爱敬父母就是人类的一种天性，一种一切道德美好感情的源头，是德行和义务产生的精神渊源。人也正是在父母的爱中学会了反哺和贡献。

二、大学生孝道缺失的原因

1. 从学校角度看，自秦以后，历代朝廷都把“孝道”作为“德育”的核心。汉代开始，起着国家政治意识形态作用的经书中，《孝经》赫然列于其中。官修正史上都立有《孝义传》，竭力表彰孝子。把“以孝治天下”奉为信条，在太学里推行关于孝道的德行教育，连选拔官员也把“孝”作为一个基本标准，非孝之人不准入仕。唐朝时，参加医学、算学、律学考试的人可以不读五经，但《孝经》不能不读。就像现在考大学，无论文科理科都要考外语一样，显现出孝道教育在中国古代科举中的重要地位。在两千多年的封建社会中，历朝历代的官学指导和私塾普及的二元教育体制都非常重视孝道文化的社会作用。中国人从生到死，每时每刻都在接受这种道德的教育、灌输和影响，人们把遵守孝道变成了一种习惯、一种美德、一种整个社会普遍遵守的规范。从五四运动到新中国成立后这段时间里，中国人的意识形态一直都是以马克思列宁主义思想为导向，在那个时期我们的确比较忽视中国的传统文化。自新中国成立之后，特别是从20世纪50年代后期到70年代后期长达20年的时间里，党内“左”的错误盛行，发展到“文化大革命”，一次次的“批孔”“破四旧”，“孝”这样的传统道德自然在劫难逃，从此，人们对“孝”噤若寒蝉，谈“孝”色变。孝道文化在学校德育中中断了近半个世纪，孝道教育基本上是被框定在“政治教育”的范畴内，在德育理论和德育实践上成了无本之木、无源之水。

2. 从家庭角度看，当下的家庭教育有“功利化”趋势，亲戚朋友见面只关心孩子的学习成绩、考试排名，很少有家长对孩子讲传统的“温良恭俭让”，讲“仁义礼智信”等等，导致不少学生成绩不错，但在做人方面很欠缺。有的家庭则是孩子要什么家长给什么，这种盲目的溺爱让孩子对得到的一切都觉得理所当然，他们不会体谅父母，甚至要求一旦得不到满足，还会对父母心生怨恨。另一方面，家长是孩子的第一位老师，有些家长本身在生活细节上不注意，如不关心老人等等，这些都会给孩子留下不好的印象。

3. 从社会角度看，我国正处于一个重要的社会转型期，社会整体的核心价值观存在着不确定性，一些长期以来被大多数人接受的道德准则被现实打破了，而新的道德准则还没有确立。在这样的环境下，不少大学生陷入困惑和迷茫，是非、善恶难以分清，道德观念日趋模糊。

三、对大学生进行孝道教育的意义

1. 孝道是构建和谐社会的基点。在中国传统文化中，一切人际关系均是以血缘宗法为基础得以展开的，孝成为古代社会一切人际关系得以建立的精神价值基础。孝敬父母包含着许多人类的自然心理和情感，古代社会如此，现代社会也仍然如此。父母的生育、抚养、照顾、爱怜、培养，情深义重，人们永难忘怀。“父兮生我，母兮鞠我，拊我畜我，长我育我，顾我腹我，欲报之德，昊天罔极。”[3]因此，孝敬父母，报答父母，自然而然地成为人们最起码的道德情感和道德准则。从这个道德情感出发，人们为了对父母尽孝，必须努力学习，积极工作，创造能够使家庭存在和发展的物质条件。而在社会实践中，在既有的道德情感和习惯的基础上，通过道德教育和劝导，人们比较自然地达到“老吾老以及人之老，幼吾幼以及人之幼”的较高的道德境界，而爱祖国、爱人民、爱劳动等道德要求，也可以从孝道扩展而实现。在家庭中，子女尊敬长辈，长辈爱护子女，共享天伦之乐；在社会上，人们尽职尽责，为国家做出自己应有的贡献；对个人，不断修身养性，以实行自己的宏伟理想。这样，我们的社会就会成为道德进步、和谐有序的社会。

2. 在我国进入人口老龄化的今天，倡导孝道文化具有深远的社会意义和现实的指导意义。目前，我国的老年人口已逾 1.3 亿人，约占总人口的 11% 以上，尤其是我国的老年人口基数大、来势迅猛，我国是在“未富先老”的情况下迎来了人口老龄化。据有关资料预测，到 2025 年，我国的老年人口将达 2.8 亿，约占总人口的 20%，80 岁以上的老年人数也将达 2500 万人[4]。中国的养老方式是以家庭养老为主，这是几千年形成的传统模式。它赖以存在的思想基础就是传统的孝道观念。当然，我们也应该清醒地看到，随着改革开放形势的发展，我国家庭养老的功能有日益弱化的趋势，传统的孝道观念也开始淡化，歧视老人、虐待老人的事件时有发生。若干年后，我们的大学生也承担了家庭养老的责任，在这样的形势下，对大学生宣扬传统的孝道文化，积极倡导尊老、敬老、助老的传统美德，将具有非常重要的现实意义。

四、多方努力，共同对大学生进行孝道教育

1. 在“坚持弘扬和培育民族精神、切实加强思想道德建设”的今天，各高校德育应该吸收我国古代德育的成功经验，以现代教育理念加传统孝道文化为学校德育的平台，重新构建学校德育新体系，探索学校德育新模式、新思路，培育德、智、体和谐发展而又拥有现代素质的新一代大学生。孝道教育是德育中的一个重要切入点和出发点，对培养大学生的爱心和责任意识具有重要作用。“孝”字从字义上来理解，其实就是“教之所由生也”，因此，孝也是要教的。在高校德育过程中，应抓住生活中奉行孝道的典型事例，激发大学生的感情共鸣，教学生孝道。古人奉行孝道的事例很多，如汉文帝为母治病三年亲尝汤药，董永卖身葬父，王祥卧冰求鲤等，这些事例都是感天动地、流传久远的，不乏对当代的大学生有教育

意义。在现实生活中，恪守孝道的事并不鲜见，四川省广安市邻水县19岁的少女曹于亚在2007年1月17日坚定地给患尿毒症的父亲捐出了一个肾，曹于亚的事迹感动了世人，获得了高考加分20分，并被成都纺织专科学校录取[5]。曹于亚是一个“当代孝女”，在她身上折射出的孝道的美德，不仅令全社会震撼，相信更会引起大学生的感情共鸣。这些活生生的例子，对大学生灵魂的触动，比我们高谈阔论的教育，其效果不知要强多少倍。另外，高校的一些相关部门应该不失时机地创设有利的教育情境，诸如利用“感恩节”“母亲节”“父亲节”“重阳节”等节日，强化大学生的亲情意识和敬老观念，也可以通过开展“一封家书”“我的人生账单”“我给父母做了什么”等有意义的活动，让每个学生体会到父母的艰辛和无与伦比的养育之恩，引导他们在学习生活实践中通过一点一滴的行动来回报父母。

2. 家庭是社会的细胞，是和谐社会的基础，是每一个生命的诞生地，是每一个孩子接受幼年启蒙教育的学堂，也是青少年成长过程中的一个人生驿站。所以，家庭也是现代孝道教育的重要课堂，每位家长（包括父辈、祖辈中相关的成年亲属）都是孩子的家庭教师，每位家长（尤其是父母双亲）要对自己的孩子在基本礼仪（包括说、笑、走、坐、躺、吃、穿、待人接物、外出做客等方面）方面进行全方位的传授和训练，要坚持言传身教，围绕敬老爱幼、睦邻友好、助贫济困等怎样做一个现代人方面进行有效的启蒙教育。

3. 全社会应该营造倡导孝道的舆论氛围。国家除了在《宪法》中规定成年子女赡养扶助父母的义务之外，还应该以具体法律形式提倡实行孝道。要在社会上形成奖励孝行为和批评不孝行为的评价机制，大众媒体应宣扬赞美孝行为，针砭不孝行为，宣扬社会主义孝道。另外，还应该大力树立慈父慈母孝子孝女的典范，政府应该像对待先进人物和劳动模范一样对他们加以表彰，社会应该给他们以崇高的荣誉。

一个国家的希望在青年。青年的思想道德水准决定着他们的世界观，人生观和荣辱观。“道是孝生”，“孝乃为德之本”。如果不加强对青年的孝道教育，提高他们的孝德意识，其德何来？我国有句名训：“士有百行，以德为首。”诗人但丁有句名言：“道德可以填补智慧的缺陷，而智慧永远填补不了道德的缺陷。”可见，中外都一致肯定美德对国家的强大和繁荣昌盛的极端重要性。所以，为了我国和谐社会的构建，为了祖国的未来，必须对当代的大学生进行孝道教育。

参考文献：

[1] 康殷．文字源流浅说［M］．北京：荣宝斋，1979：39.

[2] 马永庆，赵卫东．中国传统道德概论［M］．济南：山东大学出版社，2000：203-204.

[3] 诗经．小雅．蓼莪［M］．合肥：安徽人民出版社，2005.

[4] 刘翊纶．中国的养老之路［M］．北京：中国劳动出版社，1998.

[5] 刘大江．割肾救父感动中国　四川女孩曹于亚喜上大学［N］．中国青年报，2007-08-31.

通过情感教育养成学生诚信品格的思考

王旭红

摘　要：当前高职生诚信严重缺失，考试作弊屡禁不止，毕业论文抄袭之风难改，就业简历真假难辨，欠费不缴司空见惯。高职院校诚信教育存在着认识上、制度上和实施上的误区。学生诚信品格通过情感教育养成。情感教育以爱为中心，关爱学生，树立“以学生为本”意识；整合资源，建立长效情感教育机制；重视教改，发挥课堂主渠道作用；打造队伍，建立和谐师生关系；资源共享，建立国家信息中心。

关键词：高职院校；情感教育；诚信品格

高等职业教育作为我国学校教育的重要组成部分，担负着培养高素质劳动者的重要任务，是经济社会发展的重要基础。目前高职院校学生的诚信问题却不容乐观。诚信缺失行为涉及高职学生生活的各个领域，学习上考试作弊屡禁不止，毕业论文抄袭之风难改，就业简历真假难辨，欠费不缴司空见惯。诚信缺失是高职院校必须面对的一道难题。诚信缺失会给学生带来信用危机，即使将来走上工作岗位，也会因为诚信缺失而难以融入工作环境和社会环境。高职院校虽然一再强调诚信教育，然而效果并不理想。

一、诚信缺失的表现及其教育误区

诚信既是一种基本的道德规范，又是一种重要的道德品质。高职院校学生的诚信既包括真诚待人、遵章守纪的行为规范，也指学生在工作、学

作者简介：王旭红（1963—），男，安徽池州人，池州职业技术学院副教授，硕士，研究方向为思想政治教育。

习和生活中言行一致、表里如一，逐步内化了的稳定的道德品质。诚信缺失，内在地表现为人的诚信品质之无，没有诚信的自觉和习惯；外在地表现为行为之不合诚信规范，弄虚作假，言而无信。当前高职生诚信严重缺失，主要表现在下列几个方面：

一是考试作弊屡禁不止。素质教育虽已“施行”多年，但考试成绩直到今天仍然是衡量大学生在校期间表现的最为首要的标准。如果学生的成绩突出，那么会有一些比较好的结果，如可以获得在校期间不同级别的奖学金，校级或者系（部）的三好生称号，以及一些其他的荣誉称号；在某些高职院校里，这样的好学生还可以在就业方面得到方便，获得就业招聘中的优势地位或者优先选择权等等。由此在考试中作弊的情况屡禁不止，通过手机、纸条等各种方法进行作弊，手段层出不穷。根据笔者在本地几所高职类的学校进行调查，高职院校的大学生较多地存在作弊行为。调研结果显示，有超过三成人承认在学校的考试中存在着作弊相关行为。即使没有作弊过的同学，他们对于有作弊行为的同学，也表示能够理解，并不认为这种行为不可接受，也不认为这样的朋友不能够进行交往。

二是论文抄袭之风难改。高职院校近几年来论文抄袭、剽窃风气严重。相当多的同学对于论文抄袭现象相对宽容，表示能够理解——这实际上也反映了高职院校学生在知与行问题上背离的矛盾心理。文科与理工科学生的毕业论文（设计），都是在毕业之前，对学生所学专业内容以及其对专业内容实践性、应用性能力最终的考核。然而，这种考核若不高度重视，严格把关，很容易流于形式。学生通过各种网络资源寻找相关文章进行剪裁、拼凑，加上一些参考书目的简单引用，就形成了自己的最终毕业论文，恶劣者甚至全篇抄袭，一字不改。论文答辩往往安排在每年的 3 至 5 月份，这是同学们找工作的第二个黄金段。面对学业与就业的双重压力，学生们往往很难静心写作，这也成为论文抄袭问题产生的一个重要原因。

三是就业简历真假难辨。随着高校扩招，每年毕业的大学生人数呈现出递增的趋势。2012 年全国大学毕业生达到 600 万以上，当今社会激烈的竞争中，高职院校学生扬长避短并适当包装原本无可厚非。但我们经常见到的情况是，某些学生随意浮夸自己的简历内容，甚至动用无中生有之术，虚构自己的学生干部身份，伪造各类获奖证书、资格证书，虚构社会实践经历。在人才招聘市场，有时同一学校的同一院系、同一年级，出现多名院系学生会主席；或在同一个班级，冒出多名班长。

四是欠费问题司空见惯。从目前的高职院校在校学生来看，有不少人钻了国家重视经济困难学生这一政策的空子，有的学生家庭经济并不困难，却想尽办法办理勤、助、减、免的手续，获得一些额外的经济支持。这些人如果不能顺利毕业离校或者找不到理想的工作职位，难免就松懈了自己的责任，把本金还款风险都扔给了学校和国家。根据观察，那些欠费或不还贷的学生，往往是那些学习成绩差、不能顺利毕业以及不能实现正常就业的学生。学习好并能找到理想就业岗位的学生，即使家庭条件确实比较困难的，也会较好地履行承诺，按期偿还贷款。近几年各高校中拖欠学费的人数有增无减，这是非常值得我们关注和反思的。

诚信危机已经引起了高职院校教育工作者的广泛注意和高度重视。但目前尚没有形成一套行之有效的教育机制来提高诚信教育的效果，遏制诚信缺失现象的蔓延。究其原因，在于高职院校诚信教育存在着认识上、制度上和实施上的误区。

（一）认识上的误区

高职院校培养目标主要在于让学生们掌握相应的理论和技能，以便在毕业之后能够找到一份稳定、理想的工作。可以说，重视实际效果，忽略品德教育，诚信教育自然得不到重视。正如一些高职院校的领导所说的那样：诚信教育，说起来重要，做起来次要，忙起来不要。还有一些高职院校甚至以政治教育代替道德教育，忽视诚信品质的培养。由此可见，对诚信教育的认识不到位、重视不足在高职院校普遍存在。学校如此，那些身处教学和辅导一线的教师们，在没有学校重视和支持的情况下，也就只能在教学中做好自己的功课——传授好知识和相关技能，对于学生的诚信品质也就无暇顾及了。另一方面，某些教育工作者把诚信教育看作是一种信用的教育，只看到诚信的外在表现即“信”的方面，而看不到其内在实质“诚”的方面，这样就大大地缩小了诚信的内涵和外延，从而把诚信看成一种手段而非品质，诚信教育因而走向不重品质培养的不良道路。

（二）制度上的误区

当诚信缺失不再是个别现象而成为集体现象时，我们有必要从制度层面进行深入反省。诚信缺失之所以在高职院校蔓延和经久不息，一定程度上是我们的教育制度为其提供了动力和生存空间。从宏观上来看，诸如对学生评价重智轻德、重结果轻过程，对教师评价过于依据学生打分，对学校教育评估过分强调就业率等教育方面的制度性设计，使得学生、教师和学校都不十分重视品德的培养，教师和学校甚至不愿在品德方面严格要求学生，这些皆在一定程度上影响对诚信缺失的遏制。从微观上看，学生诚信评价机制不健全助长了学生诚信缺失的风气。许多高职类的学校，对学生诚信品质的考核没有固定的标准，或者说没有较为全面系统的标准，更谈不上创建学生诚信教育的档案。评价的制度缺失或者不健全，为学生失信提供了免予惩罚的空子，在眼前利益的刺激与诱惑下，学生们难免放弃道德的规范而选择利益。

（三）实施上的误区

由于认识上的不重视、制度上的不健全，诚信教育在实施过程中就难以真正推进。高职院校中，诚信教育往往仅仅停留在思政课堂上的理论说教，仅仅是一种认知性教育，而不是一种养成教育。由于受到重智轻德的观念影响，家长、教师和学校都以学习成绩的优良与否来衡量一个学生的品德，成绩说明一切，再加之一些学校从功利性出发，首先看中的是学生的成绩而不是思想品德，导致一些学生为了追求成绩可以不惜违背道德的标准和诚信的约束。在学校层面，领导口头重视，而缺乏实质性支持，校园文化建设中诚信文化淡薄，对诚信的弘扬与失信的惩罚都没有制度性保障和事实上的作为，投入不足，甚至是漠视。“有些学校在宣传招生、检查评估、教育收费等方面存在着不同程度的弄虚作假、诚信缺失的行为，从学校到教师再到学生都存在一定程度的诚信缺失”[1]。在教师层面，诚信教育被认为是思政课教师的专利，其他教师并不特别关心和重视。对于诚信教育的效果，评价上停留于理论考核的成绩，而不是一种包含言与行、理论与实际在内的全方位的综合评价。可以说，在诚信教育的实施途径上，高职院校往往停留于思政课课堂认知教育的单一形式，而这种形式在诚信教育中并不是最理想的。

二、情感教育内涵及其必要性

作为一种教育思想和一种教育实践方式，情感教育虽然源远流长，但作为一个专有名词和理论问题进行学术性的探讨，开始于20世纪七八十年代的西方国家。在我国，直到20世纪90年代，情感教育才成为教育领域的课题之一。

情感教育的内涵较为丰富，观点不一，众说纷纭，并没有形成一个具有广泛共识的定义。其中1994年在英国沃尔克大学召开的一个国际性的情感教育学术研讨会上提出来的观点比较有影响。在这次国际会议上，聚焦了来自欧洲10个国家的专家，他们在会议上一致认为，情感教育是教育过程的一部分，它关注教育过程中学生的态度、情绪、情感以及信念，包括关注学生的个体发展、社会发展以及他们的自尊，关注每个学生能够感到身心愉悦[2]。把情感教育引入教学设计之中，引入教学目的之中，霍夫和邓肯的观点比较有代表性，他们把教学目的归入三个教育领域，用ASK来表明这种分类方法：A指情感领域（Affective domain），包括价值观念、态度、情感和情绪；S指技能或心理活动（Skill or psychomotor domain），包括熟练使用材料和其他物品；K指知识和认知领域（Knowledge or cognitive domain），包括脑力和智力[3]。

在西方情感教育理论的影响下，我国情感教育主要表现出情感教育内容心理化、目的快乐化、性质手段化、价值取向社会化的特点[4]。情感教育就是以培养人的合理情感为教育重点，注重情感在人的生活和发展中所起到的作用和各种影响，进而运用情感机制及条件，探求怎样运用情感品质支持人在德、智、体、美、劳等方面全面发展和提高。简而言之，情感教育就是以情感为内容和目标，又以情感为手段和方式，情感教育是整个教育系统化的必不可少的组成部分[5]。情感的丰富和深刻程度，决定了情感教育主要内容和层次，情感教育既要教会学生如何处理感情问题，更要通过情感教育培养学生形成健康乐观向上的人格，并形成正确的个人价值观，适应社会需求，能和身边的人分享自己的情感体验，形成健康的心理。

目前，诚信教育在高职院校中主要通过思想政治理论教育的相关课程完成，这一制度性设计并没有充分考虑情感教育方式在诚信教育中的重要作用。然而，在诚信教育中运用情感教育却是十分必要的。

根据上述霍夫和邓肯的ASK理论，诚信教育显然主要不属于S（技能与心理活动）和K（认知与知识）领域，而更应归于A（情感）领域。K（认知和知识）领域主要是培养学生对事物的认知和相关知识的把握，诚信品质虽然有其道德理论知识需要掌握，但这并不是诚信教育的重点和目的，其重点和目的是养成诚信的品质。S（技能与心理活动）领域主要培养学生运用知识的技能和方法，诚信作为一种道德品质，运用技能与方法并不难，甚至谈不上运用技能与方法。

《礼记·礼运》曰："何谓人情？喜怒哀惧爱恶欲七者，弗学而能。"情感内在于人，人人皆有情感，它生而具有，不学而能。情感教育实际上就是遵循这一自然规律，运用情感机制，支持人在德、智、体、美、劳等方面的全面发展和提高。高职学生正处于情感成熟与定型期，一方面，他们情感并不成熟，刚刚远离家乡，失去了家庭中父母的直接关爱，从而渴望得到关心与帮助；另一方面，他们正处于青春期，又渴望情感上的独立。在这样的矛盾情境下，对他们进行情感教育显得十分必要。情感教育既可以使他们得到心灵的温暖和慰藉，又可以使他们的情感在成熟与定型的过程中，得到指引而走上一条健康、正确的道路。

古人云，发乎情，止乎礼。对于情礼的关系古人就已有深刻的感悟，情与礼并不矛盾，而是统一的，礼是情的合理表达。从道德品质培育的角度来看，情感教育正是通过情感的健康培育，把外在的规范（礼）转化成内在的情感，让规范（礼）不再是外在的东西，而成为人的情感要素，只有转化成人的情感要素的规范（礼）才是人的道德素质。

诚信品质，关键是养成，而不是技能和方法的运用。情感教育，主要在于培养人的价值观念、态度、情感和情绪，而诚信教育正是培养人的诚信的价值观念、诚信的态度、诚信的情感。诚信作为最为重要的一种道德品质，其形成既要靠外在的教育，也要靠自我的修养，需要他律与自律的结合。诚信作为一种道德品质，它内在地包含了诚信的道德价值和道德情感。从现实来看，单纯以道德说教方式培育人们的道德品质，成功者甚少，有时甚至是适得其反，说教越多，反感越多。从教育实践来看，诚信品质主要靠养成教育来培养。情感教育通过具体的实例等途径培养人的价值观念、态度、情感和情绪，使道德规范潜移默化地内化为学生的理智，不是通过外力灌输，而是借助于学生的情感生成，情感教育是诚信品质养成的路径。

情感教育也是道德情感形成的重要手段。学生的诚信品质表现在其形成自觉信守承诺的习惯。目前高职院校的学生，不是不理解诚信，也不是不懂得诚信的重要性，关键是难以将之转化成道德情感，难以实践。道德情感是道德认知转化成道德行为的必要的中间环节。情感教育的影响力和制度渗透力对于培养学生的诚信有很好的作用。情感可以说是师生相互交流的桥梁，是进一步让学生身心健康发展的基础，更是学生积极奋斗的动力。学生的诚信教育中如果没有情感，诚信教育就会变成枯燥无味的空话。只有在诚信教育中充分地发挥情感的魅力，让情感教育如同绵绵细雨滋润学生的心田，像不灭的火炬融化学生心灵中的坚冰，使情感成为一种钥匙，去开启每个高职学生的心扉。这样的诚信教育才能将道德认知与道德情感结合起来，促使学生在生活中养成诚信的高尚品质。

三、通过情感教育养成学生诚信品格的对策

情感教育要以爱为中心，学校的情感教育最基本的是学校、教师要爱护学生，以学生为本，通过情感教育，让学生建立起诚信意识，发挥情感教育在学生诚信品格养成和重建方面的作用。

（一）关爱学生，树立“以学生为本”意识

“没有爱就没有教育，爱是教育的前提，爱是教师的天职。”[6]以学生为本，就是要关爱学生，从学生的需要出发思考问题，处处为学生着想，着实解决学生在成长过程中遇到的各种问题。高职院校既是高职学生职业知识传授和技能培训的场所，也是他们世界观、人生观、价值观形成以及心理成熟、情感成熟的关键教育场所。因此，以学生为本，要求我们不能只关注学生的职业知识传授和技能培养，还要关注他们的世界观、人生观、价值观的形成以及心理、情感的健康成长。要坚决改变高职院校只是培养学生职业知识与技能的场所的观念。

学校要在各层面强化情感教育，在情感教育中重视诚信教育，让学生在人情之中体验诚信，养成诚信品格。学校要建立全方位的情感教育体系，把教师、管理人员、教辅人员和后勤人员纳入情感教育主体之中，让学生处处都能体会到人情味，体会到人与人之间的关爱，体会到人与人之间的诚信。处处关爱学生、时时关爱学生、以学生为本，是情感教育的精神实质与首要要求。关爱学生，就要关心他们的学习、生活、工作，关心他们的思想言行，包括道德品质，要针对学生中存在的较为普遍的思想问题制定相应的行之有效的解决措施与教育方案。

（二）整合资源，建立长效情感教育机制

培养学生的诚信品质，教师虽然扮演着最为重要的角色，但单纯依靠教师的言传身教不足以完成这一任务，教育管理者“必须把各方面的力量动员起来，把各方面的资源整合起来，使它们充分发挥作用、密切配合，形成加强和改进大学生思想政治教育的合力”[7]。开展情感教育，必须整合各种情感资源，建立长效诚信教育机制，形成一个良好的诚信教育环境。

重视家庭情感教育的基础作用。家庭是人生情感形成的最为重要的场

所，大学生虽然离开了家庭，但亲子之情并不因此而改变。大学生在思想和心理上还不是很成熟，处在自主意识和行为日渐定型的阶段，他们还渴望从家庭中得到帮助、爱护和认可。因此父母长辈需要对子女的情感与心理适时了解与掌握，通过诸如信件、电话等方式继续和子女进行情感沟通。在情感交流过程中，父母需要对子女的诚信行为予以充分的肯定和配合，对不诚信行为予以纠正。

学校是情感教育的重要力量。学校要建立起一支高素质的思想政治教师队伍，把知识教育与情感教育结合起来，通过知识教育晓之以理，通过情感教育动之以情。学校要理顺关系，强化管理服务，变革学生的评价机制，提高道德在评价因素中的地位，嘉奖诚信行为，严惩失信行为，为学生诚信提供制度性保障。学校要建设好校园文化，在校园文化中注入情感、注入爱、注入和谐、注入诚信等重要因素，营造一个良好的学习与生活氛围，让学生在潜移默化之中培育和丰富情感，增长爱心，在实践中养成诚信品格。

挖掘实施情感教育的社会资源。在情感教育中强化诚信教育。一方面让学生参与社会活动，在社会实践活动中突出情感教育和诚信教育，深入开展如“三下乡”、志愿者服务、“手牵手”等的公益活动，让他们在实践中亲历和体验助人的乐趣，体验诚信的重要性。另一方面，将社会力量引入学校之中，请用人单位的专家来校讲述招聘人才的要求和诚信故事，激励大学生奋发向上，严格要求自己，养成诚信的品格。

（三）重视教改，发挥课堂主渠道作用

课堂教学是高职院校诚信教育的主渠道，诚信教育要充分发挥课堂教学的主渠道作用。情感教育，要真正的关爱学生，切忌泛泛说教。真正地关爱学生，就要加大教学改革力度，有针对性地对学生中存在的突出问题如思想问题、心理问题和诚信问题进行教学设计，组织教学，才能够有的放矢，提高教学效果。一方面，要改革课堂教学内容，打破原有的教材体系和条条框框。高职生文化基础较差，学生学习积极性不高，厌学现象严重，教师应及时地调整教学内容和教学计划，充分激发学生的学习热情，从而达到预期的教学效果[8]。教学内容必须针对学生中存在的问题而设，根据学生的实际而设。另一方面，要改革教学方法，运用案例教学法和讨论法，让学生参与到教学中来，作为主体发挥作用。针对学生中出现的问题有针对性地选择社会上影响较大、关注程度较高的实际案例组织教学。与学生开展讨论，让学生通过现实中鲜活的案例懂得诚信对于社会、对于

人生的重要意义和重要价值，在现实的生活中受到感染，汲取教训。通过讨论，教师可以充分了解学生的内心世界，及时发现学生中存在的问题。对于各种社会现象，教师要旗帜鲜明地表达自己的看法和立场，要注意表达真情，发乎于心，表达于外，要深入学生们的内心世界，给他们及时有效的指导。因此，教师不仅要动情讲解诚信知识与要求，对学生的行为也要保持高度的关心，对诚信行为的鼓励和失信行为的纠偏工作要同时进行。

（四）打造队伍，建立和谐的师生关系

对学生进行诚信教育，要充分认识诚信教育不只是教授学生诚信知识，更重要的是培育学生诚信品格。提高教师队伍的道德水平，建立和谐的师生关系，是培育学生诚信品格不可忽视的重要内容之一。首先，要加强辅导员队伍建设。辅导员是高校中与学生交流最频繁的教师群体，辅导员队伍是情感教育的重要力量。辅导员要与学生平等相处，尊重学生，关爱学生，与学生做朋友，加强交流。学生与教师之间只有多交流，相互信任，师生之间才能产生真正的感情，学生才能体会到老师的关心和爱护，才能做到“亲其师，信其道”。辅导员要关心所有学生，从内心深处就饱含着对学生的热爱，不能只关心表现突出的好学生，更要关心关怀那些后进的学生们，用老师的真情去鼓励他们，焕发起他们的战斗力。教师的关怀，对于学生而言很具有魅力。教师对学生要有积极的情感态度，要热爱学生，对学生的未来要乐观地期望，要尊重学生[9]。其次，要加强师德建设，教师不仅要注重言传，更要注重身教。生活中的情感教育是最值得我们重视的内容之一。高职院校的教师要在日常的生活中做诚信的表率，以真情实意来感化学生的思想。教师通过工作与同学们接触，在这种接触中，教师的情感教育就显得尤为重要。爱岗敬业，诚实守信，这不仅是对社会公民的普遍要求，更应是高校教师的自觉行为。教师的言传身教，影响到学生将来的发展。教育者的身教比言传更为重要。诚信二字，是教师要教给学生们的，却是教师要从自身开始做起的。

（五）资源共享，建立国家信息中心

进行情感教育，既需要大量的理论资源提供思想观念，又需要充足而又有针对性的各类案例辅助教学。因此，信息资源在情感教育中显得尤为重要。学生既有普遍性的情感问题，也有特殊时期、特殊情况形成的特殊情感问题，这些复杂问题的解决，需要各种有针对性的信息服务。依靠教

师个体或个别学校都很难搜集和整理出在质量和数量上符合教学需要的情感教育信息。

在国家层面建立情感教育信息中心，为各类学校情感教育提供信息材料，根据学生的思想实际提供信息服务，做到全国性资源共享，在新时期既很必要，也具有现实的可能性。在理论方面，充分系统地翻译与介绍国外情感教育理论，全面地整理国内学者近20余年的研究成果，供广大教师使用。在案例方面，既要充分挖掘中西方古代社会生活中的各种典型案例，又要及时收集与整理当代的各种典型案例，并进行分类整理，从而为学生中出现的各种问题进行有针对性的信息服务，也为教师与学者研究提供案例。在诚信教育中运用情感教育，同样需要大量的案例，有正面的和反面的、古代的和当代的，用伟大的榜样激励人，用惨痛的教训警示人，晓之以理的同时，动之以情，让学生在大量生动的故事中感受到诚信的光荣和失信的可耻，化他律为自律，养成诚信的道德品质。

当前社会价值取向和思想观念多元化，利益最大化的功利主义思潮盛行，诚信的美德受到强烈挑战，对于即将跨入社会却又缺乏自控能力的高职院校学生的诚信问题，已经引起教育界乃至整个社会的广泛关注。高职院校教育的目的既是培养高端技能型人才，更是为社会培养合格的社会公民，这些人不但要有专业知识和专业技能，更应该有诚信的素养和品质。高职院校必须充分认识情感教育对于加强大学生诚信教育的良好作用，充分认识建设诚信社会对构建和谐校园、和谐社会的重要性，充分利用各种举措，逐步确立培育高职院校大学生诚信品格的长效机制，真正把大学生诚信品格的培养工作落到实处。

参考文献：

[1] 杨洪林．高职院校大学生诚信道德教育现状及对策研究 [D]．济南：山东师范大学，2008.

[2] [英] P. 郎．情感教育的国际透视 [J]．华东师范大学学报（教育科学版），1995，(3)：25-36.

[3] Hough，John B.，and Duncan，James K. Teaching：Description and Analysis Reading，Massachusets：Addison-Wesley Publishing Co.，1970.

[4] 毛豪明，韩传信．西方情感教育思想对我国的影响论析 [J]．安徽教育学院学报，2007，(2)：105-106.

[5] 许阿娟．从情感的特性谈大学生情感教育的内涵 [J]．学术论坛，2009，(1)．

［6］李心琦．如何将情感教育融于数学课堂教学中［J］．南昌教育学院学报，2011，（7）：136-139.

［7］陈安琪，程玮．论情感对高校思想政治教育的影响及其培育［J］．科技信息，2010，（1）．

［8］王艳．实施情感教育的研究［J］．辽宁科技大学学报，2010，（1）：110-112.

［9］罗晓珍．论加强高职大学生的情感教育［J］．浙江交通职业技术学院学报，2008，（4）．

高职院校学生劳动教育途径探究

张桃红

摘　要： 高等职业教育的培养目标是“为国家和地方经济发展培养适应生产、建设、管理、服务第一线需要的数以百万计的应用型高素质人才”。为顺利实现这一目标，高职院校加大对学生知识传授、技能培养的力度。但由于在长期的教育实践过程中存在重视德育、轻视劳育的现象，再加上社会、家庭、个人等因素的长期影响，因而当代大学生劳动意识普遍淡薄，严重影响了高职院校学生的就业及其社会价值的实现。因此，高职院校应通过课堂教学、工学结合、评价机制、双师型教师队伍建设来加强学生的劳动教育。

关键词： 高职学生；劳动教育；缺失；途径

所谓劳动教育，就是使学生树立正确的劳动观点和劳动态度、热爱劳动和劳动人民、养成劳动习惯的教育，是德育的内容之一[1]。从其基本内容来分，可分为生产技术劳动、社会公益劳动、生活服务劳动等；从其基本素养来分，可分为劳动观点、劳动态度、劳动习惯等。

一、高职院校学生劳动教育的现实意义

（一）劳动教育是促进高职学生全面发展的有效途径

苏霍姆林斯基说：“一个人的和谐全面发展、富有教养、精神丰富、道德纯洁——所有这一切，只有当他不仅在智育、德育、美育和体育素养

作者简介： 张桃红（1972—），安徽池州人，池州职业技术学院副教授，法学硕士，研究方向为思想政治教育。

上，而且在劳动素养、劳动创造素养上达到较高阶段时，才能做到。”[2]361-362苏霍姆林斯基的这段话表明劳动教育对于人的全面发展的重要性。劳动教育能促进个人思想品德发展。劳动过程本身就贯穿着一定的思想观点，在劳动过程中锻炼出来的劳动人民的世界观和优良的品质，如社会劳动的责任感，劳动竞赛的荣誉感，团结互助的协作精神，一丝不苟、刻苦耐劳、坚韧不拔的劳动态度，遵守劳动纪律的良好习惯等。劳动教育既能丰富个人的道德修养，也能增强自身身体素质和提高审美素质的需要。高职学生正处在身体发育的重要时期，适度的劳动能使肌肉、筋骨受到锻炼，从而使体质和体力得到增强。劳动教育还可培养高职学生的美感，提高其审美能力。劳动教育能使学生深刻体验到自然的美、生活的美、创造的美，有助于形成学生高尚的情趣；能使学生深刻体验到为他人服务，为人类贡献的伟大人生价值，在对享受与服务、索取与贡献的思考中得到升华，因而在陶冶学生高尚情操、培养美的心灵、在美育和形成完美人格的过程中具有重大意义。劳动教育也是促进学生智力发展的途径。学生的智能不光总是在头脑里，而且也要表现在手指上[3]。动手能力的培养对学生智力的发展有重要意义。手脑并用的教育，对于了解劳动的复杂过程，弄清种种情况和现象间相互关系的那种能力特别重要。

（二）劳动教育有助于高职学生创新意识的培养

劳动教育不仅可以促进学生知识、技能的发展，而且能为学生在思维的批判力和灵活性的发展方面提供广阔的活动天地。劳动促使学生发现自己的潜在能力，全面发掘自己各方面的特长，广泛培养创造兴趣，从而培养创造者的个性。苏霍姆林斯基说：“让人享受到干喜爱的劳动时感受到的幸福，这意思就是帮助人在许多生活的道路上找到更能发挥个人创造力和他个人才能的路来……任何劳动都可以上升到创造性的高度……每个孩子的身上都蕴藏着某些才能的素质。这些素质，如同火药，要有火花来点燃它们。年长或者同年龄同学对技艺所倾注的精神和迷恋之情，就是这种火花。”[2]404-406苏霍姆林斯基的这段话强调对高职生的劳动教育，不是把学生造就成传统的墨守成规的工匠，而是要通过创造性的劳动，激发学生的天资，点燃每一个人的创造火花。

（三）劳动教育是高职学生走向社会的必要准备

高职院校的学生与普通高校的学生相比，最大特点是突出实践性和专业性，强调学生的专业实践能力，最好毕业就能顶岗。而要实现高职院校学生专业技能的培养目标，则必须首先要端正其劳动观念，加强学生的动手能力和操作能力的培养。劳动规模越大，劳动对象越多样，劳动过程越复杂，对劳动者的素质和能力的要求就越高、越全面，从而能够造就出全面、自由而充分发展的人。因此，坚持和加强高职院校学生劳动教育是高职学生适应社会需求、贴近工作岗位、顺利步入社会的必要条件。

二、高职院校学生劳动素养缺失及原因分析

笔者对池州职业技术学院不同年级、不同专业的学生进行了随机抽样调查。调查时间是2011年1月。发放问卷300份，有效问卷280份，无效问卷20份。所采取的工具是教育调查中常使用的问卷，并对该院已毕业的80名学生进行电话随访。问卷设计的问题是和学生日常生活息息相关的内容。问卷调查显示，高职院校学生劳动意识缺失主要体现在以下两个方面。一是劳动观念淡薄。表现为：一些大学生好逸恶劳，不珍惜劳动成果，只追求物质利益，不愿意到基层和艰苦的地方去工作；一些大学生不愿参加劳动，怕苦、怕累，甚至在勤工俭学活动中，也有一些学生（包括特困生）挑肥拣瘦，拈轻怕重。二是毕业后频繁跳槽。我们常常可以看到这样一些奇怪的现象：刚毕业的高职学生找工作，在选择企业的时候，不是以公司的发展前途适不适合自己为标准，而是以“工作越清闲越好，工资待遇越高越好”为标准来量身定位，结果总是碰壁。还有一些学生就业后频繁跳槽，稍有困难就选择逃避，为金钱随意放弃自己的职业理想和追求。电话随访的80名已毕业的学生，其中有22名学生已经跳槽，他们或因为工作太累，或因为待遇太低。频繁跳槽，从社会角度看，一方面造成了人力资源的浪费，另一方面造成社会的信任危机，影响了市场秩序和经济发展的良好氛围。

以上现象，既有学生的个人原因，有家庭的原因，也反映出高职院校劳动教育工作存在薄弱环节，主要体现在以下两个方面：

（一）高职院校对劳动意识培养的必要性和重要性认识不够

高职院校在教育指导思想上过多注重智力教育，而某些非智力教育（如情趣、意志、性格、爱好等）一直没有得到足够的重视。尽管我们一直在提倡学生热爱劳动，提倡学生积极参加社会服务，但由于劳动在时间、内容、评价、考核上得不到应有的保证，劳动常常是形同虚设。

（二）高职院校职业教育与生产劳动的结合不紧密

高职院校德育实践中缺乏足够的社会实践，职业教育和生产劳动的结合不够紧密，这是造成高职院校学生劳动素养不高的又一原因。目前，广大高职院校虽然也在积极探索劳动教育的新举措，但总的来说仍偏重于理论说教，在具体实施过程中缺乏足够的社会实践保障。很多劳动教育的开展只是单纯进行劳动技能和劳动技术的传授，或者以单纯的体力劳动代替劳动教育的系统教学活动，没有把劳动观念教育、劳动技能教育和劳动精神教育相结合。

三、高职院校劳动教育实现的途径探究

（一）以课堂教学为渠道开展劳动教育

高职院校的课程设置中虽未明确开设劳动教育课，但劳动教育隐藏在课程教学中。教师在教学中，可结合“思想道德修养与法律基础”等显性课程开展劳动教育。“思想道德修养与法律基础”这门课程是专门针对大一新生开设，旨在在学生刚入校时，就通过学习帮助他们积极适应大学新生活，教会他们学会生存，学会学习，学会追求和创新，培养其形成正确的世界观、人生观、价值观、劳动观。使他们懂得热爱劳动也是思想觉悟、道德素质高的一种反映，明白勤劳也是高尚人格的一部分，以踏踏实实的态度对待平时的公益劳动和生活中的劳动锻炼，养成热爱劳动的好习惯和勤劳的优秀品质。但是劳动教育本身是一个过程，劳动教育的内容在很大程度上隐藏在形势报告、校纪校规教育、校园文明建设等隐性课程中，我们要充分利用这些渠道和机会，以实现对学生开展经常性的劳动教育、最终达到劳动教育的目的。

（二）以工学结合为平台实行劳动教育

工学结合是职业学校的一种培养模式，也称为半工半读。对于工学结合，一般把它理解为学校学习和岗位工作交替进行的培养模式，即在整个学习过程中，部分时间在学校学习和部分时间在企业工作，两个过程交替进行。工学结合是在校企双方联合办学的过程中逐步形成的，其实质是产学合作、联合育人，利用学校与社会两种教育资源和教育环境，使学生的

理论学习与实践操作有机结合起来。工学结合这种模式使学生在就学期间就有机会和时间进入生产岗位和实际工作领域，从事与普通职业人一样的工作。学习与工作的互相交替和互相融合，不仅使学生有机会将所学的理论知识自觉应用于实践，更重要的还在于使学生提前踏入社会，直接了解社会、熟悉社会、适应社会，大大增强了学生接受全面发展的自觉意识，从而增强了教育过程中的主体——学生全面发展的有效性；能够有效地提高学生的实际工作能力，使毕业生快速实现由学生向职工的角色转换，实现学生就业和企业用工的顺利对接。

（三）以评价机制为保障实现劳动教育

要确保劳动教育的质量，必须对其进行考核评价。各高校可根据各自的实际情况，采取不同的方法。主要有两条途径：一是结合学生综合测评考核。目前，各学校普遍开展了学生的综合测评工作，因此可以把参加劳动教育的情况作为综合测评的重要内容列入考核，进而作为评奖评优的依据。二是结合社会实践课程考核。现在许多高校把大学生社会实践列入教学计划，因此应该把学生参加劳动教育的情况列入该课程进行考核。但一些高校把大学生劳动教育的目的仅仅看成是让学生在思想上受教育，认识上有所提高，却忽视了考核与评比指标体系的建立，结果导致劳动教育的效果不甚理想：一方面学生觉得是形式主义的东西，兴趣不高；另一方面根本达不到应有的目的。因此，要保证劳动教育效果，高校应制定科学规范的劳动教育评价标准，实行定岗、定责、定任务的考核办法，按学生的劳动态度、劳动表现、思想收获等指标定成绩，并且把劳动成绩与综合测评挂钩；同时既看到大学生的劳动有什么收获，又要看到大学生在劳动中还存在哪些不足。这样就能使大学生在劳动教育中既学到知识，又能升华自己，从而确保劳动教育的质量。

（四）以双师型教师队伍建设为重点推动劳动教育

劳动教育和其他学科一样，也需要一定的经费、教学设备，学校要加强相关的资源投入。这就必然要求把加强师资队伍建设放在重要位置，建设一支合格的高素质教师队伍。要想让学生“动”起来我们的教师尤其是专业课教师必须自己要“动”起来。因此，必须加强职业院校的“双师型”教师队伍的建设。职业院校的专业教师，应当首先是一个职业实践者，必须熟悉企业岗位专业应用情况，才能较好地履行其职责。对于专业技能教师，更要求深入企业一线，“零距离”参与到产品加工和新产品研发当中，对应职业岗位进行工作分析，梳理归纳、准确把握专业技术技能的应用方向、重点以及应用升读深度和广度。在教学中，这些专业技能教师要以“教材”为蓝本，将他们在生产一线获得的经历、经验以及案例融入教学当中，把教案丰富为讲义。在教学过程中，不断注入最前沿的知识、技能，使“教材”永远处在“动态”之中。教师们每一个人都勤奋地在课堂上把自己在岗位上的经历、经验、智慧和方法无私地全部交给“准职业人”。

参考文献：

[1] 董纯才．中国大百科全书·教育［M］．北京：中国大百科全书出版社，1985：217.

[2] 苏霍姆林斯基．帕夫雷什中学［M］．北京：教育科学出版社，1999（重印版）：361-362.

[3] 苏霍姆林斯基．给教师的建议［M］．北京：教育科学出版社，1986：248.

着力在“五化”上下功夫

——关于高校推动当代中国马克思主义大众化的思考

操国胜

摘　要：高校推动当代中国马克思主义大众化是贯彻党的教育方针、适应大学生思想特点、武装学生头脑的需要，是思想政治理论课提高吸引力、发挥既定功能的内在要求；要在“五化”即理论内容通俗化、语言生动化、方法灵活化、方式多样化、手段现代化上下功夫；要坚持以学生为本、与时俱进，全面提高思想教育工作者的综合素质。

关键词：高校；当代中国马克思主义大众化；“五化”

推动当代中国马克思主义大众化是马克思主义理论研究学科的新要求，也是高校履行自身职责所在。高校推动当代中国马克思主义大众化工程体现在诸多方面和各个环节。本文主要就高校思想政治工作和思想政治理论课教学如何做好这项工作提出自己的想法，以求教领导和学界同仁。

一、高校推动当代中国马克思主义大众化的重要性紧迫性

马克思主义大众化就是用通俗易懂的方式向人民大众传播马克思主义理论，让人民群众掌握马克思主义理论的过程。当代中国马克思主义大众化是指中国特色社会主义理论体系，为广大人民群众所认同、所掌握，并自觉运用于社会主义现代化建设的过程。其本质就是理论掌握群众。就高校而言，当代中国马克思主义大众化主要是指中国特色社会主义理论体系的基本内容、科学精神融入学生学习和生活的具体生动的事例中，逐渐内化为学生的观念、意识和素养。

作者简介：操国胜（1963—），男，安徽潜山人，池州学院党委宣传部长，马克思主义学院教授，研究方向为中共党史和马克思主义中国化研究。

（一）贯彻党的教育方针、体现高校社会主义本质属性的必然要求

党的十八大提出："开展中国特色社会主义理论体系宣传普及活动，推动当代中国马克思主义大众化。"这是中共中央对全党全国的总要求。党领导的高等院校，推动当代中国马克思主义大众化自是必须履行的职责。

中国是社会主义国家，中国的高校姓社会主义。高校的社会主义本质属性体现在众多方面，包括党委领导、开设具有意识形态色彩的思想政治理论课程等。我们的教育方针是培养德智体美全面发展的中国特色社会主义事业的合格建设者和可靠接班人。"中国特色社会主义"自然要求教育受众了解和掌握中国特色社会主义理论体系在内的马克思主义学说、有社会主义理想和信念。这些决非天然生成。切勿以为凡是正确的思想、真理，就自然会不胫而走、人人明了的。很明显的事实是，法律、规章制度不可谓不多、不可谓不细，然而一些人乃至党员干部甚至高级领导干部视党纪国法若无睹，缺少认知，缺乏认同，缺失坚定。道德标准的颠倒则是滋生腐败现象的温床，政治认同的弱化容易成为社会稳定和发展的阻力，尤其是处于社会经济转型的敏感阶段和场合。事实上，一个社会总是力图在民众中建立起一种基本社会信仰，一种基本同质的价值体系，使其成为稳定和发展的思想基础。

理论是需要灌输的，思想是需要传播的。这在中外历史上得到反复证明，也是亘古不变的真理。德国大文豪歌德本是反感执政者跟民众争论的，但他也认为，对于真理必须经常反复地说，因为错误也有人在反复地宣传，并且不是有个别的人而是有大批的人宣传。在报刊上、词典里，在中学里、大学里，错误到处流行，站在错误一边的是明确的多数。时至今日，欧美国家执政党、传媒、学校和教会等都是长期发挥宣传教化功能，引导人民在政治领域信奉自由、民主、平等、人权、法治等思想，在经济层面崇尚竞争、敬业、守法、诚信、责任等理念，形成了与资本主义制度相适应的价值系统和道德规范，为资本主义的发展打下了厚实的思想基础。

马克思曾经指出，"理论在一个国家的实现程度，总是决定于理论满足这个国家的需要程度"。检验这种满足程度的最好尺度，就是这种理论的大众化程度。马克思主义从来就不是书斋里的学问，而是人们认识世界、改造世界的强大思想武器。我们党历来高度重视理论创新和马克思主义大众化的宣传普及与教育教学，毛泽东是中国马克思主义大众化的首倡

者和推行者，成为全党全国的典范，为新民主主义革命、社会主义制度的建立做出了重大贡献。

改革开放三十多年来，我国生产力与生产关系、经济基础与上层建筑已经发生了重大变化，经济成分、组织形式、分配方式、生活方式、行为方式和价值观念呈现多样化，这是人所共知的事实。然而我们的理论研究和教育教学有时还显得时间上的滞后和思想引导上的乏力，对马克思主义特别是当代中国马克思主义的大众化，却重视和推进得不够。在此背景下，着力加强社会主义核心价值体系建设，用马克思主义为指导的社会主义意识形态引领多样化的价值观念和社会思潮，巩固和加强马克思主义在多元文化和价值观念中的指导地位和引领作用，增强社会主义意识形态的凝聚力和吸引力，换言之，推动当代中国马克思主义大众化，成为时代发展赋予高校的历史使命和新的要求。

（二）适应大学生思想特点、武装学生头脑的需要

青年是祖国的未来，青年智则国智，青年强则国强。大学生是我国社会、青年的精英，从某种意义上讲，谁掌握了青年，掌握了大学生，谁就掌握了未来。

其一，大学生的思想政治素质决定着国家的性质和发展的方向。当前我国青年大学生的政治态度正确、理想信念明确，对坚持中国共产党的领导、坚持中国特色社会主义道路的认同度始终保持在较高的水平，2009 年年中的调查数据显示，认同中国特色社会主义道路的大学生比例为 73.5%。这说明，大学生思想主流是好的，是积极向上的。但是，不可否认的是，由于国际形势日趋复杂，各种文化相互激荡，国内改革的深入，发展和矛盾交错呈现，各种错误思潮和不良倾向的影响，大学生的意识形态的多元化也是客观存在的，对一些深层次的政治问题的认识存在偏差。有的只重经济问题，政治观念淡化；价值观趋于多元、功利化更趋明显，先公后私、先人后己、无私奉献的精神价值受到部分大学生的质疑；极端个人主义、功利主义和享乐主义越来越被更多大学生接受，一些大学生甚至将个人的理想信念定位在对金钱、权力、地位等的追求和占有上面。真正靠自己学习、理解并系统、科学地掌握当代中国马克思主义的大学生还很少。

其二，以美国为首的西方国家从来就没有放弃对我国的和平演变，始终没有放弃对青年一代的争夺。正如中共中央和国务院《关于进一步加强和改进大学生思想政治教育的意见》（以下简称《意见》）所指出的那样：

国际敌对势力与我争夺下一代的斗争更加尖锐复杂，大学生面临着大量西方文化思潮和价值观念的冲击，某些腐朽没落的生活方式对大学生的影响不可低估。大学生是我们党的未来事业的接班人，是敌对势力争夺的重要对象，西方敌对势力通过潜移默化的手段宣传、灌输资产阶级的政治观、价值观、道德观等意识形态，都将影响我国大学生的思想。高校已经成为各种非马克思主义思想争夺青年一代的“主战场”。故对大学生切实加强理想信念教育和马克思主义教育，用中国特色社会主义理论体系武装大学生头脑是当前紧迫的任务。

其三，大学生思想活跃，反应灵敏，善于独立思考，敢于标新立异，但又缺乏社会实践，思想易脱离实际，有时好走极端，表现出一定的片面性、表面性和盲目性。他们往往不分是非良莠，易受错误思潮的影响，缺乏分辨能力；世界观尚未形成，可塑性大。为此，通过思想政治教育活动，从政治上、业务上对青年大学生进行全面导向是必要的。

其四，大学生对感性的知识接受很快，而且一辈子难以忘怀；对理性知识特别是政治理论的接受明显偏慢，对接受思想政治教育主动性不强。适应大学生认知、成长的这一特点，将当代中国马克思主义的高深理论变成通俗易懂的读物，将其内容和要求通俗化、具象化，既大大增强他们学习政治理论的兴趣，更使这些知识和理念融入大学生的心灵中，随着年龄的增长，必将转化为他们的德行，转化为他们的理想、信念，转化为他们的行动。这种效果远胜于世界观形成以后再灌输。

大学生的这些思想、认知特点，对政治的态度决定了高校必须积极推动当代中国马克思主义的大众化工程。

（三）思想政治理论课自身建设，提高吸引力、发挥既定功能的内在要求

中共中央、国务院2004年16号文件指出：高校思想政治理论课是对大学生进行思想政治教育的主渠道，对大学生世界观、人生观、价值观的形成有着不可替代的作用，是培养中国特色社会主义事业合格建设者和可靠接班人的重要途径，也是社会主义大学的本质体现。它清楚地表明，思想政治理论课在高校占有极其重要的地位，在培养大学生崇高的理想、坚定的信念、优秀的品德、健康的意志、美好的心灵、高尚的情操、积极向上的追求等方面有着其他课程不可替代的作用。同时，文件又提出，高校要不断提高大学生思想政治教育的针对性、实效性和吸引力、感染力，把思想政治理论课建设成为大学生真心喜爱、终身受益的优秀课程。这是党中央和国务院对高校、对思想政治理论课的希望和要求。

2009年，教育部在就该文件实施效果等情况进行了调查，结论是："总的来讲，中央16号文件下发5年以来，在党中央的高度重视下，大学生思想政治教育工作取得了显著成效。"对此，定位为大学生思想政治教育主渠道的思想政治理论课，自然功不可没，但瑜不掩瑕，问题依然存在。据某高校的问卷调查，承认自己逃过思想政治理论课的学生占44%，接近半数，大大高于专业课比例。就全国而言，它和真实情况可能有出入，但绝非个别现象。究其原因，应该说是多方面和多层次的，有外部的原因（比如学生受到社会上错误观点的影响，认为思想政治理论课纯粹是贯彻意识形态的课程，既学不到深奥的专业理论知识，也无法培养适应社会的专业技能，大多是一些枯燥的理论说教），更有内在的原因。学生在被问到"你认为谁应该为思想政治理论课逃课负主要责任"时，有73.8%的学生认为是任课教师。老师要么讲得太深、通篇理论灌输，要么讲得太浅、流于庸俗，要么授课方式单一呆板，使学生失去了学习的兴趣，这是学生逃课的主要原因。笔者认为，此说有失偏颇，但一些政治理论课教师满堂灌、讲解深奥、方式呆板，却是不争的事实。逃课加上思想政治教育活动鲜少参加，本课程既定功能和目标的实现当成问题。

既然问题的症结比较集中地反映在教学内容、教学方法方式等方面，那就要大胆改革，着眼通俗性，强化生动性、多样性、灵活性，体现大众性，换言之，推进当代中国马克思主义的大众化教学自是必然的选择。

二、高校推动当代中国马克思主义大众化要着力在"五化"上下功夫

高校怎样推动并实现当代中国马克思主义的大众化？总结经验，立足实际，关键是解决思想政治工作和理论教育的"三贴近"问题。只有贴近学生，贴近学生的思想实际，贴近学生关心的问题，贴近学生接受思想教育和理论教育的特点，贴近学生的思路和语言，才能收到预想的结果。具体来讲，就是要在"五化"上下功夫，即理论通俗化、语言生动化、方法灵活化、形式多样化、手段现代化。

（一）理论通俗化

当代中国马克思主义要实现"大众化"，必须具有通俗性。"主义"是对客观事物发展变化规律的认识与主张的系统化、理论化成果。并不是

“主义”越深奥就越有价值，就越能传播久远。列宁曾明确指出：最高限度的马克思主义=最高限度的通俗化。中国特色社会主义理论体系是马克思主义中国化的最新成果，是全国各族人民团结奋斗的共同思想基础。要让学生接受并掌握马克思主义中国化的最新成果，就必须从学生学习、生活的角度，用学生熟悉的语言和通俗易懂、喜闻乐见的形式来阐释中国特色社会主义理论体系的深刻内涵。把马克思主义学说通俗化，不是降低了马克思主义的品位或者把马克思主义庸俗化，而是使学生真信、真学、真用马克思主义的客观要求和有效途径。

这在中国共产党的历史上有着许多成功的范例。如被誉为“马克思主义大众化中国的第一人”的艾思奇的《大众哲学》、胡绳的《哲学漫谈》、韩树英的《通俗哲学》、李达的《社会学大纲》《实践论解说》《矛盾论解说》、胡乔木的《中国共产党的三十年》等，都是思想深刻又通俗易懂的，深受人民群众欢迎，在普及马克思主义理论、推动人民群众的社会实践方面，发挥了重要的作用。这些可以作为高校推动当代中国马克思主义大众化的重要参考。笔者还记得大学时代学习马克思主义哲学时，一开始对高深的哲学原理也是云里雾里、懵懵懂懂。随后找来前述《通俗哲学》等通俗读物认真阅读，大大增强了学习兴趣，对理解原理精髓帮助很大。可以认为，理论的通俗化是理解和掌握深奥理论体系的中介和桥梁，尤其对较为缺乏理论兴趣和素养的大学生更是如此。

反观现在的政治理论著作，甚至思想政治理论课教材，有多少是通俗的、适合大学生阅读的？就是反响很大的《理论热点面对面》和《六个“为什么”——对几个重大问题的思考》，对大学生来说还是深了一些。这就要求政治理论教育教学和宣传要力戒从理论到理论，从抽象到抽象的不足，要尽可能通俗易懂。我们呼唤理论工作者和高校教师从当今实际出发，写出精练生动、通俗易懂的《当代中国马克思主义 ABC》，以推动当代中国马克思主义的大众化，增强其吸引力。

（二）语言生动化

当代中国马克思主义要实现“大众化”，就要善于将理论语言转换为符合大众思维的大众语言。推动当代中国马克思主义大众化，在语言上就必须把中国特色社会主义理论体系的政治学术语言转换为贴近实际、贴近生活、贴近学生的大众化语言，用“大白话”给学生讲马克思主义理论，讲科学发展观，讲学生所讲的话，讲学生能听得懂的话，讲学生愿意听的话。实际上，我们讲得越深入浅出，讲得越通俗明白，讲得越生动感人，就越会受到学生的欢迎，就越容易为学生理解和接受，就越能达到教育教学的目的和效果。那种动辄照搬西方语言的做法是绝对不受欢迎的。

毛泽东同志早年就提出马克思主义理论教育，“说话通俗化、说话要明白、说话要有趣味”。他自己身体力行，率先垂范。我们看他的著作、聆听他的讲话，无论是书面用语，还是口头语言，都是通俗的、生动形象的。近几年，易中天、于丹等人讲“三国”、话“论语”，火爆荧屏，红遍大江南北，成功的原因是什么？我想，运用现代语言、风趣幽默是打动听众、具有吸引力的一个重要因素。这些成功的范例，应该引起我们的思考，并给我们深深的启迪，是值得我们学习和借鉴的。我们的一些教师上课不受欢迎，恐怕和干瘪的语言、过多的学术用语有莫大的关系吧！

不管是思想政治工作者还是政治理论课教师，面对大学生，授课或者谈心，语言一定要生动、要幽默、要形象、要简明扼要，借用日常语言、格言、谚语、俚语、故事和历史典故，使理论阐述由深奥到通俗，唯其如此，才能深深感染他们，才能有效地传递信息，才能把需要宣教的内容转化为学生接受的东西。必须指出，语言生动不是靠玩弄时髦的辞藻和任何技巧性的手法能够做到的。实际上，语言生动的本质是讲话者自己有着坚定的政治信仰和投入关爱学生的真实感情。具有真情实感讲话的人，语言不可能不生动；没有真情实感，语言不可能生动。我们要永远牢记无产阶级革命导师列宁、毛泽东的教导，我们的宣传教育和理论课教学，语言要生动，要让每个工人、农民、大学生都听得懂和爱听，而不能语言枯燥像个瘪三。生动感人的语言是实现当代中国马克思主义大众化的有力工具。

（三）方法灵活化

当代中国马克思主义要实现“大众化”，要取得好的预期效果，选用合宜的教育教学方法是关键。老话说，方法对头等于成功了一半。毛泽东同志也曾经讲过，我们要过河，就得有船，有了船，才能胜利地到达彼岸。这里所说的船，讲的就是在开展工作时的方法方式和手段问题。他在1929年就提出了马克思主义理论教育的“十大教授法”，包括启发式（废止注入式）、由近及远、由浅入深、以姿势助说话、干部班要讨论式等。这些方法对于高校推进当代中国马克思主义大众化有着很强的针对性和指导意义。

在多年的工作实践中，我们学习前人、借鉴今人，摸索总结出一些富有成效的教育教学方法。比如，案例教学法、问题教学法、讲练结合法、“复合式立体教学法”、模拟情境法等。我们的经验和感悟是，推进当代中国马克思主义大众化教育教学，方法应是多种多样的，不能单一化，而且运用必须灵活化、巧妙化，根据教学内容和对象等的不同，灵妙地选择相应的教学法。究其根本，乃是依事论理，用事实说话，寓教于乐，寓教于情。当今时代，随着社会信息的互动迅捷、海量传播，学生接收信息的选择性大量增强，同时对理论教育的信任度降低。广大学生反感强制、半强制的思想教育，更不喜欢从理论到理论的说教，不轻易地信任或接受理性的结论。只有在真实的现实面前，才能信任其中包含的真理结论。事实胜于雄辩。在这种情况下，政治理论教师和教育工作者就应该顺应学生的思想新特点，摆事实、讲道理，动之以情、晓之以理，学会采取以事论理的方法，解决大学生的信任和理论内化问题。这种以事说理的方法，同时还能够起到寓教于乐、寓教于情的效果，在学生轻松愉快的心境环境里，在他们亲身参与、发自内心的笑声和掌声里，我们轻松完成了当代中国马克思主义理性结论传递的过程。

（四）形式多样化

当代中国马克思主义要实现“大众化”，还需要教育教学样式多样化。形式是为内容服务的，但又是必要的。高校实现当代中国马克思主义的大众化，从方式上讲，其核心要义是，必须采取为大学生喜闻乐见的丰富且具个性化样式。既要符合中国传统文化特点，更要契合大学生的思想方法和接受特点；既具有“中国作风和中国气派”，又要风格清新、简明朴实，洋溢着浓浓的时代气息。

早在建党初期和战争年代，陈独秀、李大钊、毛泽东等就通过创办《新青年》《每周评论》《湘江评论》等刊物，撰写普及性读物，主办“红军大学”“抗日军政大学”以及政治夜校等方式，深入工农群众和进步青年中，传播普及马克思主义理论，努力推动马克思主义大众化，其效果众所周知。时间虽然过去数十年，其要旨今日依然给我们以启迪。

21 世纪初年，大学生思想活动的独立性、选择性、多变性、差异性明显增强，价值取向和行为方式也存在很大差异。推动当代中国马克思主义大众化，就不能满足课堂教学这个单一方式，必须采用生动活泼、丰富多彩的诸多样式，不断创新形式，以增强吸引力。坚持把思想政治理论课课堂教学作为基本形式，日常思想教育和各项活动作为重要辅助，做到二者相互补充、有机衔接。

在多年探索总结和吸取他人成果的基础上，坚持从大学生群体的思想心理、兴趣爱好、接受习惯等实际出发，遵照注重实效、量力而行原则，以下方式是可以考虑采取的：（1）会议、讲座。比如，就时政热点和学生关心的话题，举行大型报告会、小型座谈会、小型沙龙、学术研讨会，定期不定期邀请校内外党政干部、专家学者为学生做报告，我们也可组织学生参加诸如“新安大讲堂”“池州大讲堂”的活动。（2）社团、会刊。各类高校都有很多学生社团及刊物，我们要加强与他们的沟通和合作，同时组建专业社团、主办思想理论会刊（如池州学院中国特色社会主义理论研究会及会刊《时政月刊》），把思想教育融入社团活动中。（3）参观考察。各地都有很多风物景观、先进典型，如安徽就有农村改革发源地小岗村、新四军军部旧址等，我们应当组织学生到工厂、下农村、访部队，参观访问、学习考察，同时，利用寒暑假开展社会调查。（4）各类比赛。围绕主题如“新起点新挑战”“在共和国旗帜下”“我快乐、我成长”举办辩论赛、演讲赛、知识抢答赛等。（5）大众传媒。报纸、刊物、电台、电视台、互联网、手机通信等信息化传媒是推进马克思主义大众化的重要方式。我们要广采大众传媒进行思想教育教学，并牢牢把握该阵地。我们要永远记住，西方敌对势力颠覆外国政权，首先是利用媒体，颠倒是非，混淆黑白，制造思想混乱，进而搞乱社会，乱中取胜。因此，坚守大众传媒阵地，事关中华民族的核心利益。

总之，要采用形式多样、内容丰富的活动方式，把思想理论教育融入文学、艺术、广告、信息之中，寓教于学、寓教于乐、入耳入脑，既能使大学生培养品格、陶冶情操，增强多种多样的兴趣和提高审美能力，还能增加新知识，磨炼意志，让他们在学习、生活休闲中潜移默化地接受当代中国马克思主义，促进大学生健康快乐成长。

（五）手段现代化

当代中国马克思主义要实现“大众化”，还需要教育教学手段现代化。我们宣传党的创新理论，推动当代中国马克思主义大众化，不能一味地采用传统的一块黑板、一支粉笔、一张嘴的手法开展教育教学，而应该大量运用现代化的教育手段。

提高思想政治理论课教学质量和水平，增强感召力、说服力，需要我们下大气力研究、制作形象生动的高质量多媒体课件并运用于教学，同时，配合一些经典的影像资料、电视政论片，例如：《中国出了个毛泽东》《邓小平》《开天辟地》《解放》《复兴之路》等纪录片和弘扬主旋律的爱国主义教育影片。这种图文并茂、形象直观的方式既能提高学生的学习效率，了解、掌握中国特色社会主义理论体系，我国各族人民全面建设小康社会的最新成就，又能于潜移默化、润物无声中加深对领袖、对党的认识和热爱，激发他们强烈的爱国主义情怀、民族自尊心和作为中国人的自豪感。

同时，我们在课堂教学中，还可直接利用互联网这一现代网络信息技术手段。网络的实时性、交互性、开放性、快捷性等特点，是传统教学手段无法比拟的。当代中国马克思主义大众化目标的实现就要主动适应网络时代的新要求，构建覆盖广泛、立体互动的中国特色社会主义理论教育体系，不断推进教育教学手段的创新。可以说，思想政治理论课教学只有采用先进的手段，才能掌握理论教育的主导权，也才能开创马克思主义教学的新局面。

此外，日常思想教育工作更要重视并充分运用互联网、手机等现代通信手段，后者的产生和发展已经极大地改变了信息传播方式和人类交往方式，正在成为当今社会传播信息的重要手段，对于大学生有着极强的吸引力和巨大的影响力。鉴此，我们做学生思想工作、让学生理解和掌握当代中国马克思主义 ABC 并内化于心，建立起坚定的政治信仰，就应当自己动手建立思想工作专业网站、运用先进的数字网络载体、利用现代传媒手段，努力推进当代中国马克思主义理论教育教学的现代化，以提高大学生对马克思主义理论学习的自觉性和积极性，强化当代中国马克思主义的吸引力和凝聚力。事实证明，现代化的教育教学手段是推进当代中国马克思主义大众化的有效抓手。

三、高校推进当代中国马克思主义大众化应注意的问题

（一）坚持以学生为本，关爱学生，帮助解决学生的困难和问题

检验“大众化”的标准，要看当代中国马克思主义是否为学生所喜欢、理解和接受，然而其根本在于，必须管用，能给学生带来实效。

推动当代中国马克思主义“大众化”，开展思想政治工作和理论教学，倡导以学生为本，不能停留在表面、停留在口头上，要高度关注学生的学习和生活实际，关心学生的物质利益诉求和物质利益的实现，要采取一切措施和办法，努力解决与他们利益密切相关的现实问题，把解决思想问题与解决学生关切的就业、学业、经济等实际问题结合起来。无产阶级革命导师马克思、恩格斯明确指出，“‘思想’一旦离开利益，就一定会使自己

出丑”。马克思还认为，“人们奋斗所争取的一切，都同他们的利益有关”。马克思、恩格斯的教导，我们思想工作者要永远铭记，这也是我们做好工作的指南。

同时，我们还要关心学生的思想实际，关注学生的精神世界，读好学生的心灵之书。要正视并着力回答大学生关心的热点难点问题，为解决学生的精神世界问题提供可亲可信的理论和方法。中国共产党思想教育历史的启示是，解开思想疑惑必须切合大学生的心理或精神需求，也只有契合学生的心灵世界，了解学生“心”情，才能使马克思主义入心入脑，才能真正推动马克思主义的大众化。

为此，思想教育工作者和教师要有一颗火热的心，“捧着一颗心来，不带半根草去”，发自内心、无比热爱和牵挂自己的学生，一切为了学生，为了学生的一切。什么是关爱学生？教师关心、尊重和信任学生，想方设法、千方百计地解决学生的困难和问题即是。中国近代教育家夏丏尊曾说过：“教育之没有情感，没有爱，如同池塘没有水一样。没有水，就不能称其为池塘，没有爱就没有教育。”别林斯基也说过：“爱应该是教育的工具，又是鉴别教育的尺度。”这些教育经典说得多好啊！“没有爱就没有教育”。关爱学生是提高思想政治工作和理论课教育教学效果、达到思想政治教育目的的有效途径。

（二）坚持“三贴近”原则，不断与时俱进

毛泽东同志指出，如果不是口头上提倡而是自己真想实行大众化的人，那就要老老实实地跟老百姓去学，否则仍然“化”不了的。这是对历史经验教训的深刻总结，也为我们做好“大众化”工作提供了方法论指导。为什么要向老百姓学习？其机理在于，人民群众是历史的创造者，人民群众中蕴藏着无穷的智慧；马克思主义来源于实践，是对群众实践经验和方法的总结提升。依照马列经典作家的思想意旨，高校推动“大众化”，也要向学生学习，从学生中找到切实可行的有效方法。

思想教育工作者和理论课教师要放下为师者的身架，按照先当学生、后当先生的要求，认真贯彻“三贴近”原则，贴近学生、贴近实际、贴近生活，与他们交朋友，全面了解他们的所思所想，准确把握他们的心性、思想特点，掌握他们的欣赏习惯和活动规律。唯其如此，思想教育工作方能有的放矢、百战不殆。反之，如果不深入学生、不深入学生生活，就认识不到诸如“搞笑”“达人”“雷人”“山寨”“酷毙”等是学生常用且爱用的词汇，“读图”、上网、卡拉 OK、郊游等是学生喜爱的活动方式，也

就不能有针对性地做工作，其结果是难以提高教育的实效性、吸引力和感染力。坚持“三贴近”，一切从实际出发，勇于拜学生为师，采用学生“喜闻乐见”的话语、行为方式，平等交流，自当拉近师生间的距离，从而生发情感，产生思想共鸣，当代中国马克思主义大众化目标何愁不能实现。

推动当代中国马克思主义大众化还须坚持与时俱进。大众化是一个历史范畴，在不同时代有着不同的内涵和要求。大众化也非一次就能完成，乃是个长期的过程。它是发展的、是变动的。“理论是灰色的，生活之树常青”。社会的变化、实践的发展、新情况新问题的不断产生，时时刻刻呼唤理论的创新。中国共产党要顺应时代的变迁，不断推进理论创新，用崭新的理论指导发展着的实践。因此，推动中国化的马克思主义的大众化永无止境，必须做到与时俱进，任何停滞、懒惰、自满的想法都是错误的。何况，与时俱进是马克思主义的理论品格。我们思想教育工作者要高扬马克思主义的旗帜，始终走在时代前列，敏锐把握时代特征，准确反映时代要求，做党的创新理论的传播者，不断推动大学生思想政治教育的与时俱进，坚持用马克思主义中国化的最新成果武装学生、教育学生，努力把最新成果的时代内涵和要求贯注到广大学生的实践中，引导学生不断提高运用最新成果认识新情况、分析新矛盾、揭示新规律、解决新问题、总结新经验的能力。

（三）努力提高思想教育者的综合素质

马克思主义大众化在高校的推动离不开一支政治可靠、功底扎实、熟悉学生、善于讲“大白话”的思想政治工作队伍和教师团队，后者是教育教学活动的主体，更是中坚力量。从目前的实际情况看，要达到“五化”的目标，迫切需要全面提高他们的思想素质和业务素养。

一方面，要努力提升思想教育工作者的思想政治素质。有句名言讲得好，“有理想的人讲理想，有道德的人讲道德”，说的是为师者、为官者，表里如一、言行一致才有说服力。为师者的一举一动都深深影响着自己在学生中的威信，并直接影响学生对你所教内容的接纳程度。所谓“亲其师，信其道”就是这个道理。诚如江泽民同志所指出：“教师是学生增长知识和思想进步的导师，他的一言一行，都会对学生产生影响，一定要在思想政治上、道德品质上、学识学风上，全面以身作则，自觉率先垂范，这样才能真正为人师表。”

教书者必先育己，育人者必先自律。在事关政治原则、政治立场和政治方向问题上，教师必须与党中央保持高度一致；否则，不得从事高校思想政治工作和理论教学工作。这是对思想教育者工作最基本的政治纪律。因此，思想教育工作者要不断改造世界观，坚定政治信仰，坚持正确的政治方向，提升思想道德修养，增强社会责任感，做坚定的马克思主义者，做马克思主义的力行示范者，做教书育人的表率，做大学生健康成长的指导者和引路人。

另一方面，要全面提高思想教育工作者的理论素养和业务水平。无数的事实说明，没有厚实的理论素养，没有较高的马列主义水平，以其昏昏，是难以让受教育工作者昭昭的。因此，思想教育者必须加强自身的理论学习，要系统掌握马克思主义基本原理，掌握中国特色社会主义理论体系和精神实质，做到真学、真懂、真用。

同时，还要提高自身的教育教学能力。教育教学能力是多个具体能力的综合。具有较高的教育教学能力需要施教者既是专才，又是通才。思想教育工作者要善于进行理论思考，有缜密的逻辑思维能力；有较强的信息资源收取能力和资料驾驭能力；有较高清晰度、流畅度、准确度的语言表达能力，敢讲话，会讲话，能够用自己的风格，讲学生喜闻乐见的话，能讲“普通话”，又能说“地方话”和“大白话”；既风趣幽默、又亲切随和，有自己的施教风格和独特的人格魅力。我们坚信，广大思想教育理论工作者通过学习、不断研究和长期实践，一定能够具备这些素养和能力。这是党和人民的要求，也是大学生的期盼。

参考文献：

[1] 中共中央文献编辑委员会．毛泽东选集：第 2 卷［M］．北京：人民出版社，1991.

[2] 中共中央文献研究室．毛泽东文集：第 1 卷［M］．北京：人民出版社，1993.

[3] 中共中央文献编辑委员会．邓小平文选：第 3 卷［M］．北京：人民出版社，1994.

[4] 中共中央文献编辑委员会．江泽民文选：第 3 卷［M］．北京：人民出版社，2006.

[5] 左伟清，刘尚明．论“当代中国马克思主义大众化”［J］．中国特色社会主义研究，2008，(1)：27-32.

[6] 谈家水．浅谈高校推动当代中国马克思主义大众化的途径［J］．新西部，2007，(24)：227.

[7] 黄科．大学生对思想政治理论课的态度取向及引导［J］．思想教育研究，2006，(6)：52-54.

[8] 陈方刘．关于推动当代中国马克思主义大众化的思考［J］．中共四川省委党校学报，2008，(1)：9-13.

[9] 司徒伟智．理论界如何推动当代中国马克思主义大众化［J］．北京日报，2008-01-14.

[10] 邱柏生．推进当代中国马克思主义大众化的路径和过程［J］．思想理论教育，2008，(5)：8-13.

[11] 朱哲，曾庆勇．马克思主义大众化与马克思主义化大众［J］．湖北大学学报（哲学社会科学版），2008，(3)：29-31.

论思政课教师应具备的五种“力”

叶三梅

摘　要：“力”原本是物理学上的概念，把它运用到思政课教学上，就是思政课教师也应具备各种“力”，并要善于综合运用这些力，以提高思政课教学效果。文章认为思政课教师应该具备五种“力”：培养教师的亲和力，加深学生的信任感；增强教师的感染力，提高教学的吸引度；扩大教师的影响力，拓宽教学的延展性；提高教师的执行力，保证教学的有序性；挖掘教师的创造力，推进教学的有效性。

关键词：思政课教师；亲和力；感染力；影响力；执行力；创造力

“力”原本是物理学上的概念，是指物体与物体之间的相互作用或相互牵引的作用。力有多种，如摩擦力、引力、阻力、推力、拉力等。要得到一定的功，就得使用一定的力；不同的力会产生不同的功。同时，两个或多个力共同作用会产生合力。若把物理学上的力的概念运用到思政课教学上，就是思政课教师也应具备各种“力”，并善于综合运用这些力，以提高思政课的教学效果。具体来说，就是要培养教师的亲和力，以加深学生的信任感；增强教师的感染力，以提高教学的吸引度；扩大教师的影响力，以拓宽教学的延展性；提高教师的执行力，以保证教学的有序性；挖掘教师的创造力，以推进教学的有效性。

一、培养教师的亲和力，加深学生的信任感

亲和力是指一个人或一个组织在所在群体心目中的亲近感。思政课教师具有良好的亲和力是上好思政课的前提。教师有了良好的亲和力，能拉

作者简介：叶三梅，（1968—），女，安徽桐城人，池州学院马克思主义学院副教授，法学硕士，研究方向为马克思主义政治理论课教学与研究。

近与学生之间的心理距离，能够让教师和学生之间建立一座信任的桥梁，加深其信任感，增强教学的说服力；有了良好的亲和力能够方便教师与学生之间的沟通和交流，从而了解学生所思所想，增强教学的针对性。思政课教师要具有良好的亲和力，必须做到以下几点：

（一）尊重学生，平等待人

亲和力源于人对人的认同和尊重，是一种基于平等待人的相互利益转换的基础。对思政课教师来说，必须彻底改变传统的“师道尊严”，要尊重学生的人格，善于倾听学生的心声，包容学生的个体差异；不以分数高低将学生分类，平等地、客观公正地对待每一个学生。同时，教师对学生要富有同情心，愿意帮助学生摆脱无知状态，能感受和体验到学生在学习过程中所经历的挑战和付出的辛劳，可以宽容和理解学生表现出来的不尽如人意的地方，能够心平气和地、耐心地帮助他们认识缺点或错误，循循善诱地提高他们辨别是非的能力。

（二）真诚相待，以“情”动人

教师的亲和力本质上是一种爱的情感，发自肺腑地爱学生，才能真正亲近学生。也就是说，教师对学生所有的尊重和同情必须是真诚的，而不能当成一种礼貌或礼仪。当代的大学生自尊而敏感，他们需要尊重和同情，但如果不真诚，他们就会误认为这是可怜，从而激起他们更大的反感[1]。教师对学生的感情应是纯净的、无私的、不计任何回报的。学生一旦理解了这种感情，必然会“亲其师”而“信其道”。

（三）走近学生，了解实情

亲和力的产生和增强来自教师切实走近学生，了解学生，并且在此基础上对症下药，解决学生的实际思想问题。学生们思想上的结解开了，教师也就受到了同学们的尊重和信赖，对学生们的亲和力也就自然而然增强了。为此，首先，教师要做好沟通前的各项准备工作，包括沟通的语言、内容、渠道、对象和目的等。第二，教师要放下架子，深入实际，忠于事实，讲求真实，力求搜集到学生思想状况的第一手材料。第三，面对搜集到的过于繁杂的材料，教师要善于改造创作，上升为理性认识，力求全面准确地反映学生的思想实际。第四，教师要对学生成长过程中遇到的思想、情感以及生活问题给予一定的建议和开导，让学生切实感受到教师的真情疏导、亲情关怀和实意帮助。第五，思政课教师在课堂内外，都应保持和学生的联系，并保持联系渠道的通畅。

同时，教师要随时反思自身是否具有足够的亲和力。衡量思政课教师是否有亲和力的标准很多，如学生是否愿意在课堂上主动发言，交流体会；学生是否愿意在课堂外主动与老师交流、谈心；能否主动邀请老师参加他们的活动；在授课结束之后，他们是否还愿意与老师保持联系；等等。当然，教师在与学生沟通交流、增进对学生的了解中也要敞开心扉，让学生更多地了解和认识教师。一个让学生感到陌生的教师很难使学生产生亲近感。

二、增强教师的感染力，提高教学的吸引度

感染力是启发智慧或激励感情。讲授《概论》课的教师的感染力就是能激起学生学习的热情，引导学生正确认识毛泽东思想和中国特色社会主义理论体系，坚定学生在中国共产党的领导下走中国特色社会主义道路的理想信念，培养学生关注和投身于中国改革和社会发展的历史责任感。提高思政课教师的感染力，主要从两方面入手：

（一）推进教师的语言转向

语言是开展思政课教育的重要媒介之一，思政课教师的感染力在一定程度上取决于他的语言表达能力和水平。“语言是率领人们冲锋陷阵的统帅，是拨动人们心灵琴弦的乐师……语言是争取人们灵魂的坚强战士……”[2]这就要求教师具有良好的语言基本功，运用一定的语言技巧，提高语言的感染力，实现知识性、思想性、科学性、趣味性的有机统一。从实践看，文件政策性语言是思政教育中经常使用的一种语言方式，它的最大优点是可以依托社会意识的权威形象，使教育信息成为不可争议也不容争议的命题，有利于准确、全面地让学生了解、理解教育的内涵和精神。但同时，这种语言方式往往习惯于用同一个词语来表达，多属于转述性语言，比较空洞、刻板，教育者的个人理解成分少，潜在的逻辑是“灌输”和“遵从”，容易造成“假大空”，引起学生的反感和逆反情绪，缺乏教育的感染力。为此，推进思政课教师的语言转向就成为改进思政课教育特别是增强感染力的必需，这就要求：第一，教师的语言应从以材料转述为主转向以理解阐述为主。教师在运用转述材料时应该结合自身的理解，对理论的讲解建立在自身对它的深刻和科学把握的基础上，做到融会贯通，既要让学生看到转述性语言，更要看到在转述背后教师的立场、观点和价值

判断，从而提高理论的可信度。第二，教师的语言应从以价值描述为主转向以生活叙事为主。提高思政教育语言的穿透力需要回归与学生紧密相关的“现实生活世界”，使思政教育语言融合“意义世界”和“生活世界”，由灌输式语言转向沟通式语言，由独白式语言转向对话式语言，以生活叙事的表达方式让学生感受到教育的可感、可亲、可信。

（二）营造“群体感化”的环境

目前高校思政课教学主要以课堂教学为主，为此，教师在进行思政教育时，要实施以课堂为立足点的“群体感化”，营造一种促进学生思维观念转变的群体氛围，让学生感同身受。而教师营造这种氛围的成效取决于教育信息内容的关联性、真实性和适量性。信息的关联性表现为教师讲授的信息与学生需求之间的满足程度，只有进入学生“期待视野”的信息才能为学生所选择和接受。这就要求思政课教师讲授的信息要紧密结合学生的感受和关注，充分考虑学生的心境及情绪、情感状态。如在讲授《概论》课中的“加快推进以改善民生为重点的社会建设”内容时，教师可以重点讲解就业问题，因为就业问题直接关系到每一个学生的切身利益，大家都十分关心这一问题。教师若就目前社会的就业状况、特点及原因，国家政策和导向、与就业相关的法律法规以及大学生应该树立怎样的就业观等问题进行讲授和讨论，一定会引起学生的共鸣，提高学生的吸引力。信息的真实性是指追求与传递真实信息必须贯穿于思政教育的全部过程。如果出现教育信息与现实社会中的情况相冲突与背离，会造成学生的思想困惑和矛盾，从而对教师的教学感到迷惘和信心不足。同时，当今社会，因传播信息的渠道日益多样，学生会随时接触到大量的各类信息。如果课堂上过多重复学生已知的信息，必然引起他们的厌烦和不满，导致他们听课热情的消解，使得思政课教学的魅力大减。为此，教师要把握好信息的适量性，最大限度地减少对已知信息的能量付出、增加对未知信息的能量投入，在有限的教学时间内以尽可能少的内涵来覆盖和凝结更多的外延和属性，吸引学生的注意力，增强教学的感染力[3]。

三、扩大教师的影响力，拓宽教学的延展性

教师的影响力主要是指教师调控（或影响）与改变学生的心理及其行为的能力。一般来讲，影响力大致可分为权力影响力和非权力影响力两类。在思政课教育教学活动中，教师对学生的影响是巨大的，并且非权力性影响力往往占主导地位，起决定性的作用。

在思政课教师的非权力性影响力中，教师的教育基本技能如讲授内容是否科学、富有哲理，讲课方式是否生动恰当，课堂设计是否巧妙、富有智慧等当然很重要，它能提高学生的学习兴趣、增强课堂教学效果。但是在当今这个时代，教师更为重要的影响力是指精神的启迪，也就是说，教师如何在整体上对学生产生显性与潜在的、眼前与今后的深远影响。教师的生命场（即教师自身的道德、生命行止、价值选择）应当对学生知识的成长和生命的成长具有强大的辐射力，因为学生是有思想、有感情的，有能动反映作用，他们不仅向教师学知识，同时也在学做人[4]。因此，思政课教师要提高对学生的影响力，关键是努力提高人格影响力。

歌德说过："品行就是一面镜子，从这上面可以照出每一个人的形象。""在教育工作中，一切都应该建立在教师人格的基础上。因为只有从教师人格的活的源泉中才能涌现出教育的力量。任何规章制度、任何人为的机关，无论设想得多么巧妙，都不能代替教育事业中教师人格的作用。"[5]思政课教师的人格影响力就是通过自身的思想境界、政治品质、道德情操、价值取向等内在的人格特质，引起学生的敬佩、敬爱、信任，对学生产生积极健康的感召力、带动力和影响力。教育教学实践证明，教师人格影响力越强，就越能提高自己从教的自信心、自觉性，自己的威信也就越高，越能得到学生的信任和支持，从而产生强大的吸引力和凝聚力，充分调动学生的积极性、主动性，使学生"亲其师"而"信其道"。同时，教师的人格不仅影响教育的效果，而且在很大程度上决定着学生健康人格的形成，有效地影响和引导着学生的思想和行为[6]。

当然，一个教师的影响力形成以后，不是一成不变的。由于种种原因可能会降低甚至完全丧失威信。例如：工作热情减退，工作不认真、不公正的表扬与批评，经常发怒伤害学生的自尊心、自身生活与行为不检点等都会导致教师影响力的减弱；一旦丧失影响力，要想恢复须加倍努力。所以，要保持良好的影响力，教师必须做到严格要求自己，经常进行自我反省和批评；同时，注意了解他人的看法特别是学生的评价，虚心接受他人的批评和建议，做到"有则改之无则加勉"。

四、提高教师的执行力，保证教学的有序性

思政课教师的执行力即教师的执教能力，是指教师保质保量地完成自己的教学工作和任务的能力，也可以说是按时按质履行好自己的工作

职责的能力。专家认为：一个企业的成功，30% 靠的是战略，30% 靠的是运气，40% 靠的是执行力；也有专家认为：三分战略，七分执行。不管哪种说法，都是把执行力摆在比较重要的位置。同理，执行力对思政课教学效果也至关重要；否则，即使措施计划订得再周全，目标定得再好，所制订的措施计划也无法执行到位，所定的目标也根本无法实现。那么思政课教师的执行力由哪些重要因素构成呢？如何有效提高执行力呢？

（一）做好教学活动准备

教师在教学活动前的计划和准备应当包括：教材的选择及使用，教学大纲的编写，教学计划的编制，对学生已有的知识背景的评判及其学习需求的了解等。这是教师在进行课堂教学前的“热身”活动，意义十分重要。教师在教学前做好了精心的计划和充分的准备，就一定能够揽教学全局于股掌，成功地把控教学过程。

（二）明确教学目标任务

树立明确的、可实现的目标，可以激发师生努力去实现目标。首先，思政课教师自己要明白教学目标任务，否则会出现教师在组织教学时漫无目的，随意改变教学计划和教学内容，实践教学缺乏针对性等现象。同时，更要让学生清楚教学目标任务。在思政课课堂教学中，学生之所以被动地学习，甚至对其存在着抵触情绪，是因为学习任务不清晰、学习目的不明确。因此，必须让他们明确学习的目的和任务，变被动学习为主动学习。其次，教师制定目标任务除了依据教学大纲之外，更要结合学生的现状和学校的教学条件。目标任务不能定得太高，否则会因根本无法达到而打消教师教学的热情和学生学习的积极性。同时，目标还需要细化，尽量做到具体可操作。

（三）建立健全规章制度

教学过程不只是一个单向的教师知识传授的过程，更是需要学生能动地去学习、消化和吸收知识的过程。这个能动的过程需要教师去激发、组织和管理。教师在这个过程中担当着教授知识之外的组织者、领导者和管理者的角色。一个班级就是一个团队，需要严明的制度加以管理。一般来说，教学管理制度包括过程的管理制度和结果的评价奖惩制度。过程的管理制度主要用于教学过程的组织和管理，是对学生学习行为的督促、管束和促进，也用于对学习进程的推动。为此，教师需要对学生的课堂行为有明确的规定，如听课率、课堂表现等；对每项教学任务的布置都会伴有相应的要求，如完成标准和时间。结果的评价奖惩制度主要用于对教学结果的组织和管理，是对学生表现的综合反映，是对学生的激励和鞭策。思政课教学在学期之初教师要建立一套对学生评价的标准体系，如评价内容、标准和依据，并公之于众；学期结束时教师要对学生的表现有一个综合评价，并作为学生成绩鉴定的依据[7]。

（四）精心设计教学过程

教师要善于根据教学内容和学习对象，充分发挥教师的教学主导作用，最大限度地调动学生的学习主动性，灵活地采用不同的方法，科学地组织教学，从而实现对课堂教学的有效控制，达到教学目的。教学过程的设计包括教学内容、教学方法、教学步骤等。在设计教学过程中要关注细节，细节往往决定思政课教学的成败。

另外，在提高思政课教师的执行力时，要大力培养两个“能力”。其一是应付及处理课堂教学突发性事件的能力。在课堂教学运行的过程中，总会有人为的或非人为的不可控制的因素存在，而这些因素有可能引发突发性事件。思政课教师对此要有充分的思想准备。一旦发生此类事件，要做到处变不惊、从容应对。要充分调动学生的积极性，依靠集体的力量，化解矛盾，排除干扰，保证教学活动的正常进行。其二是教学活动后的调节能力。它包括实施教学活动后对学生反馈信息的反应、收集及处理能力，对教学活动的自我认识和评价能力，对教学活动的自我校正能力，在总结经验教训的基础上改进和提高教学水平的能力等。一个思政课教师，要提高自己对教学的控制能力，使自己的教学水平不断跃升，非具备这种能力不可[2]。

五、挖掘教师的创造力，推进教学的有效性

任何工作都需要创造力，而思政课教学的良好效果的获得，对教师的创造力提出了更高的要求。原因很简单，因为我们要解决的是思想问题，我们要改造的是主观世界，而这个工作靠强制命令、行政手段是无济于事的。思政课教师的创造力主要体现在以下几方面：

（一）创新教学理念

思政课教师要树立以生为本的教学观，在教学中突出大学生个性化、多样化需求的特征，克服传统的思政教学过程中“一刀切”“齐步走”的现象。为此，分类教学法不失是一种好的尝试。所谓分类教学法就是针对学生的知识基础、专业特点、智力水平和非智力因素等，因专业而异地分类制定不同的教学目标，提出不同的教学要求，确定不同的教学方法，以最大限度地调动每一个学生的学习积极性，充分促进全体学生全面发展的一种教学方法。

（二）创新教学内容

思政课教学必须坚持教师中心论，摒弃教材中心论。思政课教学内容必须体现经济一体化、文化价值观多元化、信息化的时代特征，突显时代性；必须回答大学生关注的热点、难点问题，增强导向性；必须紧跟国家的大政方针，把握政治性；必须体现备教材与备学生的统一，强化育人性。同时，教师要注重理论研究，力争做到在理论上有所创新，要有自己独特的观点，能够对学生有所启发，丰富和创新我们的教学内容。

（三）创新教学方法

一方面，积极开展探究式教学，充分发挥大学生的主体作用。在思政课教学中要改变传统的传授知识为主、满堂灌的做法，坚持灌输与疏导相结合、以疏导为主的方法，着重培养大学生积极、主动的学习态度和学习精神。探究式教学就是其中的一种。探究式教学是指以建构主义理论为支撑，教师通过组织、引导，让学生自己通过阅读、观察、实践、讨论、思考等途径去独立探究，自行发现并掌握相应的原理和结论的一种方法。探究式教学具有“自主性、实践性、开放性、过程性”的特点，强调以学生为中心，能充分发挥学生的主动性、积极性和首创精神[8]。另一方面，充分运用现代教学手段，拓展教育时空。以信息化为教学手段的现代化带来了一场革命，传统的“一本书、一张嘴、一支粉笔”的课堂教学模式已经不能适应信息化时代对教学工作的需要。教师必须善于运用多媒体技术实施教学，如制作多媒体课件、有效利用电子邮件、QQ 网络及建立个人教学网站等，拓宽教育的时间和空间。

（四）整合教育资源

当前，思政教育存在“两张皮”现象，思政课教学与学生思想政治工作脱节，没有形成整体合力。为此，必须以思政课堂为主渠道，以思政教育为主阵地，对各类教育资源进行优化和整合。通过优化和整合把思政课的内容从空间上有计划、有步骤地拓展到校园文化建设、党团活动乃至主题班会中，使思政课教学和大学生思想政治工作互为依托、优势互补、相互促进，形成整体合力。在优化和整合过程中把课程内容转化和延伸为生动活泼、丰富多彩的主题活动，以增强思政课的实践性、渗透性、针对性和实效性。同时，也使校园文化建设、思想政治工作主题更加鲜明，方向更加明确，内容更加科学，体现高校办学的社会主义方向和人文精神[9]。

（五）优化知识结构

思政课教师要根据需要不断补充新的知识，优化自己的知识结构。思政课实践教学对教师提出了更高的要求，教师要有很强的实践创新能力和组织指导能力，要掌握一定的与社会实践相关的知识、技能和方法，以及理论文章和调查报告的写作格式、技巧和规范。思政课教师要具备敏锐的信息意识，注重收集信息，还要善于运用现代化的网络技术获取、分析、筛选出与教学相关的信息，具有一定的多媒体制作的技术，掌握互联网络的法律法规、网络道德和伦理。要拓宽自己的知识面，尤其注重对边缘学科、交叉学科和新兴学科的学习和了解。

参考文献：

[1] 梁红秀．优秀的高校思想政治理论课教师应具备的素质［J］．桂林师范高等专科学校学报，2008，(2)．

[2] 杨胜松．论提高教师课堂教学控制力［J］．广西民族学院学报（哲学社会科学版），2002，(2)．

[3] 杨建义．大学生思想政治教育路径研究［M］．北京：社会科学文献出版社，2009.

[4] 杨磊．教师的影响力从哪里来——专访教育专家张文质［N］．教育时报，2012-09-05（01）．

[5] 郑文樾，张佩珍等译．乌申斯基文选［M］．北京：人民教育出版社，1991：233-345.

[6] 刘双．论思想政治理论课教师的人格影响力及增强途径［J］．学校党建与思想教育，2006，(6)．

[7] 黄春芬，罗刚淮．从执行力的角度谈教学［J］．江苏教育研究，

2010，(9A)．

[8] 操申斌．网络环境下高校思想政治理论课探究式教学模式与改革——以“毛泽东思想和中国特色社会主义理论体系概论”课为例 [J]．合肥师范学院学报，2011，(4)．

[9] 林海龙．以生为本，增强思想政治理论课的感染力和吸引力 [J]．当代教育论坛，2010，(10)．

略议高职院校思想政治理论课教师的人格魅力及其养成

张桃红

摘　要：教师需要具有良好的人格魅力。高等职业教育是以培养高素质技能型人才为目标的教育，对教师素质和人格魅力有着特殊的要求。高职院校思政课教师的人格魅力对于学生良好道德品格的形成，科学的世界观、人生观、价值观的确立，学习兴趣的激发有着重要的作用。为此，思想政治理论课教师必须牢固树立崇高的职业理想，有坚定的马列主义信念，有着较高的专业素养和教学水平，能真切关爱、尊重学生，形成符合高职教育教学要求的人格魅力。

关键词：高职院校；思政教师；人格魅力；养成

思想政治理论课作为高职院校必须开设的公共必修课，是一门事关大学生政治方向性的课程。从其性质和功能上来看，一方面，它承担着宣传、灌输党和国家主流意识形态的任务；另一方面，它又具有培养和提高大学生思想道德素质、明辨是非能力、促进人的全面发展等功能。然而，在高职院校的发展中，一部分干部、教师对思想政治理论课教育工作在高职院校的重要地位和作用认识不足。有的人认为高职院校培养的是高等技术应用型人才，毕业生只要有过硬的专业技能就可以了，偏重专业知识和技能，轻视思想政治教育，单纯或较多地从专业知识和技能来衡量教育质量，因而在思政课的课时安排、教学内容和理论深度等方面一再压缩和减轻，在教学创新方面也浅尝辄止，重日常管理，轻深层次教育。有的人对高职院校的学生都应把坚定正确的政治方向放在首位缺乏认识，对思政教育的意义和作用有误解，认为思政教育既虚又空，没有实际意义。在这样的背景下，要想达到思政课教学目标，涉及很多复杂因素，其中思政教师的人格魅力非常重要。

作者简介：张桃红（1972—），女，安徽省池州人，池州职业技术学院副教授，法学硕士，研究方向为大学生思想政治教育。

一、思想政治理论课教师的人格魅力的作用

人格魅力是指一个人在道德情操、学识能力及性格气质等方面所具有的吸引力[1]。所谓教师人格魅力，就是指教师个人的理想信念、知识才能、道德情操、意志作风等方面有机结合形而成的合力。教师人格魅力对教育教学的影响，从古到今都受到人们的极大关注。如汉代韩婴在《韩诗外传》中说："智如泉涌，行可以为表仪者，人师也。"俄国著名教育家乌申斯基对教师在教育中的作用和地位做了这样的描述："在教育工作中，一切都应该建立在教师人格的基础上。因为只有从教师人格的活的源泉中才能涌现出教育的力量。任何规章、任何教学大纲、任何人为的机构，不论设计得如何奥妙，都不可能在教育工作中代替人格的作用。如果你不热爱自己的学生，那么你的教育一开始就结束了。"通过人格魅力的定义以及对教师人格魅力的理解，笔者认为，思政课教师的人格魅力主要体现为坚定的政治信仰，深厚的专业素养和较高的教学水平，对学生真诚的爱以及鲜明的个性特征。

思想政治课教师的人格魅力作用具体体现在以下几个方面：

（一）有利于促进学生良好道德品格的形成

思政课教师单纯的道德说教能从外部制约学生的道德行为，但不能促使学生对灵魂的自我审视，更不会用活生生的道德标准衡量自己的德行，作出自我调节。恰恰相反，还会出现当前并不罕见的德育中的逆反心理。但人格魅力容易成为学生效法的典范。苏霍姆林斯基曾说过："人只能由人来建树，……我们工作的对象是正在形成中的个性最细腻的精神生活领域，即智慧、感情、意志、信念、自我意识，这些领域也只能用同样的东西即智慧、感情、意志、信念、自我意识去施加影响。"[2]教师那种光明磊落的襟怀、突破功利的道德人格，无疑对作为道德主体的学生具有显著的示范作用。其道德行为和道德观念对学生构成了生动的道德主导因素，使学生能够自觉意识到要按照教师所显现的具体可感的道德规范来矫正自己的道德观念，进而对自己进行重新设计。在这一活动中教师的人格是学生行为的具体参照物，这个参照物要求学生对照教师的言谈举止进行反思，从而把教师的人格力量内化为自己的行为品质。汲取了教师的人格力量，学生就会不断充实自己、完善自己。

（二）有利于激发学生的学习兴趣

经常听到学生议论，说他们喜欢某位老师，听课兴致高；不喜欢某位教师，听课时老是昏昏欲睡。事实上，能否赢得学生尊重和爱戴，不是单方面因素决定的，老师的学识、能力、性情、品德修养等综合素质熔铸成其人格，这是一名老师吸引学生力量的主要源泉。兴趣是大学生重要的学习动机，而教师高尚的人格魅力是大学生对思想政治理论课感兴趣的重要因素。在教师高尚人格魅力的影响下，学生为其崇高的品德所折服，为其卓越的才能所倾倒，为其广博的知识所陶醉，怎能不“亲其师、信其道”？因此，人格高尚的教师最受学生欢迎，能达到教书育人的最高境界。思想政治理论课教师高尚人格魅力能够激发大学生学习政治理论课的兴趣的重要因素。一个人格高尚的政治理论课教师，就能在教学过程中获得学生的高度认同和喜爱，就能用自身的人格魅力去感化学生，激发他们对政治理论课的学习兴趣，从而调动大学生学习政治理论课的积极性，进一步增强高校思想政治理论课的实效性和说服力、感染力创造良好的基础。

（三）有助于学生树立科学的世界观、人生观、价值观

长期以来，广大教师在比较清苦的条件下，兢兢业业，呕心沥血，勤勤恳恳，不计名利，一身正气，两袖清风，无私奉献，教书育人，为社会主义教育事业和现代化建设做出重大贡献。但在改革的浪潮和市场经济的冲击之下，各种不良思想、不良风气、不良作风也在逐渐侵扰着校园这片净土。个人主义、享乐主义、拜金主义思想开始滋生蔓延，为此，教师只有把自己的职业岗位作为造成良好社会风气的阵地，严于律己，自尊自重，弘扬正气，抵制不正之风，用自己的岗位作为传播社会良好风气的一个“窗口”。在教学过程中，教师要以自己的高尚的情操、廉洁的作风、渊博的知识、卓越的才能去影响和培育学生。这样，教师的言传身教才会积极地作用于学生的世界观、人生观、价值观。

二、思想政治理论课教师的人格魅力的养成

（一）确立崇高的职业理想，坚定正确的政治方向

崇高的职业理想、执着的敬业精神是教师人格魅力的基石，凭着对教

育事业的热爱，教师才有可能在教育这片沃土上辛勤耕耘、无私奉献并收获幸福、收获快乐，因而教师要对自己的职业有着深刻的认同感。2005年，温家宝总理在全国职教工会议的讲话中指出："职业院校教师的工作是重要的，也是光荣的"。近些年，国家做出了大力发展职业教育的决定，作为职业学校的教师千万不要妄自菲薄，职业教育正面临着巨大的发展机遇，同时也面临着巨大的挑战，我们的事业一定大有可为！做一名优秀的职业学校教师就是我们的理想，培养出更多被社会认可的学生就是我们最大的成就。

思想政治理论课教师的任务是宣传马列主义、毛泽东思想、邓小平理论和"三个代表"重要思想，培养学生分析问题和解决问题的能力，提高学生的思想政治觉悟。这一任务决定了我们在教学和教研中必须具备过硬的政治素质。即要求思想政治理论课教师在大是大非、事关方向、原则和大局的问题上必须旗帜鲜明，毫不含糊，始终保持清醒的政治头脑，坚定马克思主义的信仰，使教师切实做到"笃信之，诚教之，躬行之"，自觉坚持马克思主义的指导地位，自觉坚持正确的政治方向，自觉抵制各种错误思潮和腐朽思想文化的影响。有了真正的理论信仰，讲课才能理直气壮、具有说服力和感染力，才能用科学理论的魅力打动人，才可能受到广大学生的尊重和欢迎。

（二）提高专业素养和教学水平

在思想政治理论课教学中，无论是设计或实施教学，都应该把握高职院校学生思想实际，选择恰当的教学方法，以调动学生学习的积极性和主动性。教学目标的实现，有赖于教师的专业素养和教学水平的提高。思想政治理论是一个内容极其丰富的宏大的科学体系，涵盖哲学、政治经济学和人文社会科学，还涉及自然科学。这就要求高校思想政治理论课教师除了具有丰厚的马克思主义理论素养外，还要有相应的其他学科的知识。只有这样，才能将马克思主义理论寓于丰富多彩的各种新知识之中，寓于学生感兴趣、具有新奇性的知识中，将政治性、思想性、意识性寓于知识性和学术性之中，这样，思想政治理论课才能获得学生的喜爱。在思政课课堂教学中，除了采用"问题式""案例式""专题讨论式""情感教育"等教学方法外，教师还应根据高职教育"适度，够用"原则进行教学改革，组织好理论与实践教学环节。要达到教学目的，首先要了解教学对象所学的专业，将来的社会定位是什么，社会对其专业人才的素质要求是什么；其次，思想政治理论课教学内容是否与专业需要、工作岗位保持"零距离”；再次，积极参加专业建设和专业课程建设活动，利用学校现有条件和机会主动与专业课教师进行沟通，学习和借鉴专业课教学方法。此外，还要积极开展教学研究。例如，开展高职思想政治理论课教学改革的实践探索和研究，高职院校思想政治理论课双师队伍建设的研究等体现高职特点课题的研究。

（三）真切关爱、尊重学生

高职生由于学习成绩不太好，多次考试失败，他们在自己自我概念尚未形成的成长期，长期游离于老师、同学乃至于家长的积极关注和鼓励之外，从而产生很强的挫败感和自卑心理。因此，他们更想得到周围亲人和同伴的关怀、信任、尊重和帮助，并且愿意用同样的感情去爱周围的人。学生更为关注的爱是教师的爱。教师不仅是传道者，更是学生的知心朋友。首先，要充分认识到，教师与学生的交往是全面的、综合的“人与人之间的灵与肉的交流活动”，而不是片面的、单一的“理智知识和认识的堆集”[3]。思政课教师要从灵魂深处充满对学生的关爱。关爱学生既包括关心学生知识的获得，也包括关心学生的道德进步，还包括关心学生的生活和健康状况。其次，教师要尊重学生的心理感受，善于发现学生的闪光点并进行有效的激励。“教育者本人就是善于思考的人，是体贴入微地关怀别人的人。以劳动者身份出现的教育者，乃是激励学生进行自我教育和自觉地控制自己愿望的第一个推动因素”[4]。教师的表扬与肯定往往能够激发学生的学习热情，令其树立对未来的信心。思政课教师在关爱、尊重学生时，要善于“倾听”。人民教育出版社课程研究室的任长松先生在《探究式学习的18个原则》一文中明确提出了一个重要的教育理念——“倾听着的教育”，认为“教育过程是教育者和受教育者相互倾听和应答的过程”，而在教育过程中“倾听不仅是一种工作手段更是教师的道德责任”[5]。真正的教育是从心与心的对话开始的，要想全面了解学生就必须认真倾听学生内心的需求。“倾听”本身就包含了对学生的尊重关爱。教师的耐心、专注的倾听，常常给学生以鼓励、支持，使学生真正体会到受尊重和被信任的内涵，而且“倾听”教育渗透着教师把自己当作受教育者的理念，折射着虚心听取意见的品质。对于普遍自卑、敏感、迫切需要被理解被尊重的高职生而言，尤其需要思政课教师以倾听的态度和方式去了解、理解，并在此基础上给予指导和帮助。

（四）强化仪表美及个性魅力

古人云：“为师之道，端品为先。模范不端，则不模不范矣。不惟立言制行，随时检点，即衣冠瞻视，亦须道貌岸然。”[6]由此可见，教师的仪表与品行一样重要，同为教师为人师表的重要内涵。仪表包括衣着、发式、举止、姿态、风度等内容。教师的仪表是教师精神面貌的外在体现，是其内在素质的反映和个人修养的标志，直接反映了教师的审美情趣。它是一种无言的教育方式，对学生具有特殊的教育意义，起着重要的示范作用。教师的言行举止和为人处事的态度也对学生的成长有着重要的示范作用，这种示范作用在大学里表现得更加主动、自觉和理性[7]。思政课教师着装应该自然、朴实；言谈举止应该举当所举，止当所止，言行有度，仪态有方。思政课教师的人格魅力也来源于其独特的个性。世界上没有两个完全相同的人，个性是一个人的立身之本，它凸显了每个主体的存在方式，印证了每个个体的存在价值。高职生的自我意识正迅速发展，渴望自我个性的张扬，他们也自然喜欢有着鲜明个性的老师。思政课教师风趣幽默，能改善课堂气氛，有助于培养学生乐观的个性和发展学生的创造力；敏锐的思维能为思政课注入活力，增强魅力；亲和的态度，能拉近师生之间的距离，学生的学习也将变得积极主动。因此，我们要大力提倡张扬思想政治理论课教师的个性，改变部分学生对思政教师呆板木讷的偏见。

参考文献：

[1] 刘川生. 学习孟二冬教授的人格魅力 [N]. 中国教育报，2006-12-08.（6）.

[2] [苏] 苏霍姆林斯基. 给教师的一百条建议 [M]. 周蕖等译. 天津：天津人民出版社，1981：4.

[3] 雅斯贝尔斯，邹进. 什么是教育 [M]. 北京：生活·读书·新知三联书店，1991：5.

[4] 蔡汀，王义高，祖晶. 苏霍姆林斯基选集 [M]. 北京：教育科学出版社，2001：272.

[5] 任长松. 探究式学习的18个原则 [J]. 教育理论与实践，2002，(1)：47.

[6] [清] 张行简. 塾中琐言·端品 [M].

[7] 陆晓丹，高巍奇. 试论高校教师的师德修养与大学生人格教育 [J]. 宿州学院学报，2009，(4)：35.

高校“形势与政策”课教师素质研究

杨慧宇　石　珉

摘　要：“形势与政策”课是高校重要课程之一，目前，高校“形势与政策”课程的教学实效并不理想。而要实现“形势与政策”课对学生的影响，当务之急是要提高“形势与政策”课程任课教师的自身素质。

关键词：形势与政策；课程特点；教师素质

“形势与政策”课是高校思想政治教育的重要阵地。“形势与政策”课程的教学，以各类专业的大学生为对象，通过讲授国内外形势的变化，普及党和国家的路线、方针、政策，让大学生及时了解当今世界的风云变幻，形成科学地看待世界、判断问题的价值和立场。“形势与政策”课作为高校必修课之一，在教学内容和课程设置等方面，都有其特殊性，纵观当前我国高校“形势与政策”课的教学，专职授课教师数量较少，大多数高校仍以兼职教师为主，这就要求“形势与政策”课程任课教师既要具备优秀的基本素质，又要有诠释好这门课程的特殊能力。

一、深厚的理论功底

从教学目标来看，“形势与政策”课程教学目标包括知识、能力和觉悟三个主要部分。在知识方面，教师通过“形势与政策”教育，首先要帮助大学生在坚定的政治立场基础上，主动去了解近期国内外发生的重大事件，更新其自身的知识储备。教师通过课程相关基础知识的教学，使学生掌握学习该门课程所需要的理论背景和有效方法；通过开展国内形势教

作者简介：张桃红（1972—），女，安徽池州市人，池州职业技术学院副教授，法学硕士，研究方向为高校学生思想政治教育。

育，使学生了解近期国内的重大变化调整；通过历史与现实相结合的课程教学，使学生领悟国家的过去与现在的变迁；通过国际形势教育，使学生深入理解当前我国所面临的国际环境。

要使学生深刻地理解我国的政策环境，明确政策变化的内在依据，通过变化多端的表象背后的内在逻辑，能够透过现象看本质，因而科学的分析方法必不可少，而运用方法能力的培养，还要从学习相关的理论入手。“师者，所以传道授业解惑也”。“形势与政策”课的教学内容看似浅显，实则涉及诸多领域，要想全面深入地把握形势和政策，提高“形势与政策”课程教学质量，就需要“形势与政策”任课教师具备丰富的政治、经济、文化、社会、法律、历史、地理等多方面的知识。同时，在我国，马克思主义指导思想是立党立国的根本，这就要求“形势与政策”课教师自身应是成熟的马克思主义理论者，能够熟练掌握马克思主义的基本理论、基本观点和基本学说的体系，以及马克思主义中国化的相关理论成果；能够利用马克思主义理论中关于自然、社会和人类思维的相关规律洞析形势变化趋势；具备运用辩证唯物主义和历史唯物主义的世界观和方法论分析具体问题的能力。教师在授课过程中生动诠释马克思主义理论，不但可以潜移默化地影响学生，做到在学生中普及马克思主义及马克思主义中国化的最新理论成果，还可以训练学生用马克思主义理论中的相关立场、观点和方法去分析国内外形势及其发展趋势，帮助他们树立“以辩证唯物主义和历史唯物主义为世界观基础、坚持人民大众的基本立场、以科学社会主义为理论旗帜的正确的科学的形势政策观”。因此，“形势与政策”课教师必须加强自身的理论学习，夯实自身的理论功底，提高自身的理论修养。

“形势与政策”课程的教学内容与时俱进，具有强烈的时效性特点。课程以当前的国内外新情况、新问题为背景，以最贴近当下、最反映实际的国内国际重大事件为教学切入点和突破点，力求紧跟党和国家的路线、方针、政策，将各项会议尤其是重大决议的精神贯彻到具体的教学过程中去。随着国内外形势的变化，课程教学内容也会相应地随之更新。鉴于教学内容的延续性和稳定性较弱，以便及课时设置的局限，目前，多数高校都是采取以学生普遍关注的“热点、焦点”问题为专题开设讲座的形式，带领学生分析当前国际国内的政治、经济、文化等方面的动态，以及时地对大学生有针对性地普及形势与政策相关知识。同时，大学生有了解外部环境的迫切需求，“形势与政策”课要满足学生学习的愿望，就必须紧跟时代步伐，突出时效，才能深入人心。

教师要想在教学过程中紧跟学生的问题焦点，在日常生活中就要做到时刻关注形势的变化和政策的更新，并且通过收集资料、查阅文献等途径将重大事件的历史背景和具体经过深谙于心。与此同时，马克思主义理论也在随着时代的变迁不断地更新，任课教师要及时地将最新的理论成果融入教学中，随着理论和实际的变化将自己的教学内容与时代发展同步，就需要具备不断认真学习的态度和不断积累知识的决心与毅力。

二、优秀的教学能力

面对当今世界瞬息万变的形势，“形势与政策”课除了要“授人以鱼”之外，更重要的是要“授人以渔”，培养学生分析问题、处理问题的能力，让学生在今后能够独立自主地了解国情与世情。首先，“形势与政策”课要培养学生对于各类信息的精准的判断力。随着互联网与各种传播媒介在生活中的普及，大学生获取信息的渠道日益拓宽，在每天扑面而来的庞大信息群中，大学生必须具备“去粗取精，去伪存真”的能力，才能保证收获信息的准确性与价值性。其次，要提高大学生对社会现象的敏锐的洞察力。各种变幻莫测的现象与问题都离不开历史背景和社会环境，要想透彻把握形势动态与政策变更，大学生就要学会“由此及彼，由表及里”的分析方法，能够分析形势变化与政策变动的关系，分析不同事件之间的潜在联系，从而深入现象的内部，探求问题的本质。最后，要培养大学生处理和应对复杂社会问题的能力。大学生是即将踏入社会、投身改革开放和现代化事业的建设者，引导其在未来的工作中，理论联系实际，运用“形势与政策”课所学的知识和方法分析现实中遇到的问题，也是至关重要的教学目标。要想培养出能力优秀的学生，教师在教学过程中需要时刻铭记理论联系学生的现实生活，通过分析案例、自身示范的方式，让学生掌握相关技能，使其形成良好的分析问题的习惯和独立思考的态度。为此，教师就必须提高自身的综合实力，尤其是理论联系实际的能力。

“形势与政策”课在教学形式上灵活多变，在教学过程中，普遍是以教师结合课件的讲授方式为主，适当地辅之以课堂提问、组织即兴演讲和讨论等形式启发学生思考。同时，多媒体等现代教学手段的运用既节省教学时间，又丰富了教学内容，通过展示图片、欣赏音频、观看视频等方式，在扩大课堂教学内容信息量的同时，又可以调节沉闷的课堂氛围，增强学生对于教学内容的感性认识。除此之外，“形势与政策”课也不拘泥于传统的课堂内教学，通过组织参观考察、社会调研等实践活动，引导学生学以致用，也是该门课程的教学方法的特点之一。

教学方法的选用直接关系到学生听课的效果。大学生普遍充满好奇心和求知欲，愿意接受新知识的洗礼，通过选择巧妙的教学方法，通常可以达到事半功倍的成效。在教学能力和素质上，任课教师首先要具备传统课堂教学中所强调的口头讲授能力，做到语言生动简洁，内容丰富充实，力求将表达的生活化与艺术性相结合。其次，“形势与政策”课教学经常运用有关素材，如图片、数据、视频等，需结合多媒体进行图文并茂的讲解分析，这就要求任课教师学会熟练地操作相关设备和软件，自如地运用现代化的教学设备；同时，教师还要分清主次，注意不因一些课外的知识转移学生的注意力。再次，“形势与政策”课授课过程中，为了充分激发学生的积极性，经常进行课堂演讲、专题讨论等活动，教师在这些活动中，既要扮演组织者的角色，又要确立自己引导者的身份，给予学生充分的自由发挥空间的同时，还要结合教学主题启发学生深度思考，这样教学活动才能朝着实现教学目标的方向迈进，取得立竿见影的效果。最后，教师还需要具备有序开展课外实践活动的能力。近些年来，参观考察、社会调研等活动作为补充逐渐为各个高校所采纳，而高校的思想政治理论课越来越强调实践性教学的重要性，这在一定程度上弥补了课堂教学理论性过强、能力培育不足的缺陷。而要组织一次有意义的实践教学，达到促进学生知行合一的目的，任课教师较强的组织能力和高度的责任心不可或缺。在准备的过程中，教师要结合学生的需求和实际的能力选择合适的实践方式；在活动中，在保障学生安全的同时，尽量让实践活动丰富多彩，寓教于乐，引导学生主动参与，主动思考，达到培养其分析问题、应对问题的能力的目的；在活动后，与学生深入交流，了解其在实践活动中的心理变化轨迹，在收到反馈后及时地做出相应的回应。综上所述，“形势与政策”课教学方式的多样性特点，一定意义上决定了教师必须有高超的教学艺术。

三、较高的道德素养

“学高为师，身正为范”。教师不仅要具备丰富的知识，还是学生学习修身养性、为人处世的榜样，“形势与政策”课任课教师也不例外。“形势与政策”课教师在思想道德素质上，一方面要爱岗敬业，以教为乐，以认真严肃的态度对待“形势与政策”课程的教学工作；另一方面，要及时了解学生的各方面状况，通过课上提问、课下聊天的方式，了解自己所面对的学生群体的所思、所想，真正做到“以生为本”。同时，坚持从自身做起，规范自己的言行，为学生树立良好的榜样，成为他们生活上的朋友、学习上的导师，使他们能够“亲其师，信其道”，有效地排除不良思想观念的干扰。习近平总书记曾经指出，打铁还需自身硬。“形势与政策”课的任课教师要很好地完成这些工作，就必须要加强自身的思想道德建设，规范职业操守，提升道德境界，以发挥自身对学生言传身教的作用，实现课程的教学目标。

“形势与政策”课通过引导大学生感知国情民意，培养其正确的政治态度，提升其民族自信心和自豪感，在培育大学生形成科学健康的世界观、人生观和价值观方面也发挥着不可或缺的作用。“大学生处在人生的敏感期，极容易受外界干扰而出现情绪上和思想上的波动，甚至在对于某些问题的看法上走向极端。”对于那些思想较为偏激的学生，教师应及时地与其沟通交流，针对具体的情形加以耐心疏导，循循善诱。教师是在校园生活中对学生影响极大的因素，言谈举止中所展现出的相关立场，都可能对处在世界观、人生观、价值观确立的关键时期的学生产生影响。培养大学生敏锐的政治鉴别力、传递科学的政治知识与政治态度，是“形势与政策”课极具特色的教学目标之一，任课教师要时刻注意自身的政治立场和相应的言论对于学生政治方向所产生的导向作用。因此，“形势与政策”课教师要有明确而坚定的政治立场、做到严格遵守政治纪律、保持忠诚的政治品格，坚定理想信念，全心全意为教育事业服务。

苏联著名教育家苏霍姆林斯基曾经说过：“只有当教师的知识视野比学校的教学大纲宽广得无可比拟的时候，教师才能成为教育进程的真正能手、艺术家和诗人。”“形势与政策”课的任课教师，也是如此，既要有博古通今的理论知识、海纳百川的包容胸怀，还要有诲人不倦的教学态度与坚定不移的政治品质，等等。只有具备了这些素养，才能真正成为一名合格的、受学生爱戴的人民教师。

参考文献：

[1] 张录平．马克思主义形势与政策观的基本内涵与根本要求［J］．湖湘论坛，2011，(1)．

[2] 操国胜．形势与政策［M］．沈阳：辽宁教育出版社，2012.

[3] 杨志伟．论形势政策教育在高校思想政治教育工作中的地位与作用［J］．教育教学论坛，2012，(30)．

高职院校道德教育向生活世界回归的探究

张桃红

摘　要：生活世界是道德根植于其中的深沃土壤，道德教育要以生活为出发点和归宿点。生活中进行德育能实现个体道德的提升，能促进幸福人生。目前，高职院校德育与生活分离，造成德育实效性的低下。因此，高职德育应回归生活。

关键词：生活世界；道德教育；实效性

通常我们在宏观上把道德分为意识形态化的道德和生活道德。前者是指该社会占统治地位的精神价值体系的重要组成部分，具有鲜明的阶级性；后者是指日常生活中为人处事的行为道德准则和行为道德目标，这部分道德虽具有经验性、自发性和自然情感性等特点，但在学校道德教育中具有基础性地位。在社会转型时期，不同价值体系的夹杂共生和相互碰撞为思想道德教育带来一定的难度，这方面的思想道德教育尤为重要。正如晏辉先生所说的那样："一个新经济组织方式能否有效的践履，仅有权威性、政治性的道德价值支持是远远不够的，真正具有本体意义的道德则是那些以广大群众为其载体的日常道德生活体系。"[1]

一、生活德育的意义

（一）生活德育能促进个体道德的提升

著名学者鲁洁曾指出："道德存在于人的整体、整个生活之中，不会

作者简介：张桃红（1972—），女，安徽池州市人，池州职业技术学院副教授，法学硕士，研究方向为高校学生思想政治教育。

有脱离生活的道德。品德的培养应当遵循一种生活的逻辑，而不是一种纯学科的逻辑”[2]。因此道德教育要关注现实生活，并在现实生活中进行。

正如马克思所言：“个人怎样表现自己的生活，他自己也就成为怎样的人”，“人们的存在就是他们的实际生活过程。”[3]高职德育，应该在现实生活中进行，因为只有在现实生活中，现实的伦理道德才能鲜活起来；也只有在现实生活中，学生才能加深对道德规则的理解，感受到道德的力量，在生活中提高自己的道德判断和道德评价能力。从而一方面，学生能自主地在原有的道德体系上构建个性的道德价值观，正确主动地审视自己的行为规范和身边的道德现象，明辨善恶；另一方面学生能把外在的、他属的、对社会普遍行为具有广泛性指导意义的道德条款、道德标的内化为自身自觉行为的不可分割的部分，使之与自身的行为成为肉与血的关系，进而在人生实践中不断完善自己，提升自己，最终达到个体的自由、和谐而全面的发展，以积极的心态去适应社会、改造社会和奉献社会。

（二）生活德育在于促进幸福人生

中国儒家认为，幸福是道德完善的结果。柏拉图认为，“德性和智慧，是人生的真幸福”[4]。教育学家李国毅教授指出：“关注生活，追求幸福生活，成就人们的德性品质，应该是道德教育的终极价值追求。”[5]幸福作为道德教育的终极价值追求，必须与伦理生活的道德基础和道德原则相结合，才能获得合理的形态，否则就是没有根基的。生活德育正好实现这一点。在充满意义的生活中进行道德教育，一方面学生不仅感受到掌握、遵循某种道德规范对自身来说不仅是一种约束限制，更重要的是他们从这个过程中得到愉快、幸福、满足，并认识到这是唯独“人”才有的一种最高享受；另一方面，在这个过程中，学生体验到自己在生活中是有价值的，自己享受快乐和幸福的同时，也能为他人带去快乐和幸福。相反，如果在生活中不遵守道德规范，没有德行，他就会受到良心与社会舆论的谴责，很难为社会接纳，这样的人始终是孤独和不幸的。

二、德育与生活的分离

目前，一些高职院校在具体的学校德育的实践中，德育与生活相分离，造成德育实效性的低下。

道德与日常生活相分离的表现形式主要有：第一，在道德教育方法上，重说教灌输，轻学生的道德需要。高职院校学生主体意识、自我意识大大增强，任何强求他们接受特定道德取向与道德规范的做法，都只会引起他们的逆反心理，有时甚至故意违反社会中的生活伦理与公共规范。目前，我国正处于社会的转型时期，中外文化的撞击、各种思想价值观的冲击比任何时候都来得激烈和经常，高职学生经常面临多样的甚至矛盾的道德观念和行为选择，比如德与福，德福一致是中国人的伦理信仰，但现实生活中可能会出现“有德未必有福，无德未必无福”的现象。针对此现象，我们的学生就面临道德抉择的困惑和道德践履的困惑：在关系到自身切身利益时，到底该不该坚守道德？针对学生的困惑，高职院校一些思政工作者如果没有一定的理论驾驭能力，就难以找到明确定位点来解释这类问题，不懂装懂或设法逃避，那么学生从此之后可能对我们的教学内容采取旁观的态度。教不了学生以真“知”，“信”服不了学生，不可能引导学生以德“行”。

第二，注重社会实践，轻视道德引导。社会实践中的德育是课堂德育的必要补充，是高职院校德育的重要途径。近年来，各高职院校高度重视大学生的社会实践工作，开展了各种各样的社会实践，比如企业实习、志愿者活动、社团活动等。但在具体的社会实践活动中，德育的实效性未能引起足够的重视。在准备这些活动时，一些学校都打着德育的旗号，但在设计社会实践的德育时，在指导思想上没有做到以学生为中心，没有突出学生的德育发展；社会实践单位指导人员关注的只是学生的业务能力，忽视了对学生的德育引导；有些学校领导虽然看到了德育的重要性，但对如何使社会实践中的德育取得实效等问题不作深入的探究，只做些表面工作，结果是社会实践开展得如火如荼，德育的各项措施得不到落实，德育的各种问题得不到解决，德育的实效也就不能实现。

三、德育与生活的结合

（一）以生活为本，建构高校德育的隐性课程

思想政治理论课是道德教育的重要课程，我们应发挥其主渠道的作用，但我们也不能忽视道德教育隐性课程的作用。道德教育隐性课程将道德教育隐含在与学生实际生活密切联系的课程中间。目前高职生最关注的问题由就业、人际交往等具体问题引发的，要解决这些问题，必须设置相

关的课程，如《大学生就业指导》《大学生人际交往》等。在这些课程设置上，应从重知识灌输转向重学生品德和能力的全面发展转变。《大学生就业指导》课的教学中，特别要培养与高职学生就业密切相关的诚实守信、团结合作、敬业爱岗、吃苦耐劳等优良品质，从而提高学生的就业竞争能力。道德教育隐性课程坚持问题为导向，一方面使“贴近实际、贴近生活、贴近学生”成为可能，为道德教育的实施提供了新的渠道；另一方面在一定程度上提高了学生的道德素质。

（二）让高校德育走近社会实践

单独、刻意的道德说教越来越受到主体意识越来越强的学生的排斥，德育要具有实效性，必须实现与社会实践的有机整合。社会实践活动的开展，首先要求德育工作者有较高的素质，他们不仅要有合理的知识结构，而且还要有较高、较全面的德育能力结构，包括组织能力、管理能力、教育能力、研究能力、创新能力等。社会实践活动应有组织地进行，尽可能吸引全体学生都投入社会活动中去，要充分调动他们的积极性和创造性，使所有的人都受到锻炼。组织社会实践活动时，要明确活动所要达到的德育目标，真正做到寓德育于实践中。社会实践活动内容的不同，就会有不同的德育内容，例如组织高职生进行勤工俭学时，我们就要有针对性地在这过程中培养学生良好的劳动观念和勤俭自强、自力更生的优良品格，这样才能达到德育的目的。在实践活动结束后，应该及时做到总结与德育评价，我们可以从学生自评、实践单位德育指导人评价、学校德育指导教师评价三个层面进行。学校通过德育评价，可以培养学生的道德内省意识，道德认同感和道德向善意识

（三）高职德育要关注焦点问题

道德教育只有植根于生活世界才具有生命力。德育要想具有吸引力和感染力，应紧扣生活世界中的焦点问题。何谓焦点问题，是指教学主体普遍关注的现实生活中的突出问题。教学焦点问题大多与社会生活密切相关，研究和解答焦点问题，使德育贴近生活，增强德育的吸引力。我们的德育工作者应以敏锐的职业触角去捕捉高职生道德教育面临的重大焦点问题和研究课题，学习和借鉴现代德育的研究成果，提高自己从事道德教育的水平和能力。我们不仅要向学生传授道德知识，还需要结合社会生活中的焦点问题，引导学生进行正确的思考分析，形成自己的道德判断，认识到什么是善，什么是恶，在多元价值冲突的时代能做出自己健康的价值选

择，提高自身的道德素质。

（四）生活德育不能回避恶

高职生的行为和活动应是与自身经验相联系、与社会生活相一致的，而不应是理想的，不能悬于真空。真实的社会生活环境是不可回避的，纯粹的善在生活中是不存在的，现实生活中有丑陋和恶、卑鄙和残暴。恶在生活中永远不可能完全清除，因为没有恶和不道德的反衬，善和道德也失去了比照和依据，也就无所谓善或道德了。人的生物与社会遗传为人奠定了为善的基础，但也并没有排除为恶的可能。“恶真实地存在着，它就存在于人类的形象之中，潜伏在我们每一个人身上”[6]。道德教育才不可能在一个无恶的“真空”中进行，试图回避或将生活里的恶剥离的道德教育是不完善的、不真实的，它不能培养出适应社会现实的道德人格。高职德育应承认生活中的恶存在的客观性，恶可能存在于学生自己的言行中，也可能在生活中不可避免地要遇到各种丑恶的事情。在教育实践中，不能轻率地对学生的言行举止进行道德评判，过分注重规则、纪律的限制和约束功能。我们需要帮助学生分析和了解学生自身和社会趋恶或成为恶之根源的内外缘由。学生对生活中恶的分析可以增强自己的善恶分辨力，从而正视恶，自觉地抵制和消除恶。

参考文献：

［1］晏辉．当代生活世界的价值哲学批判［J］．江海学刊，2004，(1)．

［2］鲁洁．在学习中找到通向生活的道路［N］．中国教育报，2002-09-10.

［3］中共中央编译局．马克思恩格斯选集：第二卷［M］．北京：人民出版社，1972.

［4］周辅成．西方伦理学名著选辑（上卷）［M］．北京：商务印务馆，1964：181.

［5］贾建祥．德润校园福泽师生［J］．中国德育，2011，（5）：52-55.

［6］F. M. 乌克提茨．恶为什么这么吸引我们［M］．万怡译．北京：社会科学文献出版社，2001，(34)．

论高校师生关系与礼的教育

张桃红

摘　要：师生关系从古至今一直受到人们的重视，在中国古代，尊师重教是师生关系的第一准则，学生尊敬教师，服从教师。近现代师生之间的关系经历了师生之间严重对立到“教师中心论”，再到良师益友的关系。但目前，高校师生之间出现了部分的畸变，其中一个很重要的原因是高校校园礼文化教育缺失。因此，高校应加强礼文化的教育，构建和谐的师生关系。

关键词：高校；师生关系；礼文化；畸变

师生关系，专指教师和学生之间的相互联系与作用，其中既有一般交往关系，也有心理关系、伦理关系、审美关系以及作为特殊交往的教与学的关系。在大学校园里，教师和学生是高校教育教学活动过程中的两个主要角色，前者通常被视为指导者，后者为学习者。作为教育教学活动中最重要的人际关系，师生关系从古至今一直受到人们的重视，可以说师生关系是教育科学研究与教育实践探索中的一个永恒的主题。

一、中国古代传统的师生关系

我国历史进程中对师生关系的认识有一个渐进的过程。春秋时期，“尊师重教”作为师生关系的第一准则。战国时期，荀子曾经提出“天、地、君、师、亲”，把君、师相提并论。西汉董仲舒提出了人们的一切举止言行，上下秩序都要“循三纲五纪”。（《春秋繁露·深察名号》）五纪

作者简介：张桃红（1972—），女，安徽池州人，池州职业技术学院副教授，法学硕士，研究方向为大学生思想政治教育。

之中，包含有师长有尊。师长关系作为五纪之一，一度上升到与“三纲”等量齐观的地位，是为了确定师道的社会地位和价值。自西汉以来，尊师礼制逐渐形成。下至普通的士人上至皇帝都尊师重儒。据《汉书·萧望之》记载：汉元帝初元二年冬诏曰，“国之将兴，尊师而重傅。故前将军望之傅联八年，道以经书，厥功茂焉。其赐关内侯，食邑八百户，朝朔望。”汉元帝对他的老师可谓尽了弟子之谊。尊师的存在，推动了社会礼制的建设和学习，崇尚礼仪的社会风气，礼学也得到很大的发展。礼学的代表作《礼记》里有多处尊师的描述，如“从于先生，不越路而人言。遭先生于道，趋而进，立正拱手，先生与之言则对，不与之言则趋而退”，“侍坐于先生，先生问焉，终则对”。唐朝韩愈的“师者，传道、授业、解惑也”，将教师誉为无所不知的楷模，学生绝对地服从教师。宋元时期，自宋代理学兴起，虽强调师道尊严，但是此时的师生关系表面上看似有序，实质上已经演变成为政治结盟关系。一个读书人未曾闻达之时，对于蒙师还可以尽师生之礼，一旦跃上龙门之后就会把蒙师丢到九霄云外，这是由各自社会地位变化之后形成落差引起的必然结果。为了标榜不忘师恩，于是他们就把会试的考官拜为恩师，假惺惺地恭执弟子之礼。如此举动不但可以博得好名声，同时更有利于编织官场上的关系网。所以历代的读书人都未能免俗，必然落入这个一石二鸟的窠臼。明清时期，书院制度还较盛行，书院实行自由择师的制度，学生往往是慕名而来，师生之间以道义相守，以诚相待。学生跟随老师的时间较长，也都加深了师生之间的感情，师徒如父子。比如，明代东林书院的师生共同关心时政，探讨学术，议论得失，结下了深厚的感情，他们在讽议朝政惨遭迫害的情况下，生死相随，矢志不移。在中国相当长的时期里，“师”不只是“有知识的人”，更是“高贵的，让人膜拜的偶像”。但中国古代师生关系是不平等的，强调师道尊严，忽视学生个性的发挥，这点在现代社会不值得提倡，但古代学生对教师的尊重在现代社会仍然有很强的现实意义。

二、中国近现代的师生观

五四时期，伴随着封建体制与传统的解体以及现代大学的兴起，师道尊严受到严重的挑战，甚至出现了北京女高师校长杨荫榆因教育方法失当而被学生驱逐的事件。“文化大革命”期间，师生关系严重对立，学生残酷迫害教师几乎是走到了反叛传统的尽头，教师一下子变成了“臭老九”。

20 世纪八九十年代以来，我国的师生关系出现了新的局面，由传统的“教师中心论”向“平等和谐的师生关系”的目标迈进，传统与质疑并存，继承与创新同在，师生关系逐渐成为良师益友的关系。但自九十年代末以来，全国高校全部实现并轨，缴费上大学的局面开始形成，加之高校扩招，师生关系的主流是民主的、平等的、和谐的，“尊师重教”是全社会的共同心声，师生关系总体出现教师敬业、乐教，学生尊师、好学，师生关系呈现良性发展的趋势。但也出现了不和谐的一面：学生遇到老师视若未见，擦肩而过；上课前，少有学生主动为老师擦黑板；在课堂上，不管老师讲得精彩或不精彩，下面的学生都没有任何反应，他们在课堂上各忙各的事。一边是老师批评如今的学生冷漠麻木，学风很差；另一边则是学生抱怨老师讲课枯燥干巴，毫无生气。反观中国古代传统的师生的关系，现代我国高校师生的关系已部分地出现了畸变。原因很多，如：市场关系对教育的冲击，社会转型中的价值迷茫，网络文化对交往模式的转变……笔者认为，其中一个很重要的原因就是高校校园礼文化教育的缺失。

三、礼的精神内涵

所谓“礼”，原本是人类原始时代的习俗系统。荀子从人的欲望无穷而物资有限的矛盾分析了礼的起源：“礼起于何也？曰：人生而有欲，欲而不得，则不能无求，求而无度量分界，则不能不争。争则乱，乱则穷。先王恶其乱也，故制礼、义以分之，以养人之欲，给人以求。使欲不必穷乎物，物不必屈于欲，两者相持而长，是礼之所起也。”（《荀子·礼论》）在古代，我们还将礼作为人与禽兽的区别，如在《曲礼》中讲：“鹦鹉能言，不离飞鸟；猩猩能言，不离禽兽。今人而无礼，不亦禽兽之心乎……是故圣人作，以礼以教人。使人以有礼，知自别于禽兽。”

礼作为一种文化模式，不但表现为政治制度、法律规范，而且还深入到人的性情以及道德意识当中，表现为日常生活中普遍通行的伦理规范。它不但从外在制度上维系着社会的整合，而且还以伦理道德的形式对人的思想意识进行指导，从观念上制约人。礼对人的控制是深入的、全面的。在我国古籍中有将礼的内涵区分为“礼之文”“礼之貌”“礼之容”“礼之质”“礼之实”等，而在儒家的礼文化中，又将其分为乐、义、仪、制、俗、教六种正义。现代的礼，是人类社会为了维系社会的正常生活秩序，而所需要共同遵循的一种行为规范。在现代社会，礼文化的区分大可不必如此烦琐，简单将其区分为礼仪和礼义：一个是礼的外在规范，包括礼俗、礼乐、礼物、礼貌等方面，一个是礼的内在精神，包括礼的内涵、精神实质及其历史。我国传统礼文化以追求全面和谐为目标，其中就包括人与人的和谐。高校礼文化教育可以塑造教师和学生，调节师生之间的关系。

四、加强礼文化教育，构建和谐师生关系

（一）学校是礼文化教育的主导者

20 世纪道德教育的一个失误就是将道德教育与生活的脱离，使发展人的德行的道德教育成为纯道德知识的教育。这种“美德袋”式的教育把受教育者变成了盛装各种美德的容器。它没有顾及学生的内心道德需求，没有将道德教育与社会需求和生活需求相结合，致使大学生言行分离，学校学的和在社会上用的是两码事。礼文化教育打破了大学纯理想式的道德教育，英国哲学家约翰克曾说过“美德是精神上的一种宝藏，但是使它们生出光彩的则是良好的礼仪；凡是一个受到人家欢迎的人，他的动作不独要有力量，而且要优美。……无论什么事情，必须具有优雅的方法和态度，才能显得漂亮，得到别人的喜悦。”[1]礼文化教育更加注重学生主体性，注重与现实生活的联系，更具有可操作性和实用性，有助于大学生内外兼修，成为表里如一的社会主义事业接班人。高校应该充分认识礼文化教育的重要性，把礼文化课作为学校的必修课，只有让学生知道什么是礼，什么是礼文化，才能让学生自外向内真正地尊师敬师。

（二）教师是礼文化教育的主动者

教师作为教育教学的组织者、实践者和指挥者，在礼文化教育中应发挥积极主动的作用。一方面，教师是礼文化的传播者；另一方面，教师又是礼文化的实施者。“学高为师，身正为范”，教师的一言一行将使学生耳濡目染。“内仁外礼”，“仁”是“爱”，“仁者爱人”。“礼”的内在精神是“情”、是“爱”，是“敬”，是人格的“尊严”。教师和学生在人格上是平等的，学生的生存权、发展权以及学生的思想、情感、意志和行为方式都应当受到教师的尊重。“没有爱就没有教育，没有爱教育是不能成功的，爱是连接师生情感的桥梁，是一切教育的基础。”[2]高校教师只有用真情去

关心爱护学生，做学生的良师益友。师生之间的和谐关系才能建立。美国著名教育学家卡尔·罗杰斯在《给学习自由》一书中说："在学习开始，教师的职业能力和渊博的知识、课程的组织、视听工具的使用和教学程序的决定、讲座质量的高低和参考书的多少，全不相干，尽管这些因素在某一时刻是有用的，甚至是有益的。但学习不靠这些，学习靠教育者和受教育者的相互关系，靠这关系之中的态度。"[3]教师的态度对学生的培养，对提高其全面素质，起着关键作用。

（三）学生是礼文化教育的受益者

教师是教育活动的主导，学生则是主体，师生之间和谐的关系的建立，需要教师爱护学生，学生尊敬教师，主动地亲近教师。"安其学而亲其师，乐其友而信其道，是以虽离师辅而不反也。"[4]亲近教师，可以安心学习，领会治国安邦的道理。"学莫便乎近其人，学之径莫速乎好其人。"[5]学生可以从教师那里吸取直接的经验，将教师作为自己效法的榜样。只有师生之间互爱互敬，学生才能尽可能地释放出所有的潜能，发展其天赋与个性，具备自主的意识与能力，从而进行自我教育、自我践行和自我评价，全面健康地发展。

参考文献：

[1] 傅任敢．约翰·洛克教育漫话［M］．北京：人民教育出版社，1957.

[2] 李春秋．高等学校教师职业道德修养［M］．北京：北京师范大学出版社，1999：148.

[3] 张行涛，郭东岐．新世纪教师素养［M］．北京：首都师范大学出版社，2003：50.

[4] 孔丘，孟轲．四书五经［M］．北京：北京出版社，2006：279.

[5] 王文东．心灵的教化［M］．成都：四川人民出版社，2002：185.

利用微博加强高校思政教育工作探析

李 艳

摘 要：微博是随着互联网技术的发展应运而生的一种社交工具，可以促进网络中的人际交往和沟通，在当今的生活中发挥着越来越重要的作用。大学生作为微博的重要用户群体，对微博的依赖性也越来越强；当代高校应该积极吸取微博的有利因素，通过微博来加强高校的思政教育工作。文章将主要以利用微博加强高校思政教育工作为主要切入点，对其进行简要的介绍，并为其发展作出相应的建议。

关键词：微博；思政教育；应用管理；网络环境

一、微博的含义及其相关作用

（一）微博的具体含义

微博是微型博客的简称，是基于用户关系的信息分享、传播以及获取平台，用户可以通过 WEB、WAP 以及各种客户端组建个人社区，以不多于 140 字的文字更新信息并实现即时共享。微博用户通过微博的利用可以在很短时间内，不需要精心的语言构思就能够将自己的情感体验以及自身的内心情感表达出来，并且可以做到即时互动与交流，在信息上与他人做到共享。微博由于具备很强的便利性和易操作性而受到了人们的广泛关注和应用，人们在微博的使用上可以体味到信息分享的乐趣，扩大了互联网应用对于生活的影响。并且其互动性强，也使得网民之间的交流和沟通更

作者简介：李 艳（1980—），女，安徽池州市人，池州学院马克思主义学院讲师，硕士，研究方向为大学生思想政治教育。

加便利、频繁。

（二）微博的相关作用

单单从技术方面来说，微博为网民们提供了丰富的社交功能，比如，微博的操作界面清晰简洁，而且对于操作技术来说没有明确的要求，简单易懂而且内容丰富。在微博中，只要点击“跟随”就可以收到“跟随”者发表的相关讯息，内容通常都是简短明了的易于人们的理解。并且微博的即时性较强，可以随时了解好友的相关状态和信息。由于具有种种的特点和优势，微博在短时间内迅速得到大量用户的支持，许多大的网站和互联网企业都有微博业务。微博日益成为一种网络上的时尚，成为每个网民生活中的一部分，在人们的生活交流方式中占据了重要的地位。

二、微博与当今高校之间的联系

（一）大学生群体成为微博的重要用户群体

作为新生事物，许多人开始都不敢尝试，而大学生作为思想比较先进和开放的群体，大胆地进行了尝试，并在尝试过程中体味到了微博带来的相关便利和功能；并逐渐成为微博的忠实用户，成为微博早期重要的用户群体。而且大学生对于新生事物接受程度较高、接受能力较强，在微博的产生到发展过程中都起到了非常大的促进作用。微博不仅成了大学生之间交流沟通的重要工具，也可以在一定程度上扩大学生们的知识面，掌握更多校园之外的讯息和新闻。而且微博在不断地发展中已经渐渐地成为一种网络用户所必须具备的条件和素质，使得大学生的微博用户群体正在不断增加。

（二）微博满足了高校学生对于个性的诉求

随着社会的不断进步与发展，大学生们也变得更加注重个性的诉求，个人意识和独立意识不断增强，渴求属于自己的空间和自由。而微博在很大程度上满足了大学生用户的相关需求，不仅使大学生们具备了自己的私人空间来表达情绪和情感，而且通过微博参加了更多的社会活动，在活动中进行交友和互动。在现实中，思想政治教育通常是以命令的形式要求学生学习，这在一定程度上使学生们产生厌烦、抵触的情绪。而通过微博进行相关的思想政治教育则可以很好地体现出学生们的个性化需求，不仅在教学形式中做到了创新，更满足了学生们的个性化要求，将指引学生正确地接受思想政治的教育。

（三）微博的应用拓宽了学生之间的交往渠道

当代大学生面临着严峻的就业压力和学习压力，对于生活和学习感到迷茫和困惑，继续得到一种健康的方式来进行释放，对自己内心压抑的情感予以表达。而微博的出现则在很大程度上填补了某种方式上的空白，为学生们释放情感找到了一条很好的通道。在微博上，学生们可以通过不实名的方式来表达一些内心的想法，不会受到现实情感上的束缚，使大学生更加自如、更加畅快地进行与他人的交流和沟通。在网上，每个网民都可以以平等的姿态来进行相关问题的探索，在相关的领域上进行交流，也可以就某个学习问题进行一定的探究。总之，微博可以使我们在网上更加自由地交流，而不会受到现实中的种种困扰；当然，前提是在法律所准许的范围之内。

（四）微博对于高校学生的学习具有重要的影响

尽管微博的出现为学生们带来了很大的便利和体验，但也随之带来了许多问题。微博作为一种功能性的应用软件，可以使学生们进行精神上的放松，但也会对学习产生重要的影响。当然，这种影响也是双面的：一方面，学生们可以通过微博探寻到更多的知识，丰富自己的头脑，开阔自己的视野，使自己的学习得到一定程度的提高和进步。但另一方面，由于学生们对于微博的过度依赖，并且随着微博技术的日新月异，手机、平板电脑等各种电子设备都可以进行微博的应用，使得他们在课堂上也会沉迷于微博。不仅会影响到学生们的课堂效率，也会动摇学生们的价值观念和信仰，甚至严重阻碍学生们的发展。

三、微博在高校思政教育中的具体应用

（一）以微博为载体进行思政方面的知识教育

但微博在总体上来说是利大于弊的，因此各高校要充分抓住微博的有利因素进行相关的教育与应用，如何运用好微博也成了各高校的重要任

务。在高校的思政教育上，由于其教育内容而忽视，教育方式一直存在很强的传统性和乏味性，因而学生们对于思想政治教育的学习热情不够强烈，学习效率也得不到有效的保证。针对于这一问题，高校可以通过对微博在学生群体中的运用情况来加以有效的解决，在高校的思政教育中运用微博这一技术手段，将在很大程度上提升学生们对于思想政治的学习热情和兴趣，进而带动整个学校的思想政治学习氛围。但在微博的具体应用中，一定要做好以微博为载体的具体相关工作，使微博和思政教育做到有机的结合，通过微博能够将思想政治所讲授的内容清晰地表达出来，并为学生们所接受。

（二）要正确掌握微博，根据微博的特征进行思政教育

微博还具有分散性较强、更新速度快、不宜集体控制等特点，给思政教育带来了许多困难和障碍。高校的教育工作者一定要正确地认识微博，了解微博的相关特征和特性，巧妙地将微博手段与思想政治教育进行综合利用。要加强微博对于学生们的舆论引导，使学生们树立正确的人生观、价值观，并在利用微博进行政治理论的学习时可以找到有效的学习方法和手段。同时，要教育学生，在使用微博时要有自己的独到见解，在学习中也同样如此，不应一味地模仿照抄，要具有一定的创新精神。

（三）通过微博的相关应用，提升学生们的和谐沟通能力

当代大学生大多数是独生子女，因此个性较强，缺乏应有的人际沟通，人际交往能力不强，他们往往以自我为中心。而微博有其自身的特点。因此，学校通过微博进行思想政治教育，可以使学生们加强彼此间的交流，从而在一定程度上有助于这类问题的解决。对于那些学习难度较大的任务、理解不够透彻的地方，学生们可以互相探讨，通过集体的努力来完成。

（四）通过微博将思想政治教育的渠道拓宽

微博具有较强的互动性，通过微博进行思政学习可以加强师生之间的交流和互动；传统的思想政治教育是通过教师的讲授进行教育，学生们在学习过程中会觉得乏味、无趣，而微博的应用则在很大程度上拓宽了思政教育的教育形式，是我国思想政治教育模式的一种转变，在一定程度上改变了我国传统教育的模式。虽然这种模式不足以改变当前我国教育事业面临的一些问题，但是对于学生的学习与发展有着非常重要的推动作用。这

种注重学生情感、态度、价值观形成的学习方法更加具有针对性，使学生可以在学习的过程中既掌握了学习的方法，又培养了人际交流与沟通的能力，故而更为符合我国的人才培养模式。

四、在利用微博加强高校思政教育时所需注意的问题

（一）加强微博环境的整治，营造一个健康的网络氛围

虽然互联网给人们的生活和学习带来了极大的便利，但其中也存在着许多有形或无形的障碍。计算机网络技术安全应该是运营商、安全企业和用户互动的结果。虽然计算机网络日益平民化，但是网民的安全意识并不强，使得网络环境中出现了许多不良的现象和影响。为此相关部门一定要做好相关的网络维护工作，保障网络环境的安全性和健康性，为广大网民营造一个健康的网络氛围。同时，个人也要增强网络安全意识，安装主流杀毒软件和防火墙，并且做到及时修补系统漏洞，保证个人的信息安全。

（二）应对网络的发展，提升学生们的网络道德

网络虽然是一个虚拟的环境，但其中也需要相应的道德素质规范，需要我们去认真学习相关的网络德育。这不仅是网络发展的需要，也是思想政治教育的要求，网络道德已日益成为大学生德育教育的重要组成部分。今年来，微博的用户大幅增加，但网民的素质却也参差不齐，教育者要严格要求大学生树立正确的价值取向观，避免受到网络上不良风气的影响，进而影响到思想政治教育的实效。在进行微博互动学习中，一定要提高学生们的思想道德水平，达到思政政治教育的真实目的。

（三）做好相关教育制度体系的建设

要不断构建和完善相应的制度体系，以保证运用微博进行思政教育。科学合理的制度体系不仅可以指导利用微博方式进行思政教育，减少学习过程中的问题和障碍，更为学生们学习的质量提供了重要的标准和相应的依据。因此，构建一套科学合理的教育体系，将在很大程度上影响高校思政教育的成效。同时还要大力引进有关的先进科学理论，不断丰富当前的制度理论体系；在教学手段方法上也不应仅仅局限于微博的利用，凡是对学生们学习思政知识有助力的技术手段，都应予以积极的吸取，并大胆地

启用。

（四）通过微博的平台扩大思政教育的影响力

微博是一个传播平台，也是一个内容自创的平台，它可以使大家成为内容的制造者、见证者、传播者及评论者，不仅在虚拟的网络环境中占有重要的位置和分量，在我们现实生活中同样具有很强的影响力。微博世界里的思想政治教育，不仅可以使学生们更加扎实地掌握思政理论，而且可以通过微博这个媒介平台，进行思政教育的宣传和推广，扩大思政教育的影响力，使越来越多的人了解思政教育的内容。这在提升了高校学生思政学习效率的同时，也带动了整个社会的思政教育。

总之，微博作为一种信息的载体和交流沟通的工具，无论是在休闲娱乐上还是学习交往中都能带来巨大的促进作用，我们一定要利用好微博这种手段，通过微博来加强高校的思政教育工作。

参考文献：

[1] 王曙光，王玲玲．大学生思想政治教育的有效性提升及制约因素分析［J］．中共银川市委党校学报，2009，(1)．

[2] 曹宣明，高欢．红色影视作品的思想政治教育功能及其实现路径［J］．青少年研究（山东省团校学报)，2011，(03)．

[3] 范芸芸，毕莹．为大学生思政教育围上一条温暖“围脖”——浅谈微博与大学生思想政治教育［J］．科技资讯，2010，(21)．

[4] 蔡永海，陈哲．微博式交往对大学生思想政治教育功能的强化［J］．河北师范大学学报（哲学社会科学版)，2013，(02)．

[5] 方宏建，杜亮．以微博为载体开展大学生思想政治教育探析［J］．国家教育行政学院学报，2011，(01)．

[6] 孙宜山．微博在高校思想政治教育工作中的应用研究［J］．山东省青年管理干部学院学报，2010，(06)．

[7] 仲兆京，宣扬，史永庆，等．突出人本创新形式打造特色形成合力努力做好大学生思想政治教育工作［J］．中国高等医学教育，2006，(07)．

新时期高校大学生主流意识形态建设研究

俞念胜

摘　要：大学生是祖国的未来、民族的希望，大学生主流意识的建设是新时期中华民族伟大复兴和实现中国梦视域下的重要内容，也是坚持走中国特色社会主义道路的必然要求。我国现阶段正处于社会转型期的关键时期，高校大学生的主流意识形态容易受到西方各种思潮和新兴媒体的冲击，高校应在社会主义核心价值观培养、思想政治理论课、校园文化、思想政治教育工作方法等方面下功夫，提高主流意识形态建设的实效性，从而更好地构建大学生主流意识形态体系。

关键词：大学生；主流意识形态；建构

习近平同志在全国宣传思想工作会议上指出："经济建设是党的中心工作，意识形态工作是党的一项极端重要的工作"；"宣传思想工作就是要巩固马克思主义在意识形态领域的指导地位，巩固全党全国人民团结奋斗的共同思想基础"；"党校、干部学院、社会科学院、高校、理论学习中心组等都要把马克思主义作为必修课，成为马克思主义学习、研究、宣传的重要阵地"[1]。讲话阐明了新形势下建设意识形态工作的紧迫性和重要性。高校不仅是意识形态建设激烈斗争的前沿阵地，同时也是培养中国特色社会主义建设者和接班人的重要场所。因此，大学生的主流意识形态的建设和如何建构大学生主流意识形态，是摆在高校德育工作者面前的重要的课题。

作者简介：俞念胜（1984—），男，安徽贵池人，池州学院马克思主义学院副教授，法学博士，研究方向为高校党建与思想政治教育。

一、加强大学生主流意识形态建设的必要性

“意识形态是一定社会的阶级、集团基于自身利益对现存社会关系自觉反映而形成的认知体系，由一定的政治、法律、哲学、道德、艺术、宗教等社会学说及观点所构成，反映了一定阶级或集团的利益取向和价值取向，并为其服务，成为其政治纲领、行为准则、价值取向、社会思想的理论依据。”[2]我国社会的主流意识形态是以马克思主义为重要内容和理论指导的。毛泽东同志曾指出：“一定的文化（当作观念形态的文化）是一定社会的政治和经济的反映，又给予伟大影响和作用于一定的社会的政治和经济。”[3]可见，主流意识形态对社会存在有着反作用，而且主流意识形态建设问题也是关乎中华民族伟大复兴的实现。大学生主流意识形态的教育是当前国际形势复杂化的客观要求，是不断提高大学生坚定马克思主义理想信念的重要保证。

（一）主流意识形态建设的重要性

早在十六届四中全会上，胡锦涛同志就指出：“意识形态领域历来是敌对势力同我们激烈争夺的战略要地，如果这个阵地出了问题，就可能导致社会动乱，甚至丧失政权。”[4]大学生主流意识形态的建设不仅是中国现阶段经济发展的客观要求，同时也是构建和谐校园的重要内容。大学生是中国特色社会主义事业的建设者和接班人。江泽民同志曾经指出：“马克思主义政党只有赢得青年，才能赢得未来”[5]。大学阶段是人生的黄金阶段，其意义在于这个阶段是大学生“三观”形成的关键时期，是大学生接受主流意识形态的最优和最有效时期。

因此，对大学生进行主流意识形态的教育，有助于大学生正确认识社会的发展规律和复杂现象，是坚持走中国特色社会主义道路的必然要求。

（二）大学生的思想变化

在当前高校中，部分大学生的主流意识形态淡化是一个不争的事实。在经济全球化和改革开放的过程中，有些大学生对中国国情和历史缺乏全面的了解，对西方社会也缺乏系统的整体把握，在认识过程和具体事物发展过程中盲目崇拜西方社会的社会制度和价值观，出现了“物质至上、金钱万能”等错误认识和社会主义的意识形态淡化现象。

当前我国在校大学生有2000多万，大学生对主流意识形态的认同与否也被看作影响我国高校大学生思想政治教育工作实效性的重要指标。总的来说，目前大学生对涉及我国国家尊严和国家利益等原则性问题都表现出了浓厚的爱国热情和大学生应有的社会责任感。但是，受某些因素的影响，部分大学生对我国社会中出现的一些热点问题比较敏感，对于这些热点问题的认识差异性是导致大学生思想变化的重要原因，也为主流意识形态的认同和建立带来了消极的影响。鉴于大学生的思想变化，构建大学生主流意识形态至关重要。

二、当前大学生主流意识形态建设面临的挑战

随着改革开放的不断深入发展，我国以马克思主义为主要内容和指导思想的主流意识形态面临着西方的思想以及以网络发展为代表的新兴媒体的冲击。在高校中，大学生是接触各种思想和新兴事物的主体。要科学地建构主流意识形态，保持主流意识形态的严肃性，就必须重视当前所面临的挑战。

（一）西方思潮对大学生的错误干扰

随着改革开放的不断深入，西方社会所谓的“自由、民主、平等”的价值观对我国大学生的思想造成了冲击。“意识形态终结论的鼓吹正是为资本主义意识形态进行辩护，企图把历史的终结点引向资本主义，引向西方式的自由民主制度。”[6]西方国家的和平演变企图从来没有停止过，西方国家在意识形态终结论的思想下，打着“意识形态淡化”的幌子，兜售自由主义、民主主义思想，使大学生主流意识形态的建设面临复杂的挑战。

“在西方国家向社会主义国家发动进攻的过程中，有一个趋势，即由‘军事进攻’为主逐渐转为‘和平演变’为主，而‘和平演变’的核心又集中在意识形态领域，因此，意识形态因素被提到了最核心、最关键的地位。”[7]因此，当前我们在建设大学生主流意识形态的同时，要坚决反对西方国家提出的所谓“普世价值观”。

（二）新兴媒体的传播方式弱化了大学生主流意识形态的权威认同

新兴媒体是以“网络”平台为标志的媒体。新兴媒体是一把双刃剑，它给大学生的学习、生活提供便利的同时，也给高校的主流意识形态建设

带来了一系列的冲击。“网络正深刻地影响和改变着人们的生活方式和思维方式。随着网络的进一步普及，现代社会人们对网络的依赖程度将日益增强。网络技术的发展及广泛运用，给新时期的思想政治工作带来了挑战与机遇。”[8] 中国互联网络信息中心（CNNIC）发布的第 32 次《中国互联网络发展状况统计报告》显示，截至 2013 年 6 月底，我国网民规模达到 5.91 亿，较 2012 年底提升 2%；我国手机网民规模达 4.64 亿，较 2012 年底增加 4379 万人。在新增加的网民中，使用手机上网的比例高达 70%，高于使用其他设备上网的网民比例[9]。其中，大学生是网民的主力军。可以看出，在信息化程度越来越高的今天，我们不能阻止信息化的发展，这就要求我们主动地适应这一变化，充分运用网络这一新兴媒体，做好舆论引导，为主流意识形态的建设扫清障碍。

三、当前大学生主流意识形态建设的路径

大学生是祖国的未来和民族的希望。在当前社会转型期，大学生的主流意识形态建设关乎国家的前途和命运。然而主流意识形态的建设在新的阶段也要采用新的方法、新的思路，促使大学生在意识形态建设认同问题上的实现从自发到自觉地转变，才能确保主流意识形态的建设教育的实效性。

（一）发挥社会主义核心价值观的引领作用

党的十八大报告指出，倡导“富强、民主、文明、和谐，倡导自由、平等、公正、法治，倡导爱国、敬业、诚信、友善，积极培育社会主义核心价值观”[10]。高校是各种社会思潮的汇聚地，在高校中对大学生进行社会主义核心价值观的培育工作，可以使大学生形成对马克思主义信仰的认同，形成正确的思想政治面貌。具体来说，在高校中，要提升社会主义核心价值观的影响力，不仅仅是让学生记忆这简短的二十四个字[11]，更重要的是大学生要学习消化具体内涵，认清三个方面的关系，这样才能不断凸显主流意识形态的主导功能。

（二）发挥好思政课的主渠道作用

我国的思想政治课经历过几次改革，最近一次改革形成的“05 方案”把高校思想政治理论课概括为“4+1”五门课。包括“思想道德基础和法

律基础”“毛泽东思想和中国特色社会主义理论体系”“马克思主义基本原理概论”“近代史纲要”“形势与政策”。高校思想政治理论课是大学生在校期间接受主流意识形态教育的重要载体，也是影响大学生形成世界观、人生观、价值观的重要场所之一。要发挥好思想政治教育的主渠道、主阵地的作用，思政课教师必须加强自身各方面建设，首先要树立正确坚定的理想信念，加强理论学习，这样才能做到讲授思政课有理有据；其次要不断总结，创新教学模式，真正做到理论联系实际。思政课的实效性如何，是判断大学生对主流意识形态认同的重要标准，一堂优秀的思政课可以使大学生增强坚定共产主义信念、坚定中国特色社会主义道路的责任感。

（三）发挥校园文化的促进作用

校园文化作为高校精神文明建设的重要内容，是高校主流意识形态建设的重要外部条件之一。“高校校园文化主要指以大学生特有的思想观念、心理素质、价值取向、思维方式等为核心的，以具有校园特色的人际关系、生活方式、行为方式，以及由大学生参与创办的报刊、讲座、社团、沙龙以及其他文化设施为表征的精神环境、文化氛围。”[12]其中要注意高校大学生“理论社团”在主流意识形态建设过程中的重要作用，大学生自主创办的理论社团在一定程度上形成大学生的自觉认同，通过“理论社团”这一特殊的载体可以优化大学生主流意识形态建设的模式。

（四）优化思想政治教育工作方法

思想政治教育方法的科学化、艺术化水平在一定程度上影响着大学生的主流意识形态建设，在当前中华民族伟大复兴的新阶段，我们要开展中国特色社会主义宣传教育。列宁曾指出：“工人阶级本来也不可能有社会民主主义的意识，这种意识只能从外面灌输进去。”[13]大学生主流意识形态的教育需要高校德育工作者通过思想政治教育来完成，但以往的填鸭式的说教和古板的思想灌输对于大学生接受主流意识形态的实效性不强。高校应创新思想政治教育方法的多样性，可以通过教师组织，学生自主参与讨论、演讲等多种方式提升主流意识形态建设的效果。

大学生主流意识形态建设教育工作是当代我国高校非常重要的思想政治工作，也是精神文明建设的重要内容。胡锦涛同志曾强调：“要深入进行党的基本路线、基本理论、基本纲领和基本经验的教育，提出要坚持马克思主义在意识形态领域的指导地位，不断巩固党和人民团结奋斗的共同思想基础。”[14]大学生主流意识形态建设必须毫不动摇地坚持以马克思主义理论为指导，充分认清当前国内外形势，运用科学的方法提高大学生对主流意识形态的认同，使大学生自觉践行主流意识形态。

参考文献：

[1] 习近平. 在全国思想宣传工作会议上的讲话 [N]. 人民日报，2013-08-21.

[2] 张雷声. 论社会主义社会主流意识形态 [J]. 马克思主义研究，2008，(4)：37.

[3] 中共中央文献编辑委员会. 毛泽东选集（第二卷）[M]. 北京：人民出版社，1991：663.

[4] 中共中央文献研究室. 十六大以来重要文献选编 [M]. 北京：中央文献出版社，2006：318.

[5] 中共中央文献编辑委员会. 江泽民文选：第 3 卷 [M]. 北京：人民出版社，2006：487.

[6] 张才国. 新自由主义意识形态 [M]. 北京：中央翻译出版社，2007：17.

[7] 郑永廷，叶启绩，郭文亮. 社会主义意识形态研究 [M]. 广州：中山大学出版社，1999：290.

[8] 骆郁廷. 思想政治教育原理与方法 [M]. 北京：高等教育出版社，2010：184.

[9] 中国互联网络发展状况统计报告 [EB/OL]. http://www.022net.com/2013/7—18/437034282852012.html.

[10] 胡锦涛. 坚定不移沿着中国特色社会主义道路前进为全面建成小康社会而奋斗——在中国共产党第十八次全国代表大会上的报告 [N]. 人民日报，2012-11-18.

[11] 陈梦圆，王勇，冯泽明. 论高校主流意识形态阵地的建设与管理 [J]. 黑龙江高教研究，2013，(7)：28.

[12] 陈国强. 简明文化人类学词典 [Z]. 杭州：浙江人民出版社，1990：180.

[13] 中共中央编译局. 列宁选集：第 1 卷 [M]. 北京：人民出版社，1972：247.

[14] 胡锦涛. 在纪念毛泽东同志诞辰 110 周年座谈会上的讲话[M]. 北京：人民出版社，2003：19.

浅析高校思想政治理论课教学改革

俞念胜

摘　要：思想政治理论课在大学生思想政治教育工作中发挥着非常重要的作用，在新时期，高校如何提高思想政治理论课的实效性是做好大学生思想政治教育工作的前提和基础。因此，应加强和创新思想政治理论课教学，把二者有机结合起来，切实做好思想政治工作。

关键词：思想政治理论课；大学生思想政治教育；实效性

中宣部和教育部为了全面贯彻和落实《中共中央国务院关于进一步加强和改进大学生思想政治教育的意见》（中发〔2004〕16 号），于 2005 年联合颁布了关于高校思想政治理论课改革的“实施方案”（简称“05 方案”）。根据“05 方案”的具体要求，全国高校从 2006 年下学期开始，原来 8 门高校思想政治理论课整合为“4+1”的五门课程体系，即思想道德修养与法律基础、毛泽东思想邓小平理论和“三个代表”重要思想概论（2008 年更名为毛泽东思想和中国特色社会主义理论体系概论）、马克思主义基本原理概论、中国近现代史纲要和形势与政策，这就标志着我国高校思想政治理论课课程改革已经进入一个崭新的阶段。

一、当前高校思想政治理论课存在的问题

高校思想政治理论课是大学生思想政治教育的主阵地、主渠道，同时也是推进大学生思想政治教育系统工程中的重要一环。可以说，作为主体的教师，在学生思想政治教育工作中担负着重要的责任和任务。从当前全国高校思想政治理论课教学现状来看，思想政治理论课教师面对着一系列

作者简介：俞念胜（1984—），男，博士，池州学院马克思主义学院副教授，研究方向为比较思想政治教育、高校党建和思想政治教育。

的问题。具体来说主要问题有：

（一）思想政治理论课教学内容相对单一

对于新时期的大学生而言，思想政治理论课教学内容相对滞后，主要表现为思想政治理论课教学内容相对单一，落后于大学生的思想实际。在高校思想政治理论课教学过程之中，还存在着有些学生上课只是简单地为了应付学校的考试，这样更不能使思想政治理论内化转变成为大学生的精神信仰。如果大部分学生上课只是为了应付期末考试，这种情况无疑会制约思想政治理论课的教学效果以及学生的思想道德修养的提高。

（二）思想政治理论课教学方法欠佳

当代大学生处在一个新时代、新时期，他们的思想特点具有明显的新时期特征。具体而言，他们在认识事物、处理事情方法上偏重于直观化，越来越注重自己个性的发展，从而不重视理论知识的学习，而更倾向于形式多样、双向互动的教学模式。而当前大部分高校思想政治理论课教师还是坚持课堂讲授和理论灌输的教学方式。由于这种教学方式的局限性，教学方法相对单一，在一定程度上忽视了课堂内学生的想法，导致有些学生对思想政治理论课提不起学习兴趣甚至产生逆反心理。

（三）思想政治理论课课堂实效性不强

目前来说，一方面，各高校都存在着思想政治理论课教师配备不齐、教师资源短缺，很多学校采用“合班教学”模式。“合班教学”模式通常由2~4个不同班级、不同专业的学生组成一个班级，由于上课人数过多（有些学校合班人数达190人），教师在授课过程中，适合学生比较感兴趣的教学方法难以实施，教师与学生之间的互动难度提高。有些学校教师还要受制于教学多媒体，从而导致课堂秩序往往难以维护，提高了师生间的互动，这样在某种意义上既大大减弱了教与学的乐趣又不利于学生思想道德、成长成才的提高。另一方面，在部分高校，有的教师为了在教学过程中吸引学生听课，有的时候甚至为了迎合学生心理，往往不是循序引导学生深入思考相关原理、灌输相关理论，而是把课堂大部分的时间都用在讲故事、说笑话上，使得思想政治理论课变成了“聊天课”，以致学生认为思政课不重要。这样的课堂教学方法已经严重偏离了“思想政治理论课”的教学目标和任务，背离了当前思想政治理论课知识型与信仰型教学特点。

二、如何提高思想政治理论课的实效性

（一）改变传统的教学模式，实行全新的课堂模式

传统教学模式把课堂上教师讲授作为主要的内容，而现代教育的观念是“以学生为本”，主张将学生能力的培养放在第一位，人的全面发展是国家教育的出发点和归宿，应把人的和谐与学生全面发展放在第一位。思想政治理论课教学的第一要义不是简单地按照书本传授给学生基本的知识、理论、观点，更重要的是培养能积极向上、具有较强的综合素质和有实践创新能力的大学生。因此，思想政治理论课课堂教学要真正达到它的教学目的，就必须实行全新的课堂模式，教师要发挥自己的主观能动性，分层、分级地针对不同专业的学生开展教学。

（二）改变传统教学模式，坚持教学多样化

长期以来，高校由于受到传统的教育理念、教育模式的约束，尤其是教师在讲台上单向的向学生灌输知识，并且以期末考试分数作为衡量学生掌握教材、学习课程的重要的唯一标准。这样的教学即达不到原有的教学目的，也有失公平。对于高校思政理论课教学来说，虽经常提起教学改革，但传统教育背景下的思想政治理论课教学，仍采用教师讲解、学生听课记笔记的方式，学生提不起兴趣，如今也难以适应现代教育和科学技术发展的全新要求。对于新时期的现代教育新理念，我们在对思想政治理论课教学改革问题上应把传统的“学术型”“讨论型”“研究型”“辩论型”“案例型”等等这些形式结合起来。

三、切实做好思想政治理论课与大学生思想政治教育相结合

（一）突出思想政治理论课课程的主渠道功能

大学生的思想政治教育工作与思想政治理论课是紧密联系在一起的，两者之间应做到合理最优的结合才能发挥相应的功能。目前来说高校的基本教学理念是以学生为本，一切为了学生，为了学生的一切，但在具体的实施过程中各自的德育环节之间还缺乏相应的联动机制，这也在一定程度

上对教学有制约影响。作为大学生思想政治教育工作的主渠道之一的思想政治理论课课堂，应与学生在校期间开展的日常活动实践相结合，这样才能保证和提高思想政治理论课课堂教育的实效性。

（二）加大力度开展实践教学环节

高校思想政治理论课必须实事求是、坚持理论联系实际。学生在课本上学习到的相关原理、观点和方法，只有与现实中的实际问题相结合，才能更好地为学生所掌握。近几年，各高校的思想政治理论研究部与学校各职能部门，与学校的团委、各系团总支相互联系、相互协调，把学生日常开展的文体活动、志愿服务活动作为思想政治理论课的实践教学，将其纳入教学计划，进行规范化管理。

（三）进一步改进思想政治理论课的考试改革

传统的各高校的思想政治理论课的考试在新时期还是闭卷考试多，开卷考查少；相对来说开放式的考试如提交论文、考查还是比较少。这样的考试模式在一定程度上制约了思想政治理论课育人功能的发挥。因此，各高校应对思想政治理论课课程的考核进行改革，主要是要把学生在校期间的劳动课和平时班级回答问题结合平时的思想道德实践活动涵盖进去，实施全方位考核模式，严格执行全校统一考试制度。只有不断改进考试方法，把平时考查与期末考试结合起来，把理论学习与校外的社会实践结合起来，以此加大平时成绩考查的比例，这样才能增强了思想政治理论课的吸引力和有效性。

高校思想政治理论课肩负着育人的崇高使命，我们要把高校思想政治理论课建设成为大学生真心喜爱、终身受益、毕生难忘的一门优质课程。因此，一方面要加强思想政治理论课课堂教学；另一方面还必须紧跟学生的实际需要，把教学与学生的日常思想政治教育紧密结合起来，使二者相互联系、相互作用，形成良好的高校思想政治理论教育的有利环境，充分发挥思想政治理论课在大学生思想政治教育工作中的重要作用。

参考文献：

[1] 胡飒．角色理论视野下高校思想政治理论课教学方法探析 [J]．学校党建与思想教育，2009，(5)：43.

[2] 张套锁．思想政治理论教学探索 [J]．河北大学成人教育学院学报，2009，(1)：98-99.

试论新形势下地方高校思政课建设

——以池州学院为中心

祝中侠

摘　要：新形势下地方高校思政课建设，应采取以下措施：在师资队伍建设上，不断壮大教师队伍，提高整体素质；在教学方法改革上，建立“三位一体”的思政课教学体系；在学科建设上，依托教研室推动马克思主义学科建设。

关键词：思政课；师资队伍；教学体系；学科建设

习近平总书记在2016年12月7—8日召开的全国高校思想政治工作会议上指出：“我们的高校是党领导下的高校，是中国特色社会主义高校。办好我们的高校，必须坚持以马克思主义为指导，全面贯彻党的教育方针。要坚持不懈传播马克思主义科学理论，抓好马克思主义理论教育，为学生一生成长奠定科学的思想基础。”加强高校思政课建设，是深入贯彻全国高校思想政治工作会议精神的必要举措，是切实加强和改进大学生思想政治教育工作的重要内容，也是推动高校马克思主义学院建设的主要组成部分。一句话，思政课建设是发挥高校思想政治教育主渠道作用的核心要义，是高校思政工作的永恒主题。为此，笔者结合我校实际，就如何加强思政课建设谈谈自己的一些不成熟想法。

作者简介：祝中侠（1963—），男，安徽太湖人，池州学院马克思主义学院院长，副教授，研究方向为中国近现代史基本问题研究。

一、在师资队伍建设上，不断壮大教师队伍，提高整体素质

由于多种历史原因，池州学院在同类型高校中，起步偏晚，升本较迟，除硬件设施方面因基础薄弱投入有限外，师资队伍建设也处于从数量到质量上都需要进一步加强的时期。池州学院马克思主义学院成立于2016年7月，其前身是2013年设置的池州学院思政部，负责全校的思想政治理论课教学。如何建设一支专职为主、专兼结合、数量充足、素质优良的思政课师资队伍，这是值得我们认真思考的一个问题。为此，笔者认为采取以下几种途径，可以在一定程度上减缓思政课师资队伍的压力。

（一）加大引进思政课专业人才力度

为进一步贯彻全国高校思想政治工作会议精神，2017年2月，中共中央、国务院印发了《关于加强和改进新形势下高校思想政治工作的意见》（以下简称《17意见》），其中指出："要加强教师队伍和专门力量建设……要完善教师评聘和考核机制，增加课堂教学权重，引导教师将更多精力投入到课堂教学上。"高校思想政治工作的主渠道是课堂教学，课堂教学的中坚力量是思政课专职教师。因此，加大思政课专业人才的引进力度就显得至关重要。根据2015年9月10日教育部颁发的《高等学校思想政治理论课建设标准》（以下简称《15标准》）的规定和要求，高校思政课专职教师的选配标准，"原则上应是中共党员，并具备马克思主义理论相关学科背景硕士以上学位"。由此，我们建议，在学校一年一度引进师资力量计划中，学校应采取倾斜政策，选聘一批具有思想政治教育学科背景、德才兼备的博士或优秀硕士，充实思政课教师队伍。在选聘过程中，必须严格按照思想政治理论课教师任职资格标准，严把教师选配的政治关、资历关、能力关，不能有"硬伤"。这样，几年下来，学校既增加了思政课专业教师人数，又优化了思政课专职教师队伍。

（二）注重政治辅导员引进导向

政治辅导员既是高校学生思想政治工作的主力军，也是思政课教师队

伍的重要后备军。由教育部颁布并于2006年9月1日起施行的《普通高等学校辅导员队伍建设规定》（以下简称《06规定》）中也明文规定：“专职辅导员可按助教、讲师、副教授、教授要求评聘思想政治教育学科或其他相关学科的专业技术职务。”应该说，《06规定》的颁布和实施，在一定意义上为高校政治辅导员充实思政课教师队伍开拓了空间，也为政治辅导员在高校中的发展轨迹和业务走向定了基调。但是在实际工作中，由于思政课教学的任职资格和刚性需求，使得政治辅导员必须具有相同或相近的学科专业背景，方能胜任高校思政课教学。正如中宣部、教育部2015年7月颁布的《普通高校思想政治理论课建设体系创新计划》（以下简称《15创新计划》）中明确指出的“鼓励支持辅导员班主任骨干兼任思想政治理论课教师”。

（三）将“走出去”与“请进来”相结合

“走出去”就是学校及马克思主义学院按教育部要求，贯彻落实思政课教师队伍培养规划，研究制订具体实施计划，对现有专兼职思政课教师进行各种类型的教学培训和观摩学习，这对思政课教师尤其是教龄短、经验不够丰富、教学方法和水平有待改进提高的年轻教师来说，是一种事半功倍的“短平快”途径。“走出去”既指走出校门，让思政课专兼职教师到思政课教学有一定影响力的省内外高校或相关培训中心进行教学观摩和培训学习，同时也要求“后发”教师克服闭门造车的弱点，“走出自我”封闭圈子，在学校内深入优秀教师教学课堂“拜师学艺”，使之在优秀教师传帮带之下尽快“出师”，独当一面开展课堂教学。

“请进来”主要指聘请外校思政课教师或校内思政课退休教师以及社会上有一定影响力的专家学者、党政领导干部和先进人物等作为我校思政课（包括形势政策课）特聘教授，进一步充实和拓展学校思政课师资队伍。按照《15创新计划》关于建立思政课特聘教授制度的精神和要求，根据实际需要制定相应政策，“设立思想政治理论课兼职教师岗位，制定思想政治理论课特聘教授任职标准，聘请符合条件的专家学者、党政领导干部和先进人物等兼任思想政治理论课教师”。

（四）明确党务工作者的“双重身份”

高校党务工作者身处学校各个领导和管理岗位，他们中绝大多数人理论素养高、阅历丰富，对思政理论解读能力强，加上其领导、管理者身份，在学生中具有独特的影响力和感染力。为此，《15 创新计划》要求“高校所有校领导要带头讲思想政治理论课”，《17 意见》则明确指出：“高校思想政治工作队伍和党务工作队伍具有教师和管理人员双重身份，要纳入高校人才队伍建设总体规划”。

二、在教学方法改革上，建立“三位一体”的思政课教学体系

思想政治理论课是高校思想政治工作的主渠道，把思政课建设成为大学生真心喜爱、终身受益的课程，是高校思政工作者尤其是思政课教师的职责和政治任务。毋庸讳言，思政课对学生“三观”的潜移默化作用是不言而喻的，确实能够让学生终身受益，在学生中也是得到认可的。但能否让学生真心喜爱，则是一个需要我们冷静思考的问题，首先，在多元文化语境下，学生对政治思想理论的接受是被动的，简单的理论灌输难以达到应有的效果；其次，对高校学生而言，思政理论课不是全新的学科课程，其基本理论学生在中学时代已经接触和了解，缺少新鲜感；再次，思政课毕竟不属于专业课，对学生专业知识和实践能力的培养以及就业竞争力的提高等，难以起到立竿见影的作用。因此，学生不可能将思政课与专业课同等对待，这是高校思政课教学面临的现实与共同困惑。那么，怎样在思政课教学方面取得突破，让学生接受它，进而喜爱它？我认为关键的路径就是在教学方法上下功夫，在教学形式和内容上改革传统的教学方法，让学生在焕然一新的教法中领略思政课别样的风采和魅力。正如《15 创新计划》中所倡导的：“积极培育和推广优秀教学方法，建设理念科学、形式多样、管理有效的思想政治理论课课堂教学体系……统筹课堂教学、实践教学、网络教学建设，充分发挥课堂教学的主渠道作用和实践教学、网络教学的有效补充作用，积极开展高校思想政治理论课综合改革试点探索。”

一是在教学方式上，实施思政课“专题讲座法”。习近平总书记在全国高校思政工作会议上明确指出：“做好高校思想政治工作，要因事而化、因时而进、因势而新……要用好课堂教学这个主渠道，提升思想政治教育的亲和力和针对性。”如何增强思政课的时效性和针对性？我认为，应该在教学方式上进行改革，改“大水漫灌”式的传统教学为“精准滴灌”方

式，即改变以教材篇章结构循序讲课的传统教法，实施专题讲座法。正如《15 创新计划》中提出的："各地各高校要积极推进专题教学，凝炼教学内容，强化问题意识，构建重点突出、贴近实际的教学体系。"这种专题讲座法要求我们在认真研读教材的基础上，凝练教学内容，按照解读问题、突出重点、贴近现实的原则构建教学专题，将每门课程分成若干专题进行讲解，努力做到知识性、理论性、时代性、针对性、学术性的统一，从而达到加大教学力度、提高教学深度、优化教学质量与效果的目的。

二是在课程网络平台建设上，努力建设并发挥好思政课网络教学的辅助作用，按照教育部《15 创新计划》的要求，积极"开发思想政治理论课在线课程，组织大学生开展'同上一堂网络思政课'活动"，使思政课成为课堂教学与网络教学相互支撑、传统教法与先进手段优势互补的思想政治理论课教学体系。

三是在实践教学方面，不断拓展实践教学形式，探索实践育人的长效机制，出台更具时效性及可操作性的《思想政治理论课实践教学实施方案》，将思政课实践教学计划融入大学生社会实践活动中，安排思政课专兼职教师参与组织指导实践教学，以此促进思政课教学与团学工作、创新创业工作、"三下乡"社会服务等工作的协同，形成大学生思想政治教育的合力。同时注重总结实践教学成果资源的总结和共享。

三、在学科建设上，依托教研室推动马克思主义学科建设

思政课教研室是实施思政课教学和加强马克思主义学科建设的主阵地，其地位是不言而喻的。为了充分发挥教研室在教研及学科建设方面的作用，我们必须按照中宣部、教育部颁发的《05 方案》，分课程设置六个教研室，即马克思主义基本原理概论教研室（简称原理课教研室）、中国近现代史纲要教研室（简称纲要课教研室）、毛泽东思想和中国特色社会主义理论体系概论教研室（简称概论课教研室）、思想道德修养与法律基础（简称基础课教研室）、形势政策课教研室、综合实践教研室。在此基础上，依托教研室不断深化教学研究与理论研究。在教学研究方面，不断实施教学攻关行动，按照《15 创新计划》要求，"开展教学重点问题研究，建立教学热点难点定期搜集解答制度，为深化教学改革、增强教学效

果提供有力支撑”。同时，定期实施集体备课制度，“深入开展多种形式的教学讨论和辩论，加强对各门课程教学设计的研究，加强对不同课程之间内容衔接的研究。加强对教案编写、课件制作、课堂教学组织的研究，努力形成一批精彩教案、精彩课件，打造一批精彩课堂”。在理论研究方面，以教研室为攻关团队，教研室主任应要求“广大教师开展理论研究，推动马克思主义中国化理论创新，研究回答重大理论和现实问题”。在具体做法上，通过教研室凝练学科方向，汇聚学科队伍，制订可行方案，申报科研课题，开展科研活动，推动学科建设，并促使学科建设成果转化为教学资源，使科研与教学紧密结合，形成以教学带科研，以科研促教学的良性互动。

四、创新考试考核方法

高校思政课的教育教学目标，主要是将思想理论内化为学生的思想道德素质，不是一味追求理论“是什么”，而是要使学生明白“为什么”。因此，我们必须打破纯粹让学生掌握客观理论知识的传统单一的闭卷考试形式，实施开卷与闭卷结合、理论学习与实践活动结合、平时成绩与期末成绩结合的多种形式考核方式，注重学生能力考核和过程考核。

五、注重校园文化环境的营造

作为学校教学单位的马克思主义学院，有相对集中、独立的教学及办公场所，并借鉴兄弟院校行之有效的做法，将马院文化营造作为校园文化建设的一个组成部分进行设计、规划和打造，努力将马院打造成为名副其实的“红楼”（红色文化之楼），为广大师生营造一个良好的学习、工作环境，发挥环境育人的积极作用，陶冶师生高尚的道德情操。如绘制相关标语、壁画等美化教学及办公区间，让墙壁来“宣传、说话”；设计建立一个集培训、演练、观摩、视频、研讨、会议于一体的多媒体、多功能实训中心，以先进的教育手段培育教师先进的教学技能。

总之，思政课建设是马克思主义学院建设的首要任务，提高思政课教育教学质量是高校思想政治工作的永恒主题。我们期望以学习贯彻全国高校思政工作会议精神为契机，合着党和国家高度重视大学生思想政治工作和思政课建设的节拍，不断改善思想政治理论课教学状况，加大力度构建出重点突出、载体丰富、协同创新的思想政治理论课建设体系，努力把有意义的事情做得有意思，把思想政治理论课建设成为学生真心喜爱、终生受益、毕生难忘的优秀课程。

思想政治理论课分类教学研究

操国胜

摘　要：思政课要实现教学目标，必须实行分类教学。它是基于教学大纲和培养目标，针对不同学科专业类学生的实际和学习诉求，采取的差异化教学模式。要紧紧围绕“实现什么样的教学目标、怎样实现目标”这个根本问题，坚持目标至上、以生为本和动态性三原则。

关键词：思想政治理论课；分类教学；研究

高校思想政治理论课担负着对大学生进行马克思主义理论和思想政治教育的重任。然而教学实践表明，它离预期目标尚有程度不等之距离。尽管致因多样且复杂，但教学模式的单一性不能不说是一个重要原因。结合教育理论和实践经验，笔者觉得，开展分类教学是合适的。

一、实行分类教学的基本依据

（一）现实诉求：培植大学生思想政治素质，实现教学目标

思政课“05 方案”实施已有六七年，教学成效如何，这是相关各界极为关注的。据对安徽、江西、湖南、湖北四省十所高校千余名大学生问卷调查统计，“喜欢”该课的占 25%，“比较喜欢”的占 33%，两项合计为 58%。这表明，思政课总体教学效果较好。然“不喜欢”和“讨厌”的仍占到 30%（另 12% 为“说不清”）。再则，到课堂观察和课后访谈，发现逃课的、玩手机、交头接耳的大有人在，极少数学生还表现出反感、抵

作者简介：操国胜（1963—），安徽潜山人，池州学院党委宣传部长、马克思主义学院教授，研究方向为中共党史和马克思主义中国化研究。

触。就导致“不喜欢”和厌烦等原因而言，也是多种多样、五花八门。有教师方面的，也有学生自身之故，其中，教学模式的千篇一律、同一性乃为重要原因。问卷显示，文科生对思政课满意度（含比较满意）较高，达67%，理科生次之，艺体类学生最低，仅为31%。同一教师在不同学科不同专业学生中获得测评满意度呈现很大差异，与前者大致相同，尽管这个教师在教学内容、方法及付出努力等方面相同。学生在被问到“不喜欢思政课主要原因”时，有60.8%的学生认为是任课教师。此说有失偏颇，但一些教师满堂灌、方式呆板，不能根据学生专业、喜好和诉求的不同，灵活采取相应教学模式却是不争的事实。

（二）理论依据：古今中外因材施教的核心教育思想

从孔孟到陶行知，从王船山到毛泽东，中国历代教育大家均主张，教育要因人而异、因材施教。被誉为万世师表的孔圣人提出，教育学生要“视其所以，观其所由，察其所安”；“中人以上，可以语上也，中人以下，不可以语上也”，即教育学生要看他的所作所为，了解他的经历，观察他的兴趣和爱好。朱熹将这一教学主张概括为“孔子教学，各因其材”。王船山强调，教学要“因人而进”。陶行知指出，教育要接地气，乡村教育与城市教育应有不同，在目标取向和教学模式等方面应当有针对性和区别。毛泽东深刻揭示中国封建社会的教育弊端，认为“旧教学制度摧残人才，摧残青年”，提出教学内容要有地域性，要学习“无字之书”；考核方式要多样化，检验教学质量的优劣，不应仅仅是看学生考了多少分，更要看其能否分析解决问题，是否具有独立精神和实际能力。

西方先贤教育家们，从苏格拉底到柏拉图，从夸美纽斯到苏霍姆林斯基，其教育思想也莫不如此。布鲁姆的“掌握学习”理论认为，学生对于学习没有学得会与不会的区别，只有学得比较快和比较慢的区别，只要有充足的学习条件和学习时间，加上科学的指导，学生都能理解和掌握应当学会的知识。苏联教育家巴班斯基“教学过程最优化理论”主张，必须对学生进行具体分析，了解学生的个性差异和学习基础。苏霍姆林斯基提出，“我们不能放弃每一个学生”。维果茨基的“最近发展区”理论强调，每个学生都有自己的“最近发展区”，教师应该围绕“最近发展区”大做文章，通过周记、书信等载体给学生以鼓励，使其看到成功的希望，获得前进的动力，一步步地发展和完善自己。

透视这些教育思想，其精髓、核心乃是因材施教。以学生自身存在的差异为前提进行教育的思想是古今中外教育家所一贯崇尚的，因材施教、因势利导是公认的优秀传统教学原则，亦成为思政课实行分类教学的理论渊源。

但是，思政课却奉行同一教材、同一大纲、统一考核的“一刀切”教学模式，忽视了学生个体的差异和个性化要求——这恰恰背离了实事求是的认识路线、因材施教的教学原则，也未遵循人的成长规律。实事求是内在要求思政课教学既要注重全体学生马克思主义知识的教育，又要关注大学生个体发展的差异。要把培养和发展大学生思想政治素质列为首位教学目标，并注意开发大学生潜在的素质闪光点，给他们创造自主的发展空间。

鉴于如此，实行分类教学是非常必要的。

二、分类教学模式的基本内容

所谓分类教学，是基于思想政治理论课教学大纲和培养目标，以学科专业为依据，将学生分划为文科类、理科类、艺体类三大类，按类进行差异化教学的模式。

（一）文科类

教学对象：人文、社会科学专业大学生。

讲课模式与理论程度：以专题教学为主，讲授理论偏深度。

文科类学生在知识结构、思维习惯、马克思主义基础等方面相同或相似。他们关注社会、思维活跃；较好地了解和掌握马克思主义特别是中国化马克思主义的基本观点及一般原理，对理论学习兴趣较浓、渴望提升理论素养和水平。教师要针对这些情况，拟打破教材章节顺序，改采专题讲授，体现学术性和思辨性，适当提高理论的深度和宽度。课堂讲授要理论联系实际，做到“三贴近”“三结合”，即贴近学生、贴近生活、贴近实际；把学习教材和研读原著结合，把学习理论与了解历史结合，把书本学习和鲜活实际结合。加大实践教学力度，做到课内课外实践教学有机统一。课内实践，可重点考虑，一是讨论辩论。要紧密结合教材内容，抑或学生普遍关心的社会焦点、难点问题，在充分准备基础上开展研讨交流，碰撞出思想火花，获取新的认知。即问题的结论由学生自己得出（教师可适当引导并小结），其教学成效要高出许多。二是亲身体验。学生能力的培养是教师要始终注意的，并不是只有专业课教师，政治理论课教师同样有责。包含讲课、经典著作品读、模拟法庭在内的“亲身体验”是能力培养的重要途径和方式。

课外实践，内容形式也很多，包括调研、考察等，尤以到周边农村、工厂、街道开展有一定深度的调研最为合宜。以小组为单位，根据拟定的问题或题目，如美好乡村建设、生态文明与经济发展、雾霾、环境与健康等，进行实地调查，学生通过自己的亲身体验，科学分析社会问题与社会矛盾，认清乡情、民情和国情，把握党的路线、方针、政策的正确，加深对基本理论、基本纲领的理解，坚定社会主义信念。最后，完成调研报告，在班级交流。

考核方式：综合考核，以开卷为主。

对文科生而言，考核不应以期末闭卷考试为主，而应采取综合式，注重平时，把思想表现、德行等纳入考核体系，做到时间上全程考核、空间上全面考核，平时成绩占60%，期末占40%；期末考核以开卷、小论文或调研报告为主。

（二）理科类

教学对象：理工、农医类专业大学生。

讲课模式与理论程度：以章节教学为主，讲授理论中度为佳。

理科类学生和文科类有很大不同，特点鲜明。他们心性绵柔、思维缜密、专注认真；长于技术性思维，拙于宏观思维；相当学生具重理轻文、重专业轻基础倾向，且马克思主义知识比较薄弱，对政治理论学习兴趣不大，甚或存在抵触情绪。对此，教师授课可按教材章节顺序，主要讲清基本观点和原理，不追求理论深度。教师要饱含激情，信念坚定，用通俗易懂的语言、生动鲜活的案例、学生喜闻乐见的方式娓娓道来，切忌生硬灌输，变显性教育为隐性教育，激发其学习理论兴趣。课内实践教学，一是讨论演讲。注意选择有关人生及青年成长进步的话题展开讨论。如邓小平“三落三起”的经历给予大学生的人生启迪。二是影视观摩活动。三是时事研讨和经典文化阅读活动。如“课前十分钟”的时事开讲，《道德经》《孙子兵法》《太极图说》《红楼梦》等阅读心得交流。四是强化“体验式教学”。可选定一章或一节内容由学生讲授。以6~8人为一组，分工合作。在查找并占有大量材料（含文字、音像）基础上，撰写讲稿，制作PPT课件，再在多媒体教室展示和上课，并由学生互评，教师总评。这种讲练结合的“团队体验式”实践教学，既锻炼了学生的信息收集、逻辑思维、书面及口语表达等能力，又培养了团队协作精神，受到学生高度肯定和欢迎。

考核方式：综合考核，以开闭卷结合为宜。

课程考核以平时、期末考试并重，平时成绩和期末成绩各为50%。到课率、作业、课堂表现等情况构成平时成绩的基本要素。期末考试采取开闭卷结合方式。闭卷占40%，主要考核学生对基本观点、基本理论的掌握情况；开卷占60%，以材料分析题为主，重在考核学生运用理论分析解决实际问题的能力。

（三）艺体类

教学对象：艺术、体育类专业大学生。

讲课模式与理论程度：以章节教学为主，讲授理论宜浅度。

艺体类学生大多外向活泼、勇于表现自己，但文化基础和马克思主义理论储备相对较浅，对政治理论学习热度不高。教师讲课应降低理论难度，可从学生喜爱的朗朗、姚明等明星，歌会、球赛等艺术、体育话题导入课堂教学，寓教于乐、寓教于美、寓教于活动中，对学生保持爱心和耐心，采用互动式、讨论式、情境式等多种教学方法，紧密联系社会热点、学生的思想实际，以大众化口语化且充满时代气息的语言、深入浅出地讲述理论。课内实践，形式多样并与专业无缝对接，力求新颖活泼，诸如小品、独幕剧等，使学生广泛参与到教学活动中来。同时，开展音像教学。通过观看和欣赏《走近毛泽东》《建党伟业》《建国大业》《走进新时代》等影视歌曲，增强学生的感性认识和理论的亲和力。

课外实践教学以参观考察为主。一是组织全体学生就近参观极具教育意义的文化景观、爱国主义基地以及工厂、农村。二是外地考察。考虑经费、安全等因素，外出学习考察只能由学生代表参加。但要充分发挥“以点代面”的功效并使之最大化。为此，需重点把握四个环节：其一是学生代表的产生。要坚持条件，把课内外学习活动中表现突出的优秀学生推举为代表。通过广为发动，把推荐遴选的过程变成褒扬先进鞭策后进及宣传思想政治理论课的过程，营造当选代表无上荣光的氛围。其二是过程的引导。在考察中，教师要有讲解和指导，助力学生形成正确的认知。其三是后续报告。由学生通过PPT课件在班级汇报考察概况和收获，让其他同学分享参观学习所得。其四是评优奖励。参观学生需认真总结，提交考察报告或心得体会。学院组织评比，表彰奖励。我们近年组织学生到武汉、安徽凤阳小岗、皖南新四军军部旧址参观考察就取得了很好的效果。

考核方式：综合考核，以闭卷为主。

实行综合考核，平时成绩占 40%，期末占 60%；期末考核以闭卷为主。考试题型主要有选择题、判断题、填空题等主观题，检测学生对基本观点和原理的掌握情况。提倡建立试题库，采取网上答卷和评卷。

三、实行分类教学的基本要求

分类教学是提高思想政治理论课实效和吸引力的重要途径与方式。积多年教学经验，实行分类教学并如愿达到目标，必须紧紧抓住“实现什么样的教学目标、怎样实现目标”这个根本问题，坚持目标至上、以生为本、动态性三原则。

（一）目标至上原则

我们所有的教学改革，包括分类教学，都是为着达成课程目标。思政课目标是既定的、明确的，教学改革要瞄准目标来推进，为实现目标而努力；否则，会有极大可能事与愿违、背离初衷。实现目标的路径方式多种多样，正所谓“条条大路通罗马”。只要围绕目标、咬住目标，采取什么样的教学改革都是可以的，尽可以大胆地试、大胆地闯。

（二）以生为本原则

我们要始终牢记使命，一心一意培养合格人才——忠诚的马克思主义者、清醒的社会主义者和坚定的爱国主义者。为此，我们要心有大爱、心中装满学生，以学生为根本，坚持“三个一切”，即一切为了学生、为了学生的一切、为了一切学生，尊重学生、热爱学生、关心学生，平等对待学生，真正履行教师、政治教师、党员教师之责，此乃分类教学成败之关键。

（三）动态性原则

思政课不只是传授马列理论，更重要的在于解决学生的思想认识和信念问题。人的思想认识和信念会随着外界环境与主体认识能力的变化而变化。分类教学也要适应此变化。在实践中，要根据学生、社会等具体情况的变动，灵巧、鲜活而不是僵死、僵化、机械运用某个模式，应不断创新教学方式方法，使其时时处处闪耀着时代光辉，“月亮走我也走”。唯物辩证法为其不变的灵魂。

分类教学能否成功，教师是根本。思政课教师需要不断学习、增进专业理论素养、努力提升师德水平和教学技能，方能笑迎挑战并战而胜之。

参考文献：

[1] 师尚贵，李士明．高等师范院校公共课分层教学的理论研究［J］．大庆师范学院学报，2006，(3)，124–126.

[2] 陈秀丽，宋志华．以人为本，探索高校思想政治理论课分层教学改革［J］．黑龙江高教研究，2006，(5)，55–57.

[3] 华启和．思想政治理论课“立体分层、诊所互动”教学模式的探索［J］．唐山师范学院学报，2007，(1)，102–103.

[4] 董金柱．高校思想政治课教学的四大误区［J］．教书育人，2012，(12)，87–89.

高校思想政治理论课大班教学中存在的问题及对策

李　艳

摘　要：随着高校扩招政策的不断实施，大班教学的现象越来越多。其中，思想政治理论课就由原来的小班教学模式转变为大班教学模式，在具体实施过程中存在着不少问题，就此问题展开进一步的讨论。

关键词：高校；思想政治理论课；大班教学

高校教学理念由原来的精英教育转向大众化教育模式，也使得高校的教学资源面临着日益紧张的局面，同时带来的改变就是很多课程改变原来的小班授课的教学形式，而是采用合班上课的大班教学形式。这种大班教学模式显然能够大大缓解教学资源普遍不足的问题，还能够解决扩招后各个高校教学硬件软件设施也有待补充的尴尬。但是，自从高校思想政治理论课实施大班教学以来，其中的问题频出，主要是学生的参与度明显降低，教学效果大不如前。因此，本文将针对此现状中存在的教学问题，探讨如何来解决大班教学环境下的高校思想政治理论课的实效性和针对性。

一、高校思想政治理论课大班教学现状及存在的问题分析

我国高校自从20个世纪90年代末全面推行扩招政策以来，大学生人数呈现出飙升的态势，这就使得高校的教学资源瞬间变得越来越紧张，尤

作者简介：李　艳（1980—），女，安徽池州人，硕士，池州学院马克思主义学院讲师，研究方向为大学生思想政治教育。

其是一些高校的公共基础课教学面临着严重的教学资源不足和教学设施不完善等问题。大班教学模式就是在这种背景下产生的。但是，大班教学在具体实施过程中，教师要面对如此众多的学生，要想提高教学效果是何其困难的一件事情。

（一）课堂组织管理较为困难，导致了很多教学方法难以正常开展

在当前的思想政治理论课上，学生人数众多，教师对于课堂的有效管理效率明显下降，大班授课主要采取的就是讲授法，其他较为先进的教学方法无法开展起来，这就使得大班教学仍然无法调动起学生的学习积极性和主动性，他们的课堂地位是被动的。因此，高校思想政治理论课的课堂就最终变成了教师不愿讲、学生又不爱听的尴尬局面，师生之间的互动明显减少甚至没有，这种情况非常不利于教师对课堂教学效果的检查。

（二）大班授课使得课堂参与度大大下降，教学质量明显下滑

高校思想政治理论课的主要教学目的就是对学生的思想进行教化，但是，这种大班教学的方式与这种教学初衷是很难融合的。学生人数的猛增大大影响了学生的课堂参与度，也严重损伤了学生的学习积极性和主动性，反而会滋长他们的学习依赖性，显然是不利于思想政治理论课的正常开展的。此外，大班授课的学生出勤率也是偏低的，一项调查显示，像思想政治理论课这类公共课的学生逃课率一般达到一半以上，这是令人触目惊心的。

（三）高校思想政治理论课大班教学的先进理念无法实施，教学效果不尽如人意

教室大，人数多是大班教学的特点。教师面对这样的教学情形，需要强大的课堂把控能力。同时，由于每一个学生的个人情况有异，他们的思想水平、专业背景、人文素质基础、身心特点等均有差距，在大班教学背景下，教师难以采用因材施教的教学方法，这就容易形成“千人一面，千教一律”的思想政治理论课堂，先进的教学理念也无法真正实施，因为教师与学生之间的沟通与交流在大班环境下几乎是奢望。此外，大班教学的考核方式也不够科学，但是，它又很难摆脱这种“一卷定成绩”的考核方式，因为大班教学根本无法提供更为灵活的教学方式，教学效果不尽如人意也是情理之中的事情了。

二、高校思想政治理论课大班教学问题的应对措施

鉴于当前高校思想政治理论课大班教学的尴尬境地，笔者认为，我们有必要尽快采取相应的措施来解决当前面临的棘手问题，因为思想政治理论课关系到大学生思想教化问题，关系到他们未来世界观、人生观和价值观的定型问题，是一件绝对不能够忽视的事情。具体来说，应该从以下几个方面来采取应对措施：

（一）从学生方面加强大班教学管理工作

由于当前很多学生在大班教学中表现出来的懈怠感，我们就必须从他们入手，切实加强考勤工作，将日常考勤制度落实到位，引导他们意识到自觉学习的重要性和必要性，并让具体的管理部门实际操作这些考勤制度，一旦发现违规者，必须严查到底，必要的情况下，还要实施一定的处罚措施。这样的学习管理制度和工作将帮助学生培养起良好的学习习惯，有助于他们将来走上工作岗位。此外，教师和辅导员等都要积极配合，在实际的课堂教学与管理中切实履行各项规章制度。

（二）从教师方面切实提高教师自身的理论水平，并强化师生之间的互动交流活动

思想政治理论课教师不仅应该掌握基本的德育理论，还应该多方面吸收其他各种知识，以渊博的知识结构来赢得学生的敬重，从而“尊其师，信其道”。思政课教师在面对这样一群朝气蓬勃的大学生的时候，应该仔细洞察学生的心理状况、思想观念以及生活方式，把握住他们多元化的价值取向，迎合时代发展的趋势，使得思政教学能够体现时代的脉搏，贴近社会、贴近生活、贴近学生思想实际，从而激发出他们的学习兴趣。思政课教师还应该努力寻找适合大班上课的方法，将“以师为本”的习惯转换为“以生为本”的理念和做法，综合运用专题式、讨论式、辩论式教学方法，运用案例教学方式，运用多媒体教学手段，让教师的“教”和学生的“学”形成两个密切联系、相互影响的双向交流过程。

（三）更新思政理论课堂教学方式，增加实践性教学环节

高校思想政治理论课大班教学也要采用实践性教学模式，可以采用社

会实践的方式来将理论应用到实际生活中去，从而使得学生能够更好地理解和把握思政理论，并在具体的社会实践中得到消化、升华，让他们走向社会、关注社会，进一步锤炼思想、提高认识。此外，高校思想政治理论课还应该改变传统的教学方式，充分利用各种现代化的教学手段和教学工具，比如说利用多媒体辅助教学方式，以声音、文本、图像、动画、活动图像等多种信息展示给学生，让他们体会到思政课不是死板的，而是具有动静相宜的特点，能够让学生进入一种全新的课堂环境中去。这种课堂教学方式还要重视学生的主体性地位，充分发挥出学生的主体作用，让他们做学习的主人。教师要引导他们主动参与、乐于探究、勤于动手，从而形成一种积极的师生互动课堂氛围，能够在最大限度上解决大班教学的不足之处。

（四）建立相对稳定的思政理论课课堂规范，转变对于学生的态度

稳定的课堂规范是由师生共同协商制定并共同遵守的，这将成为日后思政理论课课堂管理的基本依据，能够对学生形成一定的约束力，从而让学生在自律和他律的共同作用下，变混乱的课堂为有条不紊的课堂。任何一门课的教学过程就是教师的教与学生的学的统一过程，其实质就是交往的过程。因此，思政课教师必须改变对于学生的态度，努力创建一个师生交往、共同发展的互动教学关系，构建一个和谐、民主、平等的师生关系，充分重视学生的心态，关注学生的需要，从而让每一位学生都充满信心，让他们在思考的求异性和思维的独特性中心情舒畅地进行学习。

三、结　语

总而言之，高校扩招政策是高等教育由精英化路线向大众化路线转变的根本性政策，为了解决教学资源的紧缺和教学设施的不足问题，很多学校都迫不得已地改变了传统的小班教学模式，转而使用大班教学模式。但是，它解决了一些问题，又引发了其他一些新问题。因此，我们要积极采取应对措施，整合教学资源，实施教辅结合教学模式，化大班为小班，建立合作学习模式，贴近学生实际，采取灵活的教学方式，对号入座，解决大班考勤难的问题。注意加强平时考核，引导学生重视课堂表现。不断改革创新教学方法和教学手段，提高教学水平，在教学实践中可以坚持“做中学”的原则，采用团队学习法、演讲式、参与式等学习方法，整合教学

资源，实施一体化教学模式，从而使得思想政治理论课教师立足于实际，不断探索总结，不断提高思想政治理论课的教学效果。

参考文献：

[1] 陈爱民．在思想政治理论课大班教学中实现良好师生互动的思考［J］．玉林师范学院学报，2009，（4）．

[2] 崔敏．高校思想政治理论课大班教学探析［J］．改革与开放，2012，（2）．

[3] 李国娟．思想政治理论课大班教学课堂管理模式初探［J］．学校党建与思想教育，2007，（12）．

专题实践教学在高校思想政治理论课中的应用

江　岚

摘　要：文章对新时期专题实践在高校思想政治理论课中的应用与研究，注重结合实际情况，探讨了专题实践在高校思想政治理论课中应用的重要意义，并就其实效性进行了相关分析。

关键词：新时期；专题实践；高校思想政治理论课

随着《中共中央国务院关于进一步加强和改进大学生思想政治教育的意见》的颁布，新时期高校思想政治教育工作得到了重视，如何采取有效措施提升高校思想政治教育教学效果，成为高校思想政治教育面临的一个重要课题。专题实践在高校思想政治教育工作中的应用，起到了较好的作用，是积极探索实践教学的创新之路。

一、高校思想政治理论课教育存在的问题

就目前我国高校思想政治理论课教育实际情况来看，其存在的问题主要表现在以下几点：第一，思想政治理论课的教学形式较为单一，无法适应当下社会经济发展形势。第二，高校思想政治理论课教育应用专题实践过程中，存在思想误区。第三，对专题实践认知存在较大的缺陷[1]。在新时期，高校思想政治教育愈加显得重要，在这样的背景环境下，如何提升专题实践在高校思想政治理论课教育中的作用，成为高校必须认真研究的一个重要课题[2]。

作者简介：江　岚（1982—），安徽歙县人，硕士，池州职业技术学院副教授，研究方向为思想政治教学研究。

二、专题实践教学模式

（一）有效增强教学实践性与针对性

专题实践在高校思想政治理论课教学中的应用，可以提升思想政治教育课程的针对性和实践性，更好地满足实际教育需求，提升学生对思想政治理论的理解和掌握。利用专题实践进行高校思想政治理论课教育的过程中，可以提出具体事例，以此作为思想政治教育的范本，这样一来，可以让学生更好地感受到政治理论的内涵，加深学生对理论知识的印象和理解[3]。

（二）帮助学生更好地认知社会

随着社会经济的发展，我国教育水平不断提升，大学生的数量达到了前所未有的高度，在这样的环境下，大学生的竞争也日益激烈起来。在校的学生对以后的社会生活充满了向往，但心中也会伴随着一种迷茫。困惑、迷茫是当代大学生面临的主要问题。之所以会有这样的感觉，是因为大学生对自身的认识不够，无法看清自己所处的地方，并对自己的能力持一种怀疑态度。高校思想政治教育过程中，若是不能够对大学生现实问题进行有效解决，单纯地进行理论教育，很难满足学生的实际需要[4]。针对这一问题，高校思想政治理论课教育过程中，若是能够以专题实践的方式开展，让学生更好地在社会实践中进行知识理解和掌握，在提升学生能力的同时，可以帮助学生对社会和自身都有更好的认知。

（三）对教育资源进行有效挖掘

高校思想政治理论课教学效果的提升，与教学资源的有效利用有着不可分割的关系。专题实践更加贴近于现实生活，让学生在实践活动中，更好地学习思想政治理论知识。各个高校在发展过程中，由于地域差别，有着不同的人文历史环境，而不同的人文历史环境对于教学工作来说，无疑是宝贵的教学资源。高校思想政治理论课教学过程中，对教学资源加以有效利用，充分发挥地域优势，专题实践模式是一种不错的解决方法[5]。运用专题实践进行高校思想政治理论课教学，学生们能够更好地弄清政治理论知识，而充分发挥地方资源优势，有利于更好地提升教学效果。

（四）让学生参与社会经济建设

专题实践应用于高校思想政治理论课教育过程中，能够更好地让学生参与社会经济建设。高校是培养人才的地方，同时也是社会主义现代化建设事业得以长久发展的基本保障。我国提出科教兴国战略，人才是社会经济发展的第一要素。专题实践，可以更好地引导学生对社会进行认知，并让学生在社会生活中更好地进行经济建设，在满足教学需要的同时，更好地服务于社会。

三、具体措施

（一）注重具体问题具体分析

高校思想政治理论课在利用专题实践模式进行教学的过程中，具体问题具体分析，是当下高校思想政治理论课教学必须把握的一个重要问题。专题实践教学模式改变了传统的讲授式教学模式，更加注重于学生的实践动手能力，将理论与实践有机结合，以此促进学生的发展和进步。但在实际应用过程中，必须注重把握专题实践的基本原则，充分发挥具体问题具体分析这一哲学理念，是专题实践教学发挥作用的根本要求。高校思想政治理论课讲授过程中，要注重情景教学和案例教学的应用，活跃课堂气氛，让学生能够对知识学习产生兴趣。但是在教学过程中，必须坚持具体问题具体分析，将教学内容和教学实际有机结合，这样，才能更好地提升教学效果。

（二）利用校园专题实践教学模式

学生在学习过程中，通过校园的专题实践活动，也可以更好地提升学生对知识的掌握和理解。应注重把握以下几点内容：第一，教师应对教学方案进行认真、仔细的设计，选取合适的教学内容，并对教学地点进行恰当选择，确保专题活动具有积极意义，能够符合实践活动需要；第二，校园实践活动要注重多元化的发展模式，并要注重贴近生活，具有一定的积极作用和意义。例如以地区经济建设为例，可以选取“毛泽东思想和中国特色社会主义理论体系概论”为教学内容，在实践活动中，能够更好地加深学生的学习印象；第三，校园专题实践活动的开展，要注重对学生能力的挖掘，使学生的综合素质能够得到有效提升。总之，校园专题实践教学模式，要注重立足实际情况，以实践为主，将理论知识进行转化和吸收。

（三）利用校外专题实践教学模式

校外专题实践教学模式，是专题实践在高校思想政治理论课教学过程中又一个重要尝试。应注意把握以下几点内容：第一，让学生能够更好地投身于社会主义现代化经济建设当中，更好地参与地方经济建设，了解当下经济发展过程中存在的问题；第二，促进理论知识与实践活动的有机结合，使学生在实践活动过程中，能够更好地将理论知识进行转化，能够对知识进行“活用”；第三，校外实践活动要注重把握主题，明确校外实践活动的目标，每一次校外实践活动过程中，教师必须发挥出主导作用，体现出学生的主体地位，使学生能够积极、主动地投身于实践活动中。

四、结束语

综上所述，专题实践在新时期高校思想政治理论课教育过程中发挥着极为重要的作用。在教学实践中，要加强理论与实践的有机结合，利用有效的教学模式，更好地提升学生思想政治素养。

参考文献：

[1]《思想理论教育导刊》2014 年总目录［J］. 思想理论教育导刊，2014，（12）：137-143.

[2] 张宇. 新时期专题实践在高校思想政治理论课中的应用研究［J］. 赤峰学院学报（汉文哲学社会科学版），2014，（12）：231-232.

[3] 史瑞君. 高校思想政治理论课引入研究性学习的实践探索［J］. 全国商情（理论研究），2010，（21）：83-85.

[4] 陈军，张云德. 高校思想政治理论课中的大学生主体性探析［J］. 思想政治教育研究，2011，（2）：83-86.

[5]《思想理论教育导刊》2011 年总目录［J］. 思想理论教育导刊，2011，（12）：121-127.

“体验式”教学模式在高职思想政治理论课教学中的探索和应用

何 松

摘 要：文章就高职思想政治理论课体验教学模式的内涵、理论基础，结合自身思想政治理论课的教学实践，概括出以下几种体验式教学模式：新闻体验教学模式、主题演讲会体验教学模式、辩论式体验教学模式、案例讨论体验式教学模式、主题视频欣赏体验教学模式、实践教学体验模式，在此基础上提出深化体验式教学应该把握的几个方面的内容。

关键词：体验式；教学模式；高职思想政治理论课

一、“体验式”教学模式的内涵

（一）核心内容

所谓教学模式，是指在一定的教育思想指导下，以丰富的教学经验作为基础，为完成特定的教学目标和内容形成的比较稳定且简明的教学结构理论框架及其具体可操作的实验活动方式[1]。体验式教学模式就是研究如何将体验式教学有机渗透到思想政治课教学内容和过程中，建立体验式教学的基本理论框架和具有可操作性的教学程序及方法，以提高思想政治理论课教学的实效性。

作者简介：何 松（1970—），男，安徽池州人，池州职业技术学院副教授，研究方向为思想政治教育、法律教学。

（二）“体验式”教学模式的理论基础

1. 体验教学的哲学基础

马克思主义辩证唯物主义认识论认为：人的一切正确认识来源于实践，人的认识是经过实践、认识、再实践、再认识，循环往复以至无尽的过程。正如毛泽东所说的那样：“你要有知识，你就得参加变革现实的实践。你要知道梨子的滋味，你就得变革梨子，亲口吃一吃。你要知道原子的情况，你就得实行物理学和化学的实验。”[2] 因此，需要通过实践的过程，将已经被社会公认的观念和认识变成每个个体的观念和认识。而体验的过程就是实践的过程，通过体验的过程，这种观念和认识才能内化和强化为大学生的观念和认识。

2. 体验教学的心理学基础

体验教学是建立在一定的心理学基础上的。人本主义心理学家马斯洛认为，人有七种基本需要，即生理需要、安全需要、归属和爱的需要、尊重需要、知的需要、美的需要以及自我实现需要[3]。在他看来人的需要是从外部得来的满足逐渐向内在得到的满足转化。这就启示教师在教学过程中，必须针对学生的心理需要，通过调动学生相应的情绪情感，激发他们深层次的学习动机，引导学生对教学情境的体验，使他们的各种需要在体验过程中得到满足，引起学生身心和活动的变化，达到通过体验获得相应的认识和情感的教学目的。

二、高职思想政治理论课“体验式”教学模式实施策略

（一）新闻体验教学模式

社会新闻是为大学生了解社会的重要窗口。通过这个窗口，教师结合教学内容，将社会新闻引入课堂，通过新闻分析、新闻评论、新闻讨论、电视节目模拟、新闻讲评等多种形式展开教学。可以增强学生“家事、国事、天下事，事事关心”的自觉意识，有利于大学生了解国内外社会发展变化，引起他们对这些发展变化的感悟、思考与追问，从而增强大学生的民族感和使命感，增强大学生学习思政课的主动性和自觉性，同时能够促进思政课堂教与学的积极互动。

（二）主题演讲会体验教学模式

在主题演讲会体验式教学中，教师根据教学大纲，结合教学章节和大学生知识经验、思想实际，在充分研究教材的基础上设计主题，为调动学生的积极性，可让学生参与主题的设计。主题的设计既要体现教学重点、难点，又要贴近社会、贴近生活、贴近学生实际，引起学生的共鸣和深刻的思考领悟。如在“毛泽东思想和中国特色社会主义概论”课第一章马克思主义中国化的历史进程和理论成果教学中，我们设计了“我心中的毛泽东”或“我心目中的邓小平”主题演讲会。通过演讲会，学生一方面加深了对毛泽东思想、邓小平理论的历史地位及科学体系的理解，对毛泽东、邓小平的历史功绩、地位及深远的历史影响有更加清醒的理解和认识；另一方面还认识到毛泽东、邓小平好学深思、博学强记、永远不知疲倦的学习精神和对待困难有钢铁一般的意志等优秀品质，从而激励刻苦学习、奋发向上的精神，同时也培养了集体荣誉感和团队合作精神。

（三）辩论式体验教学模式

“辩论式”体验教学，是教师根据教学内容结合社会热点、焦点问题，教师预先设计好辩题，就某一方面拟定正反两个观点，引导学生辩论、研讨，使学生经过思考、争论、交流、体验等实现对理论知识的理解、认知、探索和创新，运用马克思主义的立场、观点和方法分析问题、解决问题的一种课堂教学形式。“辩论式”体验教学能使正确的科学理论、世界观和价值观在互动研讨和辩论中潜移默化地植入学生的内心，并内化为崇高的精神品质，外化为自觉的行动，使思想政治教育成为一种由内向外、充满情感体验和内心感悟的实践过程。而教师给予正确的评价和引导也将对学生今后的大学生活产生不可忽视的导向性的作用。

（四）案例讨论体验式教学模式

案例式讨论体验式教学模式通过学生自主讨论并对疑问加以解决，能够促进思想政治教育理论联系实际，提高学生独立思考和解决问题的能力。学生对社会意识和国家政策认识的形成是一个连续的过程。学生在现实生活中，已经积累了一些社会生活经验，形成了一定的习惯认识和群体认识，在教学时就需要结合现实生活中实际存在的问题，不断丰富和发展学生的生活经验，扭转一些偏激的思想看法，使学生在获得内心体验的过程中形成符合社会规范的价值观。

（五）主题视频欣赏体验教学法

主题视频欣赏体验教学法有利于相关内容的理解和领悟，增强课堂教学的形象性和感染力。根据不同时期的时事政治，选择切合教材内容的时事热点、时效性强的影视视频让学生在线观看，学生在多媒体视觉的冲击下，身临其境地接受教育，这是教师在课堂上理论教学所达不到的效果。如纪念改革开放30周年专题片，建国60周年观看影片《建国大业》《建党伟业》《复兴之路》《走向和谐》等，对大学生形成了很强烈的震撼，也更加坚定了中国特色社会主义事业的理想信念。

三、深化体验式教学的思考

（一）坚持以学生为主体，实现大学生的自我教育

体验式教学要求教师在教学过程中，注意掌握学生的思想动态，结合当前社会热点问题和敏感问题，对学生进行有针对性的指导，在提高他们的理论素养，运用马克思主义的立场、观点、方法分析和解决问题的能力的同时，切实帮助学生解答在学习和生活中遇到的问题，引导学生全面发展。在教学中，针对热点和敏感问题，教师运用“概论”中相关基本理论观点，讲清道理，切中要害，以理服人，发挥真理的力量和逻辑的力量，帮助学生学会科学地认识和分析复杂的社会现象的能力，实现自我教育。但同时要处理好、把握好“师”“生”在体验式教学中的角色关系。在体验式教学中，教师正确的引导和评价也很重要。

（二）坚持以人为本，构建和谐信任的师生关系

和谐信任的师生关系是体验式教学法实现的基础。在教学过程中，教师要积极创设丰富的教学情境，创造一个宽松、平等、民主的课堂氛围，给学生以心理上的安全和精神上的鼓舞。教师要倾听学生的心声，以平等的身份与学生进行讨论和合作，与学生一起分享他们的情感体验和成功喜悦；除课堂外，课余应多与同学沟通，构建各种网络信息沟通渠道，开辟网上思政课论坛；在校园网上建立思政课互动教学平台或思政课教学QQ群，建立课程信息资源库，开设教师电子信箱与学生在线交流，有条件的任课教师可开设博客，了解学生的所思所想，成为学生的良师益友[4]。

（三）坚持与时俱进，提升思政教师的综合素质

采用体验式教学，教师要精心创设良好的教学情境，与学生平等对话，要对学生进行正确引导，开展合理探究，积极鼓励，既要使自己的主导作用得到发挥，又要保证学生的主体地位的巩固，所有这一切无疑对教师的素质提出了更高的要求。一方面需要教师不断丰富、提高自身素质，与时俱进，充分做好备课，掌握思政理论课最前沿的内容，吃透教材；另一方面教师在授课过程中一定要旗帜鲜明，阐明自己的观点，当然，要讲究方式方法。交流式互动教学对教师是一个严峻的考验。教师即要有高度又要有广度，要有驾驭课堂的能力，可以伸缩自如，解决好重点和难点问题，不能因互动而影响正常教学。

参考文献：

[1] 王晓春，李群山．高校思想政治理论课“新闻教学”模式的理论与实践［J］．思想政治教育研究，2010，(8)．

[2] 毛泽东著作选读（甲种本）　［M］．北京：人民出版社，1965：45.

[3] 刘春荣．“辩论式教学”在思想政治理论课教学中的探索和应用［J］．思想政治教育研究，2010，(10)．

[4] 杨高．高职院校大学生思想政治教育工作创新模式探析［J］．中国成人教育，2013，(21)．

翻转课堂法在高职思政教学中的应用

江　岚

摘　要：翻转课堂教学法是指改变传统教师授课、学生被动听课的方式，而以师生互动交流方式进行的教学方法。信息化时代，大学生思维活跃，在思想政治教育中引入翻转课堂教学法，有利于师生交流，提高教学效果。

关键词：翻转课堂；思政教学；高等院校

翻转课堂来源于英文“Flipped Classroom”或“Inverted Classroom”，意为调整学习过程中教师的主导地位，由学生被动接受学习转为学生带着疑问或兴趣主动向老师求教，将学习的模式、内容、方向的决定权交给学生，从而提高学生的学习兴趣，更好地达到教学效果。

一、高职思政课教学中翻转课堂应用分析

（一）学校教学管理方面

高职院校一直在强调实施素质教育，但限于场所、设备、教学管理等多重因素，虽然学校有诸多实践实训基地，但对思想政治课的教学，很多高职院校仍然沿袭旧的大学教学模式，即课堂理论教学、课后作业、期末考核模式，这对推广翻转课堂模式教学极为不利。学生对相关知识不了解，无法找出自己的兴趣点或问题，这样一来又变成了传统的讲授式理论教学。而第一阶段的时间又不能安排在课堂上，现在绝大部分高职院校都

作者简介：江　岚（1982—），女，硕士，安徽歙县人，池州职业技术学院副教授，主要从事思想政治方面教学研究工作。

是 2+1 模式，思政课总课时数很多时候也不充裕。因此，要全面解决这类问题，需要从高职院校教学制度入手，鼓励学生多通过网络自主学习，在保证必修课基础上给学生充裕的课外自学时间，将素质教育真正推行。

（二）学科的适用性方面

翻转课堂源于美国，从推广效果比较好的翻转课堂案例来看，大多数为理科或工科课程，此类课程的共性是知识点指向明确，范围相对较窄，很多翻转课堂的内容可能只是一个定义、一个实验、一个基本公式等，这类知识内容相对信息量不大，适合翻转。而对思政科目，任一节的内容都牵扯到多学科，政治、经济、文化、自然科学等，而且课堂上往往需要师生之间认知、情感上产生共鸣才能达到教学效果。如此众多内容，第一阶段的教师的自制视频或相关资料布置，怎样才能准确指向、切中要害，这对思政课教师自身素质能力是一个很大的考验，只有思政课教师课前做大量的准备，对各种信息资源进行比较分析，使第一阶段视频具备准确指向，同时内容生动值得思考，把握现代高职学生的思想动态，才能完成教学任务，课堂上准确诠释相关的理论。

（三）教学手段的技术支持方面

翻转课堂的顺利实施抛开人的主观方面，另一个关键因素就是教学手段的各种技术支持了。从第一阶段教师准备视频资料或电子资料开始到在校生顺利收看，如此完备的教学环境始终需要计算机硬件、软件和实时网络支持。网速的快慢、能否顺利下载、内网外网的互通、教师与学生的课外远程沟通都是影响翻转课堂是否成功的关键因素。要解决此类问题，学习负责实训中心部分可以增加投入，如购买高规格服务器、提高网络带宽，增加机房开放时间等。而如果教师是自制视频，视频的制作质量也影响着学生是否愿意去学习，一个十分钟左右的视频，如微课，从前期的拍摄到后期的合成制作、配音、动画等环节都需要有专业技术人员的参与，有条件的学校可以将此部分外包或委托学校计算机专业教师来完成。

二、翻转课堂在池州职业技术学院思政课程中的应用案例

选取《思想道德修养与法律基础》第三章第一节：树立正确的人生观

——为例：

（一）第一阶段：教学设计部分

（1）教学内容：通过学习人生观、价值观理论，引导学生深入思考有关人生是什么、人生意义是什么等基本问题，领悟人生真谛、树立正确的人生观，积极投身人生实践，创造有价值的人生。而在大学时期，正是大学生形成正确世界观、人生观、价值观的关键阶段，本节内容就是系统学习人生观理论，结合个人实际，确立积极进取的人生态度，实现自身价值。

（2）微课设计：微课由视频、教学内容任务书和引申思考三部分组成。微课视频主要介绍“天生没有四肢的人尼克·胡哲”和“广东农工商职业技术学院毕业生雷浪声”的事迹和成就；教学内容任务书为教材大纲；引申思考为小故事“秀才赶考”，后提问：“作为大学生，我们应该确立怎样的人生态度？”

（二）第二阶段：课堂教学过程

（1）反馈矫正，释疑解惑[1]：课堂前一部分时间通过看完微课后学生自主发言、讨论，取得反馈，并适时进行答疑、扶正。如：有学生提问“现在社会只要有钱了就是有价值有意义的人生”，教师可补充教材相关内容，完善学生的价值观，如：“钱真如那么重要，为什么比尔·盖茨创造了比一般人还多的财富，退休后却把全部的时间都用在寻找真正行之有效的东西，这就是他毕生的工作。”（克林顿语）后续部分可围绕问题结合大纲讨论，逐步引出教材核心内容。

（2）联系实际，深入分析：课堂中间部分通过同样是高职学生的广东农工商职业技术学院毕业生雷浪声来开展，确立在校高职生如何结合自己的专业和兴趣，规划自己，树立远大理想，创造有价值的人生。告诉学生人生理想的实现是一个创造的过程，要以开拓进取的态度迎接人生的各种挑战，就能不断领悟美好人生的真谛，体验生活的快乐和幸福。

（3）设立情境，学以致用：通过讨论，主题发言等方式得出最后结论，尝试设立情境，如就目前所处的大一阶段，怎样树立正确的人生观、价值观，并付出实际行动？学生会提出多参加志愿者活动、义务社区服务，通过具体的活动使自己内心得到升华，树立正确人生态度：一种是消极无为、无益于社会也无益于自身的人生态度；另一种是乐观向上、积极进取，既有益于社会又有益于个人发展的人生态度。

（三）第三阶段：课后阶段

课后阶段相比于前两个阶段，同样重要，首先就是通过邮件、QQ 群等网络聊天工具调查学生前两个阶段学习效果，是否需要改进，是否有所遗漏。其次就是通过新的素材、微课视频等引申出下一章节内容，并对上一环节遗漏或学习效果欠缺部分尝试通过第二次课堂来温习、补充。

四、结　论

随着高等院校培养人才模式的不断改革、思政课的重要性逐步提高、网络信息技术的不断发展，这都是翻转课堂全面推行的良好契机，教师可以对网络资料提前进行筛选提供给学生，这样既能保证学生的良好发展方向，又能提高学生学习的主观能动性[2]。从长远看，这种教学模式必然会逐步取代传统教学模式的主导地位，让学习过程更加生动，学习效果更有效。

参考文献：

［1］夏建华，后勇军．知识建构型翻转课堂典型案例研究——以“铁的重要化合物”的教学为例化学教学［J］．2015，（9）：28.

［2］穆亮红．翻转课堂教学模式下高校思政课教学改革探究［J］．广东交通职业技术学院学报，2015，（2）：87.

时代精神在高校思政教学中的方法

黄利顺

摘　要：高校的思想政治教学应该坚持“十八大”精神的指引，思想政治教育的教学工作者主动接受和领悟好党的方针政策，坚持并贯彻好党的基本理论，做到立知行结合、言传身教、立德树人和教学不空谈，同时要与时俱进，使教学不断地创新，碰撞出新的火花，让学生在掌握好应有的知识体系的同时，坚定政治信念，树立正确的世界观、价值观、人生观。

关键词：十八大精神；高校；思想政治教育；思政教学

中国共产党第十八次全国代表大会，是中国共产党在我国深化改革开放，加快经济发展转变方式非常关键的时期召开的具有十分重要意义的一次会议。各高等教育学校应该及时学习、贯彻并落实好党的十八大精神。推动十八大精神进入教材教程、进入课堂、进入学生的心中。

中国特色社会主义事业是需要一代又一代的有志青年努力奋斗、面向未来的事业。当代大学生是我们国家的未来和民族的希望，是社会群体的重要组成部分和中坚力量，他们思想道德品质的好坏、人生观和价值观是否正确，都直接影响着我国能否顺利实现社会主义现代化的富强、民主和文明。而在当今这个以互联网为基础的信息爆炸时代，青年学生所接触到的庞杂繁多的信息中既有精华也有糟粕，他们因缺乏社会经验和分辨能力，极易出现政治信仰不坚定、价值取向偏差、缺乏社会责任感等多种问题。因此，高校思想政治课教师应当意识到将时代精神贯彻到教学中，这对大学生思想认识水平的提高有着重要的意义。

高校思想政治教育教师自身更应该及时学习时代精神，夯实自己的理

作者简介：黄利顺（1969—）女，安徽贵池人，安徽池州职业技术学院副教授，法学硕士，研究方向：大学生思想政治教育。

论基础，深刻领会十八大报告的科学内涵和精神实质，准确把握报告提出的新思想、新观点、新论断。以实际行动深刻贯彻落实科学发展观，增强忧患意识和使命意识，树立良好的师德师风，时刻关注学生的学习和思想动态，遇到问题及时对他们进行引导与沟通，对学生的“三观”问题要注重加以培养和塑造。作为一名思政课的教师，不怀疑、不抱怨、始终坚定信念、始终坚守并追求时代精神，坚信党和国家的方针和政策，将这种坚定的理论信念转化为授课的激情。

思想政治教育教学必须立德树人，这是其根基所在，它决定了思政课的内涵、目标、功能、发展方向。所有的教育工作者都承担着立德树人的艰巨任务，也可称其为德育工作者。各门学科的专业课内容和思想政治教育课内容是同时存在的，但又有着不同的分工和侧重面。专业课内容主要是对学生授业和解惑，主要是对专业知识认知能力的树立和技能的传授。而思想政治教育课是一种意识形态的培养，其目的是促进大学生的道德自觉。立德树人是高校思想政治教育教学的根本，是传承社会主义核心价值体系的内在要求，可以更好地培养当代大学生对道德观的把握和塑造，进行德智体美全面发展和主流意识形态的认同和再接受[1]。教师不仅要热爱自己的教育事业，还要热爱学生，教师的一举一动和一言一行都是学生的风向标，教师始终要树立学习之风；同时，还要不断地学习，提高自身的专业知识水平，不断地给自己“充电”，从而真正以身作则，更好地引导学生全面发展。尤其是高校的思政教师，他们必须在提高自己知识理论水平和实践能力的同时，在处理学生思想政治问题上更应坚持以真诚相待为准则，针对不同问题使用不同的解决方案，全面关注学生的学习生活，努力将问题及时解决在萌芽状态之中。如在当前的信息时代，大学生有着很多的渠道了解和认识的这个世界。如何正确地解释当前社会中出现的各种现象、问题和矛盾，思想政治教育教师的态度是坚持实事求是，不回避问题，不曲解现实，帮助大学生进行理性分析和思考，做到不偏激不煽动，以正面的思想为引导，不仅让学生正确认识和积极抵制社会的假丑恶，还要让他们意识到社会中坚持主流思想的真善美。有些大学生易冲动、做事情不计后果、没有责任感、沉迷于游戏、漠视亲情和师生情、不重视团结友爱、更无感恩之心。对于这种情况，教师应该对学生进行全面的了解和指导，多方面掌握其家庭、生活、学习、情感、择业等情况，关注他们的思想动态，倾听他们内心真实的想法，从而更好地解决他们思想上出现的问题，并进行积极的辅导，使很多问题解决在萌芽状态，避免酿成大错。当然，教师需要用自身的生活经验和社会阅历进行言传身教，以朋友的姿态与学生交流沟通，使他们有更多更好的感悟[2]。

高校思政教育不应仅仅局限于对课本上理论知识的学习，还要积极培养学生全面、健康的行为意识。如对父母应有养育之恩、受社会外界帮助的感恩之心，使之转化为内在的人格品性。要重视对大学生诚信意识和责任意识的培养，树立大学生的民族意识和“国家兴亡、匹夫有责”的责任担当。同时，思政教育应该注重当代大学生的生命安全意识，一些学生对生活、人际关系、感情和学习等问题不懂得释放也不会妥善处理，发生了很多校园悲剧，而我们教育的目的在于帮助和教育学生，让他们理解生命的意义和价值，同时学习对生命产生敬畏。

在教学方法上，思想政治教育教学要不断创新，开创独特的风格。教师可以采用多元化教学模式，如可以采取课前布置问题、组织小组探讨会的方式进行，不仅要使学生主动发言，还要使他们积极动脑思考，提前布置问题还可以使学生在上课的时候集中注意力。在此过程中，学生也敢于表达自己真实的想法，这不仅使学生的主体意识、思维能力和表达能力有了综合性的提高，也顺应了当代大学生身心发展的现实要求。教师在授课时可以多运用现代移动互联网，与时俱进，可以利用自己的微博、微信或者建立公众号，选用一些当下有特色的新闻信息及热点话题设计成案例，让学生进行评论或在群组中探讨，这样可以及时有效地与学生沟通并传递正能量。思想政治教育教学上的创新，不仅要吸引学生，还要感染学生，要使学生从内心认同和接受思政理论课的内容，更好地理解思政理论课对自身的正确影响和重要意义[3]。

学生经过一学期的课内学习研究和课外实践活动，思想政治课教育能否使学生外在的主客观行为和内在的思想政治观念都有所提高和进步，能否使学生身心修养达到更好更健康的状态，这些都需要一定的方式方法来进行检验和评估。当然，期末报告检查和作业都不应该拘泥于单纯的论文形式，对于一些新入学的大一新生来说，他们很多时候对论文的形式和结构不是很清楚，在这种情况下，学生的论文往往就不能真正达到要求，更有甚者为了达到考核标准应付老师，就抄袭剽窃，这对于他们的身心发展十分不利，也与学习掌握思政理论的真正意义背道而驰。

高校一定要认真进行思想政治教育的实践教学，不能将实践止步于走过场、拍些照片，应该积极组织学生多参加一些有意义并能调动积极性的活动，比如观看文艺演出，组织参观革命圣地，邀请一些革命前辈讲艰苦奋斗的革命传统等等；或者有组织有目的地完成一些实践活动，例如组织帮助贫困山区失学儿童或者农村留守儿童。学生在参与活动的过程中，教师可以让学生懂得用自己的力量或者组织社团等多种方式帮助他人，自己可以捐献一些物品，也可以组织社团在校园或者社会上号召更多的人帮助和关注这些需要帮助的人，用自己的方式去回报社会，而不只是单纯地“摆拍”照片。高校在实践教学的过程中，应该要求学生有组织有纪律地行动，时刻注意自己的言行举止，注意自己的个人形象；同时，也要维护学校的形象，更要以形成一定的积极社会影响为目标[4]。

总之，在时代精神的指引之下，作为一名高校的思政理论课教师，要在思想上重视时代精神对于学生的重要意义。要对教学工作展开深入的研究，对教学研究项目的建设要积极对待，对教学的方式和方法要创新和改进，对课堂理论知识的讲授，要寻求更容易被学生理解和接受的方式；理论教育要增强说服力、吸引力和感召力，总之，要教育学生要做到立德树人。

参考文献：

［1］中共中央．关于认真学习宣传贯彻党的十八大精神的通知［N］．人民日报，2012-11-25.

［2］熊荣伍．“90后”大学生群体思想变化的影响因素与教育对策的探讨［J］．湖北师范学院学报，2012，（10）．

［3］郁大海．高校思政课实践教学运行机制创新研究［J］．探索，2008，（19）．

［4］杨清虎．十八大精神引导下的思政教学［J］．安顺学院学报，2013，（3）．

“思想咨商”对思政课教学中抽象化思维的矫正

方龙山　胡义钦

摘　要：思政课教学中的抽象化思维主要表现在两方面：一方面是对马克思主义基本理论的抽象化；另一方面是对教学对象的抽象化。以“思想症结”为对象、以“解惑去苦”为旨向的“思想咨商”，能够有效地矫正思政课教学中的抽象化思维。具体表现：其一，从抽象化的整体教育矫正到具体的个性教育；其二，从抽象化的理想信念教育矫正到具体的人文关怀和价值引导；其三，从抽象化的单向灌输矫正到具体的双向互动。

关键词：思想咨商；思政课教学；抽象化思维；矫正

抽象思维是认识事物的基本逻辑方法。如果离开抽象思维，认识客体在人脑中的反映只能是纷杂的乱象。“从生动的直观到抽象的思维，并从抽象的思维到实践，这就是认识真理、认识客观实在的辩证途径。”[1]

但是，如果抽象思维离开了辩证法必然会陷入形而上学的独断论。例如，黑格尔在批判康德“物自体”时指出，物自体就是抽象的东西，抽象掉了具体内容的残余，没有表象，没有思想，没有内容的彼岸；物自体是思想的抽象，是思想绝对抽象的产物。物自体实际上是空虚的自我将他自己空虚的自我形成对象，因而形成物自体的观念[2]269。

这种抽象化思维在今天依然存在，使我们对很多认识客体既熟悉又陌生。之所以熟悉，可能是我们会天天听到或者看到；之所以陌生，可能是我们确实搞不清他们的具体含义及所指。当今时代，人存在着被过度抽象化的倾向[3]9。人们热衷于“宏大叙事”，习惯于用大字眼和抽象空洞的话语概括具体现象并对整体作出片面论断。由此形成了抽象化的思维方

作者简介：方龙山（1964—），男，安徽贵池人，安徽卫生健康职业学院公共基础部副教授，研究方向为青少年思想政治教育；胡义钦（1966—），女，安徽贵池人，安徽卫生健康职业学院公共基础部高级讲师，研究方向为大学生思想政治教育。

式[3]7。这种抽象化思维同样存在于今天的思政课教学中，其实质是唯心主义思维、形而上学思维。具体表现为认识客体的绝对化、简单化和虚无化，如同康德的“物自体”。

一、思想政治教育视域下的“思想咨商”

思想咨商是以消解思想症结、去除精神痛苦为旨要的思想关怀活动[4]。着眼于人文关怀，并力图改善我国思想政治教育学科发展境况，王习胜教授提出了“思想咨商”（Thought Counseling）这一新概念并概括出思想咨商的“七步法”[5]。内容包括：倾听、叫停自动思维、问题化、逻辑分析、化解认知症结、意义指引和思想开解等等。

国外与“思想咨商”类似的概念和做法有哲学实践（Philosophical Practice）、哲学咨询（Philosophical Counseling）、哲学应用（Philosophical Praxis）、意义治疗（Logotherapy）、人文治疗（Humanistic Therapies）、人文关怀（Humanistic Care）等等[6]。这些理论、方法和技术，可以成为“思想咨商”的宝贵资源。

我国思想政治教育视域下的“思想咨商”，本着“以人为本”的理念，从个体的现实问题入手，从具体小事入手，借鉴国外哲学咨商的方法和技术，消解思想症结，去除精神痛苦，凸显对受教育者的人文关怀和价值引导，促进其健康成长。“思想咨商”的提出，不仅为思政课教学提供了新视角、拓展了新领域，而且能够有效地矫正思政课教学中长期形成的抽象化思维。

二、思政课教学中抽象化思维的具体表现

（一）马克思主义基本理论抽象化

其一，表现在疏离经典及其写作背景。重视经典著作的学习，既是一个学科人才培养的通例，也是一个学科人才成长的通则。马克思主义理论学科也不例外。高校思政课的教育教学，本质上是要对大学生进行马克思主义理论教育。这就要求教师真正掌握马克思主义基本理论，必须真学、真懂、真信、真用。如果教师对马克思主义基本理论理论一知半解，不仅

无法把课讲好，而且无法使学生信服。长期以来，在思政课教育教学工作中，我们不仅对马克思主义经典缺乏认真研读，而且对这些经典的写作背景也知之甚少。在这种情况下，本来充满生命力的马克思主义理论便成了空洞无物的教条。

其二，表现在对经典的解读缺乏科学性。对经典的科学解读，既要忠实于文本，又要不拘泥于文本、研究文本间的逻辑性；既要研究文本，又要研究历史背景，觉解言外之意。郎咸平教授在《资本主义精神和社会主义改革》一书的前言中写道：“我对马克思的理解是一个渐进的过程。……由于我本身的水平实在有限，我当时只能对马克思理论进行技术性数学化的理解，而完全无法参透其中的玄机。”[7]可见，科学解读马克思主义经典，仍然是一项十分艰巨的任务。对经典的解读缺乏科学性主要表现在：缺乏系统研究和整体理解；有意夸大某一方面，如过去的“斗争哲学”；根据主观需要和只言片语，随意解读；等等。

其三，表现在论证过程与结论相分离，重视结论，忽视过程。现在的思政课教学，更多的是向学生灌输马克思主义的基本观点、基本论断。而对这些观点的论证过程讲得较少。对这些观点随着时代的发展而需要进行全面理解也不够重视。例如，我们在研读《共产党宣言》时，必须同时研读马克思、恩格斯根据社会实践的发展和整个形势的变化所写的多篇序言。这样才能从整体上把握其精神实质。根据黑格尔的思想，“时间较晚的进一步发挥出来的哲学乃是思维精神的先行工作所获得的主要结果；它为较早的观点驱迫着前进，并不是孤立地自己生长起来的”2[607]，因此我们不应该“妄自骄傲于我们自己时代的哲学”[2]607。我们今天正在犯黑格尔所说的这种错误：骄傲于自己时代的哲学，却不知道它从何而来。最终连“自己时代的哲学”也无从认识了。我常想，弄不懂黑格尔辩证法，如何理解马克思主义唯物辩证法？在思政课教学中，黑格尔辩证法也被我们的抽象化思维弄得面目全非了。很多时候，我们是不自觉地用形而上学思维学习黑格尔辩证法。

（二）教学对象的抽象化

其一，表现为整体教育模式下个体的消失。传统的思想政治教育，从一般原理、抽象的概念出发，对受教育者进行马克思主义理论教育。这种主客体教育模式常常用简单的方法进行教育，省略了很多中介。所以，这种教育模式常常表现得很武断、很粗暴。对个体的教育，常常是通过整体对个体无形的压力来实现。从个体角度来看，这种教育模式带有很大的强迫性。实质上，这种教育模式是藐视个体、忽视个体的。在这种教育模式下，鲜活而生动的个体消失了，教育者所面对的仅仅是整齐划一的整体。而这种整齐划一的整体实际上也是抽象化、虚无化的东西。

其二，表现为教学对象抽象化为道德义务主体。传统的思想政治教育，不仅以整体扼杀个体，而且将整体和个体进一步抽象化为道德义务主体。只讲公，不讲私。所谓大公无私。只讲义务，不讲权利。所谓君子喻于义，小人喻于利。这些由抽象化思维形成的道德规范，因为缺乏现实的基础，除了偶尔能点燃盲目而狂热的激情外，大多沦为空洞虚伪的道德说教。

其三，表现为教学对象抽象化为理性思维主体。传统的思想政治教育将教学对象抽象化为道德义务主体的同时，还将其抽象化为片面的理性思维主体。克尔凯郭尔在批判黑格尔哲学时指出：黑格尔哲学的根本错误在于陷入了“客观主义”，既把逻辑、纯思维、客观精神当作一个具有普遍性和必然性的统一整体、封闭的系统，当作唯一真实的存在，企图由逻辑领域推论出一切其他领域。……黑格尔哲学是一种用思想整体来牺牲个人，使人非人化的哲学，是对人的地位和尊严的一种蔑视[8]。将教育对象简单地看成理性思维主体，忽视了人的欲望、情感、道德、信仰等非理性方面的需求。人被抽象化为理性思考的“机器人”，抽象的“理性思想”吞噬了鲜活的个人。在这种情况下，我们自然对教育对象的所思、所求无动于衷，“以人为本”的思想就这样远离了我们的思政课教育教学。

三、“思想咨商”对抽象化思维的矫正

（一）从抽象化的整体教育矫正到具体的个性教育

从“思想咨商”提出的目的来看，是为了提高思想政治教育教学的实效性和有效性；更深层次的目的是促进大学生健康成长，既能够积极服务社会，又能够拥有较强的幸福感。当前思想政治教育工作在实效性和有效性方面远远没有达到令人满意的程度。传统思想政治教育主要是从社会和国家的需要出发，着眼于对受教育者的世界观、人生观和价值观的“宏观”教化，因其远离了“我”的具体问题而受到“我”的隔膜和冷遇。我们知道，科学研究离不开科学的抽象。一切科学的抽象，都是更深刻、更全面地反映世界。但是，抽象化思维必然导致绝对化、简单化和虚无

化。反思思想政治教育的实效性和有效性问题，我们发现，在抽象化思维方式下，一方面是马克思主义基本理论的虚无化，另一方面是教学对象的虚无化。实际上，从国家和社会需要对受教育者进行世界观、人生观和价值观教化是非常必要的。这种教化并不必然导致教育对象的隔膜和冷遇。必然导致教育对象隔膜和冷遇的是由抽象化思维造成的“国家”和“社会”的绝对化、简单化和虚无化。当爱的对象被虚无化之后，爱也随之消逝了。因此，教育对象冷遇的并不是真实的存在，而是抽象化、虚无化的存在。黑格尔曾指出，“日耳曼的政治机构只不外是各个部门从全体中取走的权利和利益之和罢了”[2]108。因此他断言，“按照国家的概念和国家权力范围的科学考察来加以规定的话，就可以看见，德国不能够真正地被称为一个国家”[2]108。黑格尔所说的这样的国家就是一个抽象化、虚无化的国家。虽然从国家社会需要进行思想政治教育本身并没有错，但是“思想咨商”提出从教育对象的具体的、现实的问题出发，进行“微观”的思想政治教育活动。在提出新思路、新方法的同时，客观上起到了矫正抽象化思维的作用。长期以来，广大思想政治教育工作者苦苦思索思想政治教育工作效果，但成效不大。教育管理部门也号召要把思政课建设成学生真心喜爱、终身受益、毕生难忘的一门课。但是实际情况与理想要求还有很大差距。抽象化思维的形成，并非一朝一夕的事。既有认识上的根据，也有现实环境基础。人类总爱刨根究底，天生就具有形而上学抽象化思维倾向。另外，思政课教学中的抽象化思维已在一定程度上演变成“懒人”思维。没有活力，毫无创意。而“思想咨商”要求我们认真细致、科学解答一个个“我”的具体问题。这就要求我们不能从空洞片面的抽象性问题出发，而要从具体的现实问题出发进行研究。这样，思政课教学很自然地从抽象化的整体教育矫正到具体化的个性教育。

（二）从抽象化的理想信念教育矫正到具体的人文关怀和价值引导

从“思想咨商”的特质来看，它既不同于哲学咨商，也不同于心理咨询。心理咨询主要解决心理问题，与生理学、心理学、医学等实证科学紧密相连。而“思想咨商”主要解决思想观念问题，以人文科学为主要内容。尽管“思想咨商”类似于国外的哲学咨商，但是，哲学是在更为根本的问题上进行探讨。“哲学研究是一种对全知加以否定的工作”[9]。有人形象地比喻，其他学科做加法，而哲学在做减法。整部哲学史，就是人类不断否定自己、不断检讨自己的思想史。正是这样一个个不断的否定，为人类留下了无数的智慧。而这些无数的思想资源正是“思想咨商”所需要的。思想政治教育视域下的“思想咨商”力图改变过去的强调抽象的理想信念教育，注重对具体的教育对象进行人文关怀和价值引导。将人从“理性的奴隶”中解放出来。人文关怀是指对于人性的关注和理解，从人的自身需求、人的欲望出发，满足人的需求，维护人的利益，从而达到对人的基本尊重。价值引导包括通过说服、教育、灌输所体现的价值引导和通过广义社会资源分配调节利益的价值诱导。显然，“思想咨商”中的价值引导主要是指前者。这种人文关怀和价值引导的实质是“爱的教育”、是“以人为本”的具体体现。叶至善在《爱的教育》序言中写道：“……夏先生（指夏丏尊）把办学校比做挖池塘。……有人说方的好，有人说圆的好，不断改来改去，而池塘成为池塘必须有水这个关键问题反而没有人注意。他认为办好学校的关键是必须有感情，必须有爱；而当时的学校所短缺的正是感情和爱，因此都成了没有水的池塘，任凭是方的还是圆的，总免不了空虚之感。”[10]“思想咨商”的人文关怀和价值引导等方法为践行思政课“以人为本”的价值诉求提供了有力支撑，有助于改变抽象化的理想信念教育所导致的空虚无物。

（三）从抽象化的单向灌输矫正到具体的双向互动

从“思想咨商”的具体步骤来看，实现了由单向灌输到双向互动的转变。过去的思想政治教育，从抽象的概念出发，注重单向灌输，轻视双向互动。其结果是，为教育对象培育了一个抽象化的虚拟世界。我们自觉或不自觉地都生活在这样一个虚化的世界之中。在这样的世界中，人无论如何也无法拥有自由思想。正如黑格尔《小逻辑》中所指出的那样：“这种形而上学并不是自由的和客观的思想，因为它不让客体自由地从自己本身来规定其自身，而把客体假定为现成的。……我们近代的人，通过我们整个文化教养，已经被许多具有丰富深邃内容的观念所熏陶，要想超出其笼罩，是极其困难的。”[11]而“思想咨商”的第一步便是“倾听”。不是倾听抽象的概念，而是要倾听鲜活的个人。是要让案主尽可能地把心中的纠结、郁闷、烦恼等表达出来。只有建立平等互信的基础，才能实现真正的“倾听”。在抽象化思维的单向灌输模式下，教育者高高在上，不屑于或不愿意“倾听”；受教育者人微言轻，没有机会或不敢“倾诉”。建立在平等互信基础上的“倾听”把思维从虚拟化的概念世界带回到具体的现实生活，为实现双向互动提供了前提条件。“叫停自动思维”是“思想咨商”的又一个关键步骤。自动思维是指案主陈述相干或不相干的事实并不由自主地归因，强化固有信念而陷入“偏执”。思想咨商师要在基本明了造成案主思想症结的情因之后及时叫停案主的自动思维。这种无意识的、不带意图目的、自然而然的并且不需要努力的自动思维，实质上是长期教育而形成的思维。“人类天生容易犯错，而且其行为与情感推理的前提往往包含错误”[12]。这种错误前提往往是抽象化思维的结果。“思想咨商”要求我们将问题具体化，探讨问题背后的问题，拷问造成思想症结的观念、信念及价值取向等等。在这一过程中，能够很好地实现良性的、具体的双向互动。

参考文献：

[1] 中共中央编译局．列宁专题文集·论辩证唯物主义和历史唯物主义［M］．北京：人民出版社，2009：135.

[2] 贺麟．黑格尔哲学讲演集［M］．上海：上海人民出版社，1986.

[3] 黄明理，杨成敏．抽象的人与人的抽象：马克思人性观与时俱进的创新———兼对以人为本理念虚化现象批判［J］．南京师范大学学报（社会科学版），2012，（6）．

[4] 王习胜．“思想咨商”及其中国式问题论要［J］．安徽师范大学学报（人文社会科学版），2014，（2）：134

[5] 王习胜．思想咨商的示例与理路——基于思想政治教育人文关怀的视角［J］．贵州师范大学学报（社会科学版），2014，（2）：25-26.

[6] 杨希．国外“思想咨商”相关研究概要与检视［J］．安徽师范大学学报（人文社会科学版），2014，（2）：141-145.

[7] 郎咸平，杨瑞辉．资本主义精神和社会主义改革［M］．北京：东方出版社，2012：001-002.

[8] 刘放桐．现代西方哲学［M］．北京：人民出版社，1990：582.

[9]［英］怀特海．思维方式［M］．刘放桐，译．北京：商务印书馆，2010：233.

[10]［意］亚米契斯．爱的教育［M］．夏丏尊，译．南京：译林出版社，1997：2.

[11]［德］黑格尔．小逻辑［M］．贺麟，译．北京：商务印书馆，1980：100.

[12]［美］埃利奥特．柯亨．逻辑治疗的形而上学假设［J］．胡中俊，译．安徽师范大学学报（人文社会科学版），2013，（5）：535.

高校思想政治理论课教学评价研究

——基于教育本原理念

俞念胜　郑龙发

摘　要：对思想政治理论课教学进行评价不仅是新时期教育回归本原的客观要求，更是思想政治理论课改革的现实需要。思想政治理论课教学评价应坚持科学性和可操作性相结合、方向性和针对性相结合、整体性和延展性相结合的原则，加强评价主体之间的互动、细化评价指标体系、规范评价过程是提高教学评价的实效性、有效性和长效性的重要途径。

关键词：思想政治理论课；教学评价；评价原则；评价主体

一、教育本原理念下思想政治理论课教学评价的意义

弄清楚教育本原问题是我们把握思想政治理论课教学评价和教育本原理念关系的前提，梳理两者之间的关系可以帮助我们更好地认识思想政治理论课教学评价。

（一）思想政治理论课教学评价是教育回归本原的客观要求

何为教育本原？“哲学上对‘本原’的思考凸显为一种刨根问底的探寻精神，始终把理解世界的‘始基’或‘构成要素’作为第一问题。”[1]弄清楚教育本原问题对于思想政治理论课教师在教学活动中切实增强思想政治理论课教学的实效性、有效性和说服力、感染力有着至关重要的作用。“教育本原应该是为了让‘自然人’成为不被社会思潮所裹挟的‘社会人’，是祛除心灵污染的过程。”[2]思想政治理论课是知识教育和价值教育相统一的课

作者简介：俞念胜（1984—），男，博士，安徽省池州学院马克思主义学院副教授，研究方向为比较思想政治教育、高校党建和思想政治教育；郑龙发（1970—），男，博士，安徽省池州学院马克思主义学院副教授，研究方向为政治思想史、高校党建和思想政治教育。

程，它既要对大学生传授知识又要帮助大学生实现其价值，对大学生理想信念的养成、行为的恪守都起着导向和规范的作用。党的十八大报告中明确指出把立德树人作为教育的根本任务，这无疑是对教育本原这一概念的最好解读。教育一旦成为“纯粹传授科学知识，探寻征服自然、改造自然的技术、方法、手段”，那么学校教育必将远离立德树人的教育根本任务。

在本质上，教育本原应该理解为在教育的过程中塑造人的一种存在方式，即教育的客体在思想政治理论课的教学过程中，成为追求一种有思想、土见和积极的自由全面的个体。思想政治理论课教学的最终目的就是大学生在思想政治理论课的教学过程中，能够将授课教师讲授的理论自觉转化为思考问题的指南，并发挥自己的主观能动性积极努力践行，能够在当前高校思想政治理论课教学改革和建设的视域下，自觉地担当起社会主义核心价值观的培育者、践行者和弘扬者的责任。

（二）思想政治理论课教学评价是贯彻《意见》的客观要求

《关于进一步加强和改进新形势下高校宣传思想工作的意见》（以下简称《意见》）指出：“加强高校意识形态阵地建设，是一项战略工程、固本工程、铸魂工程。”[3]思想政治理论课所涵盖的五门主干课程是高校对大学生进行意识形态教育的重要内容。近年来，“效能困境”已成为影响思想政治理论课发挥其“生命线”作用的重要因素，究其原因主要是思想政治理论课在其运行机制、教学过程和评价体系等方面还存在着不足和明显的缺失。在新形势下，我们对这一问题进行思考，有助于对理论的自省和教育本原问题的反思，而对思想政治理论课学习评价的反思就是一种思想理论的自觉和负责任的响应。

思想政治理论课的教学评价应改变只重知识性和笔试测试的单一评价模式，回归到“知性”与“德性”“理论”与“实践”高度统一的教育原点上来。这种评价模式对思想政治理论课教师来说是“应然”和“实然”的统一。“一个教师从口袋里掏出来的用以擦拭自己颜容的手帕都务须干净整洁，又何况从心灵里掏出来用以滋养学生成长、进步的精神养料呢！”[4]在当前高校意识形态斗争激烈和复杂的背景下，思想政治理论课教师只有坚定政治立场，保持“手帕”的干净整洁，才能在教学过程中发挥课堂教学传播正能量的作用。

（三）思想政治理论课教学评价是教学改革的现实需要

“面对我国高等教育发展的新特征、新趋势，推动高等教育在发展方式与治理方式上的双重转型，是新常态下我国高等教育改革最为关键的两大任务。”[5]自教育部颁布了《高等学校教学质量与教学改革工程》以来，目前各省教育厅都出台了相关的实施意见并立项了一批教学改革项目，这些项目的立项是新时期深化高校教学改革，进一步提高教学质量的重要保证。思想政治理论课教学评价是对教学活动进行价值评判的过程，科学的教学评价可以客观反映授课教师的教学水平和学生掌握知识的程度。思想政治理论课教学不仅是一门理论，更是一门科学。思想政治理论课教学要充分发挥教学主体、客体和中介的合力作用，教学管理部门可以综合通过教学评价的结果，找出教学问题和症结，帮助教师改进思想政治理论课教学，从而提高教学质量。

可以说，思想政治理论课的教学评价在一定程度上成为教学改革的动力源。思想政治理论课改革强调以育人为本，在教学内容上，授课教师应该在提升学生的素质上下功夫，改变传统的以传授知识为主要内容的教学；在教学过程中，授课教师还应注重“教”和“学”的融合，在授课中控制讲授时间，让学生学的时间多于教师讲的时间，培养学生结合国内外的热点思考问题的能力。

二、思想政治理论课教学评价应遵循的原则

原则是人们所制定的思想和行为的基本规范。思想政治理论课教学的评价原则，即评价主体在评估过程中必须遵循的思想和行为的基本规范。教学评价是一个系统的、动态的复杂过程，为了达到良好的评价效果，思想政治理论课教学评价在操作过程中应遵循一些基本原则。

（一）坚持科学性和可操作性相结合原则

近年来，随着思想政治理论课教学改革的力度越来越大和涉及的范围越来越广，传统的教学课堂正逐渐发生转变。慕课、微课的出现正改变着思想政治理论课的教学形式，并影响着思想政治理论课的教学评价，但思想政治理论课的政治性和意识形态性是其最根本的属性，正是由于这一特性需要我们在思想政治理论课评价体系构建中要坚持科学性和可操作性相结合的原则。

思想政治理论课是巩固马克思主义在高校意识形态领域的指导地位、落实立德树人根本任务的主渠道，是进行社会主义核心价值观教育、帮助大学生树立正确世界观、人生观和价值观的核心课程[6]。因此，评价方

案、评价指标、评价统计等各个环节都必须能反映思想政治理论课教育的发展目标和教学规律，要具有科学性。科学性原则是思想政治理论课教学评价有效性的衡量指标，在思想政治理论课教学评价中，教师的课堂教学和学生的学习效果构成其主要内容。坚持科学性原则就是要在思想政治理论课的教学过程中，授课教师要实现课堂教学和学生的学习效果两者相统一。而在教学过程中，思想政治理论课教学也面临着教学内容的理论性强、系统性强等问题，对于授课教师来说，必然要改变传统的教学方法，要以现实问题为切入点，在把握学生的思想特点和思想政治教育的内在规律基础上，在教学方法和内容上下功夫，从而提高理论教授的传播能力，真正将思想政治理论课讲授成学生真心喜爱、终身受益的课程。

可操作性指的是评价指标具有可测性、可控性，能在评价实施时便于操作。主要有评价指标体系和标准是否符合实际的具有可行、评价标准设计是否合适、评价组织是否简洁等要素。思想政治理论课的评价过程作为一种反馈与矫正相结合的客观实践活动，是通过制定的科学指标来检测授课教师教学目标的完成度，通过评价的结果呈现授课教师教学过程中的突出问题，授课教师可以据此改进教学。因此，思想政治理论课教学评价是在教学目标基础上的具体化和行为化，所有的指标和选择项必须简洁、准确，具有可操作性。科学性和可操性原则在评价过程中可以实现互补，因此，我们在构建评价具体指标和整个体系时就必须和高等教育的教育目标相契合，要坚持正确的政治方向，不能偏离高等教育的日标，必须体现中国特色社会主义教育的科学性和可操作性。

（二）坚持方向性和针对性相结合原则

思想政治理论课的方向性原则即在评价过程中要坚持正确的导向，评价的目的要与国家要求和教育的目标相一致。这就要求评价的主客体要树立正确的评价观，教育主体要充分发挥和挖掘自己的教学潜力，教育客体要充分发挥自己的主观能动性，确保其发挥导向功能。遵循思想政治理论课的方向性原则，要求我们一方面要贯彻《中华人民共和国教育法》和《中华人民共和国高等教育法》等法律文件精神，大力加强高校思想理论课建设；另一方面，“高校思想政治理论课是一组体现社会主义本质特征和基本要求的国家课程”[7]，其课程性质的方向性决定了教学评价的方向性，要坚持课程与教学大纲、计划和教育目标两者的统一。

思想政治理论课要针对新时期大学生的思想特点和发展规律来组织设计教学内容和方案，其教学评价应注重对评价本身的评价即元评价。一方面对评价方案的评价是取得科学、客观的评价结果的前提，这就要求评价方案的对象、目的、标准明确且权重分配合理；另一方面，对评价结果和效用的评价也很重要。被评价者接受评价的结果与否取决于评价的信度和效果。学生通过思想政治理论课的学习会将相关理论知识内化为自己的思想道德素质，并将其外化为自己的行为表现，因此，评价功能发挥得好对被评者具有促进作用，反之，则起阻碍作用。

（三）坚持整体性和延展性相结合原则

思想政治理论课教学评价是一个动态、系统的过程，这种评价必须贯穿于教学的各个环节，反映教学的各个方面。思想政治理论课教学评价的各组成要素构成的各个子系统既相互独立又相互联系，体现了思想政治理论课教学评价的整体性。在具体的教学过程中，一方面评价要将教师的“教”与“学”统一起来，进行整体性评价；另一方面，评价要整体把握学生的思想发展状况，进行系统整体性评价。思想政治理论课的教学评价从表象上来看是对单个授课的教学进行评价，实质上是对某一课程的整个教学团队的评价。思想政治理论课教学经历了集体备课、教师经验交流、相互听课等一系列的教学团队的整体劳动。教学评价涉及多方面的利益，因此要统筹规划，不能片面强调某一个评价指标，也不能以偏概全，必须处理好各方面的利益关系。

随着高等教育改革的范围、内容和方式的不断深化，思想政治理论课的教学评价也应该在发展的视域下不断更新调整评价指标，以应对当前大学生思想的变化和时代的发展要求。坚持延展性原则在于，学生走出学校、走向社会，还要接受所在单位、企业和公司的评价，主要包括其与领导、同事的人际关系处理、自己的思想品德状况等等，因此思想政治理论课的教育评价要立足于高等教育的定位与使命，积极构建自身发展的“新常态”。高校思想政治理论课的教学评价需要对传统的经验化、感性化的评价进行变革，进而采取一种现代的标准化、程序化、数据化的评价方式，从而提高教学评价的科学化和长效化。

三、对教育本原理念下思想政治理论课教学评价的思考

（一）加强评价主体互动，提高教学评价实效性

思想政治理论课不同于其他专业课，在进行思想政治理论课评价时应

注意到该课程的特殊性。目前，高校的教学管理部门、高校教师和学生构成了思想政治理论课的评价主体，要真实地反映教师的授课水平，必须对思想政治理论课的教学质量进行准确定性，因此思想政治理论课的教学评价需要评价主体之间的互动，形成科学良性的互动机制。

目前，听课制度是思想政治理论课应对高等教育改革采取的建设性、战略性的改革举措。所谓“外行看热闹，内行看门道”，思想政治理论课的教师相互之间的听课、评课是提高教师授课水平的重要途径。通过系、教研室组织的集体听课和教学观摩，可以集中整体的力量达到“解剖麻雀”的效果。但在实际教学中，有些高校重视不够，没有很好贯彻这一制度，再加上思想政治理论课的教师承担着整个学校思想政治理论课的教学，教学任务繁重，使得听课、评课流于形式或只在学校检查时走过场。因此，高校要建立健全听课、评课制度，充分发挥这一制度的积极作用。

学生是思想政治理论课教师授课的对象，是思想政治理论课教学实践的直接参与者，因此学生的评价是思想政治理论课教学评价中最有分量也是最有价值的评价。通过一学期的授课，学生对授课教师的教学态度、教学风格、教学水平都有较为客观的认知，因此每学期期末的学生测评基本能反映教师的授课水平。但在现实中，相当多的学生对评价认识不到位，评价的随意性较大。尽管很多高校在技术上采取了一系列的措施，但这种情况仍然不能杜绝。要改变这种状况，需要教师、教学管理人员、院系高度重视，广泛宣传学生评价的重要性和科学性，只有这样才能客观反映教师的真实教学水平。

评价主体不仅包括学生和教师，还包括教学管理部门。在高校中教学管理部门主要是教务部（处）或下设的督导组。教学管理部门的评价主要是通过教学技能比赛或随堂听课两种方式进行。一方面各个高校基本上每学年都会开展教学技能比赛活动，这已成为检验教师教学水平和教师展现其教学水平的一个重要舞台，随着这一活动的持续开展，因其评价的公正公平公开性，越来越受到教师的重视。另一方面，教学管理部门的随堂听课也是对授课教师进行教学评价的基本方式之一，但这种方式容易受到一些不确定因素的干扰，往往不能全面反映授课教师的教学质量，从而影响教学评价的有效性。

综上所述，思想政治理论课评价要发挥教学管理部门的指导地位，构建教师为主导、学生为主力的评价主体互动机制，这样才能形成评价主体的系统化、科学化，才能促使教师改进教学工作，提高教学质量。

（二）细化评价指标体系，确保教学评价时效性

高校思想政治理论课的教学目标和任务要求思想政治理论课教学应该以知识学习为逻辑起点，以理论、观念内化为中介和过程，以学生的实际表现和行动为逻辑终点。因此，高校思想政治理论课学习评价应该坚持以马克思主义理论素质考核为第一要义，以道德品质评价为核心，以信仰测评为最终归宿。众所周知，评价指标体系是思想政治理论课教学评价的核心要素，科学、系统的评价指标能真实、客观地反映教师的教学质量。高校的教学管理部门在制定评价指标时，要结合思想政治理论课的特点从宏观和微观上考量评价指标体系，即要想达到预期的评价目的和效果必须以学生在课程学习中的学习效果为核心的评价内容，并将此核心内容融入整个评价指标体系之中。

一方面思想政治理论课评价指标体系要反映思想政治理论课的教学目标。思想政治理论课的评价指标体系要考虑学生的实际水平，要反映教学的思想性和内容；另一方面，思想政治理论课评价指标体系要采用科学的量化方法。很多学校的评价体系主要体现在授课教师的教学内容、教学方法、教学态度、教学效果等方面，这种评价指标体系不能从整体上把握教学水平。因此，对传统的评价指标体系进行扩充和量化，可以真实地反映教学质量，如可以对授课教师的授课表达、教学互动、能力培养、教学风范等方面进行指标细化。

（三）规范评价过程，提升教学评价的长效性

规范思想政治理论课的教学评价过程不仅需要完善监督制度，还要加大反馈力度，从而对思想政治理论课教师进行整体评价。原有的评价机制在操作上不规范，存在以偏概全等现象。规范评价过程，首先教学管理等相关部门应加强监督和引导。教学评价一般是在每学期期末学校以文件的形式要求学生登录相关系统对授课教师进行评价。在评价的环境方面，需要营造一种积极的氛围，让学生自觉、客观地对授课教师的教学过程进行评价。其次，应及时将学生评价的结果反馈给授课教师。各个学校的评价结果一般是以核算之后的权重分数呈现出来，这种反馈的结果实效性不强，应建立完整的系统将学生评价的具体指标用文字的形式表述出来，只有这样才能真正发挥评价的作用。

思想政治理论课教学评价不是目的，只是一种手段，要做到以评促建、以评促改、评建结合、重在建设，通过这些措施查找思想政治理论课

教学评价中出现的问题，从而解决问题，实现思想政治理论课的教学目的。

参考文献：

[1] 杨玉东，徐文彬．本原性问题驱动课堂教学：理念、实践与反思[J]．教育发展研究，2009，(20)．

[2] 田争运，张迪．"教育本原"的实践反思[J]．理论导刊，2011，(11)．

[3] 加强和改进新形势下高校宣传思想工作[N]．人民日报，2015-01-20.

[4] 沈壮海．加强和改进高校宣传思想工作的主线、基础和重点[J]．中国高等教育，2015，(6)．

[5] 陈先哲．新常态下我国高等教育面临双重转型[N]．中国社会科学报，2015-03-11.

[6] 以高度的使命感办好高校思想政治理论课：论学习贯彻《关于进一步加强和改进新形势下高校宣传思想工作的意见》[N]．光明日报，2015-01-22.

[7] 李继兵，陈洪涛．牢牢把握党对高校意识形态工作的主导权[N]．广西日报，2010-09-22.

“思想道德修养与法律基础”课教学应坚持“理”与“力”相结合

刘为国

摘　要：“思想道德修养与法律基础”是高校思想政治理论课的重要组成部分。它是以人为本，以学生成人、成才为着眼点，以人生观、价值观、道德观、法治观教育为主要内容，以发展观和荣辱观为统领，坚持以德育人和以法育人相统一。在教学实践中，教师一方面要揭示教材内容的核心——“理”，另一方面又要对应施展有效的“力”，这样才能真正展示这门课程的价值内涵和外在特征，吸引学生认真学习、领悟并导向自我教育。因此，在这门课程的教学过程中，应尽量做到坚持“理”与“力”相结合，即教学实践中，教师既要会“明理”“析理”，又要会巧妙“发力”，坚持教学内容与教学形式有机统一，从而切实提高教学实效。

关键词：思想道德；理；力；结合

遵照中共中央16号文件精神和中宣部、教育部5号、9号文件精神，高校的“思想政治理论课”新教学方案中，“思想道德修养与法律基础”（以下简称“基础”课）强调坚持以人为本，以学生成人、成才为着眼点，以发展观和荣辱观为统领，以人生观、价值观、道德观、法治观教育为主要内容，坚持以德育人和以法育人相统一。它引领大学生修身立德，知行并重，健康成长。作为高校面向全体大学生的一门公共基础课，根据本课程的基本特征，结合目前的教学实际状况，笔者认为，这门课程的教学一定要坚持“理”与“力”相结合。

作者简介：刘为国（1970—），男，安徽池州人，安徽池州学院管理与法学院副教授，法学硕士，研究方向为思想政治教育。

一、“理”与“力”的含义

（一）什么是“理”？

“理”字的本义很简单，就是指事物本身所自然包含的规律性，即现代人所概括的“真理”“真知”。天下万事万物都有其内在的规律性，各有其“理”。一切事物运动及其关系都可以探究其“理”。不同的事物之间，虽然小理有别，但大理相通。由此推之，我们日常的教学活动也应深谙其理，尤其是教学内容之“理”。

那么，目前高校的“基础”课又蕴含着什么样的“理”呢？纵观本课程内容体系，我们不难发现，课程中的“理”主要是以下几个方面：一是“道理”。个人道德、社会公德、职业道德是本课程教学内容的重要组成部分，它们共同的内在规律性——道德之“理”，即“道理”。“道理”是人们修身立德、安身立命之根基。二是“情理”。本门课程中，有关恋爱、婚姻、家庭、爱国主义等内容，无不在揭示个人与亲人、与家庭、与国家的情感、情操，即“情理”。“情理”是人伦之纲，处世之本。人生于世，若情理不通、不实、不真，必将失信于天下。三是“事理”。本课程前两部分内容讲述大学之道、理想之路，也是关于大学生现阶段处世之理，可归结到道德、情理之外，概而言之，可称之为“事理”。它能引领人生成长方向。大学生处在青年时代，既要有“知”，更要有“识”——“见识”，即明事理，识大体。古人说：“临大事而能决者，则大势几可定也。”四是“法理”。本课程最后两个部分内容是介绍社会的刚性规则——法律的基础理论。它意在启示大学生们：法律是顺势而行，依理而立，因人而启，据实而断。法律是社会最基本的行为规范。大学生作为时代青年，作为合格公民，应该模范遵从社会道德底线——法律，如此，方能使人生之路走得顺畅。

总体看来，本课程中蕴含着道理、情理、事理、法理，其表现有别，但本质相同，效能相近，它们都是为了促进大学生更深刻地认识到人生于世，要知书达理，和谐成长。

如果说，本课程的实质内容是“说理”，那么，这个“理”怎样才能说通、说透，怎样才能使大学生们实现学以致用、知行转换，从而产生预期的效果呢？换句话说，“理”的实现需要仰赖一定的表现方式——“力”。

（二）什么是“力”？

“力”是指借助一定的形式和途径能对事物产生作用或影响的效能。“力”是外在的，是形式意义上的东西，它是能被主体直接感知的。“力”表现在课堂教学活动中就是教学的形式、方式、手段等。“基础”课程的“力”就是遵循教学规律和课程特征，并结合课程内容——“理”而采取的灵活多变的教学形式、方法、手段。教师在“基础”课程的教学实践中，要努力做到“理”与“力”相结合，实现内容与形式的有机统一。

二、“基础”课为什么要坚持“理”与“力”相结合

“基础”教学过程中，教学内容的实质——“理”是内在的、核心的、基础性的，“力”是外在的、必要性的。它们之间相结合反映了本课程的教学规律及其内在要求。

（一）“理”与“力”相结合是本课程教学内容——“理”的特性决定的

“基础”课程内容都是大学生当前必须面对、思考和回应的人生基础性问题。它有两方面的基本特性：一是主题的时代性。本课程内容中，有许多主题都是当今时代主导性的意识形态中最新思想观念问题和重要的社会科学理论成果。这些主题思想要尽快实现“三进”——“进教材、进课堂、进头脑”，就必须采取灵活的传授方式，让学生急于了解，乐于接受。而不能采用呆板的灌输方式，单一的训导式教学容易激起学生们的逆反心理。二是话题的开放性。本课程内容中绝大多数话题都是大学生需要直接面对的人生课题。如何看待、思考、回应，我们应让大学生们在课堂上积极主动参与进来，推进互动交流。俗话说“话越说越透，理越辩越明”。在讲授“基础”内容之“理”时，我们应不拘形式，明晰“理”，巧使“力”，在教师的主导和引领下，推进学生的自我教育。

（二）“理”与“力”相结合是本课程教学对象的特性决定的

“基础”课是大一新生的一门公共必修课。大学一年级还处在大学生的养成教育阶段，他们已有的知识水平、社会生活经验和学习认知能力都是有限的，甚至于相对滞后于大学校园生活和本人个性化生活的需要。以往很多情况下，他们对世界观、人生观、价值观的认识中，感性认识成分偏多。而“基础”课是以成人眼光并结合他们现在所处的人生环境对“三观”作出理论化的系统阐述。我们只有借助十分有利的方式——“力”，才能使大学生们很好地感知这些“理”，并实现内化，成为他们思想观念的一部分，引领他们成长。

（三）“理”与“力”相结合是本课程教学过程的特性决定的

“基础”课教学是要以主流的或者说主导性的世界观、人生观、价值观来改造、同化大学生的思想观念，指引他们成长。这门课程的教学过程包含感知、理解、认同、内化等几个阶段，即知、识、信、行相互促进、相互转化的反复过程。在这个过程中，要在社会对学生影响广泛的背景下实现本课程对学生影响的深刻性，要实现表里如一、知行一致，需要教师在讲课中注重教学形式的灵活性，只有坚持“理”与“力”相结合，才能减少教学过程的反复性，促进学生良好品德的养成和法治觉悟的提高。这也使得我们自觉遵从了本课程的一项内在规律性——即德育比智育更重要。

（四）“理”与“力”相结合是本课程教学改革的要求

“基础”课是高校公共基础课程，面向全校新生开设，教学对象十分广泛，许多情况下多数教师采用了大班教学形式。从管理者角度来看，这种做法是能体现办学效益；从教师角度来看，就是要兼顾教学效益。但是，我们要清醒地认识到：在效益之前还必须注重教学质量。因此，在这样一个大目标下，无论什么样的教学组织形式，“理”是一定的，而这些“理”要被学生迅速消化吸收，实现知行转化，就需要教师巧用“力”。单一的讲解、宣扬、训导、说教，这类单向式教学肯定不能满足不特定群体中不同个体的学习需求。因此，要想提高本课程的教学效益，就必须注重教学改革：首先，在形式方面——“力”上下功夫，依据“理”的特性，灵活用“力”，“理”“力”统一，体用结合，方才真正展现本课程的德育功能，才能促进实现公共课教育教学的中心目标——质量与效益。

三、“基础”课怎样做到坚持“理”与“力”相结合

（一）重视研读本课程的课程论

课程论是关于一门课程的总体认识，它包括课程的性质、地位、宗旨、任务、目标、大纲等，共同建构了一门课程的空间维度。对于一门课程，如果一个教师没能透彻研读其课程论，不能从整体上看清和把握这门课，拿到书就教，就会陷入“当局者迷”的境况。因此，“基础”课教师只有通透把握课程理论，居高临下，纵览全局，才能更好地把握课程的内容——“理”的特性，并据此采用相应的教学形式——“力”。这实际上是要求我们教师要能从宏观上思考本课程的教学活动，整体把握课程特征和教学的目标方向，坚持做到“理”与“力”相统一。

（二）善于研读教材及相关背景资料

教材为体，教法为用，体用结合，方能显现功效。在本课程的教学备课环节，只有通过研读教材，教师才能熟悉教材内容的整体特性。虽然“基础”课的内容多为开放性的话题，但教材以当今时代的现实生活为背景，进行分类概括，列出主题，然后进行理论性阐述。因此，我们只有认真研读教材及相关背景资料，才能更好地把握教材的主旨和编者的意图，把握好教学内容的广度和深度，才能用更有“力”的方式，解析教材内容之“理”。否则，教师的目光和思维只是浅留在书本之上，停留在认知层面，那样就会大大降低本课程的德育功能。

（三）善于联系学生的三个“实际”

本课程内容之“理”是概括性的，是从实际生活中抽象和提升出来的处世之“理”，是社会主导性意识形态和主流价值观所推崇的“理”。而大学生头脑中已有的或固有的某些观念与之对照，肯定不会完全一致。我们正是要通过教与学的双向互动，对他们进行说服、教育、感化，以至于同化，促使他们更新观念，提高认识，接受新观念、新思想，并最好能够付诸行动。这个任务的实现过程是很困难的，为此，我们在教学过程中一定要坚持做到“理”与“力”相结合，要注重联系结合学生的三个“实际”：即学生的生活环境、思想状况、认知特性。以学生的兴趣为着力点，

从感性认识入手，思考、分析、讨论、点评，互动交流，引领他们主动认识，自我教育。古人云："学而不思则罔"。为避免单一的说理与训导，这门"基础"课程的教学实践中，我们应以学生的三个"实际"为背景展开教学，做到说理与思辨有机统一，辨象析理，因势利导，让学生感悟真知，感受真理。如果只知一味地高谈阔论，夸夸其谈，引经据典，皓首穷经，反而会使本课程教学背离其宗旨而误入歧途：既可能会虚浮空洞，也可能会让学生觉得理论艰深，倍感压抑。

（四）注重教学组织形式的多样化和教学手段的现代化

"基础"课程具有时代性和开放性特征。相应地，这门课程的教学也应不拘常规。一方面，本课程的教学组织形式应当体现多样化。如积极开展第二课堂教学，将它与新生入学教育、时事报告会、演讲比赛、专题讲座、调查调研等活动联结起来。毕竟，"理"要真，"理"要实，方可信、可行。而课堂之外开放式活动正好提供了这一契机，借助了实践之力巧妙说理。另一方面，我们也要注重教学手段的现代化。现代化的教学手段能更方便地引入新鲜资讯，大大增加了课堂教学中的信息量，同时也大大提高了信息的传递速度和效率。这种丰富、快捷、直观的教学手段体现了感知与实证的统一，提高了教学内容——"理"的可信度并增强了说服力，也增强了学生的认同感，促进学生知、识、信、行的快速转变。

虽然我们一再强调"基础"课教学要坚持"理"与"力"相结合，但在教学实践中，对于"理"与"力"的关系，仍有教师难免会出现认识上或行为上的偏差。如有的人注重理论探究，偏重学术化；有的人热衷于新鲜教学手段，出现"教法教具化"倾向。这些都反映了他们对本课程的性质、宗旨、任务等特性缺乏深刻认识和把握。我们认为，只有充分认识和把握本课程的特性，才能真正做到坚持"理"与"力"相结合，实现辩证统一。这样，既可以克服偏重于"理"而陷入说教式、训导式教学，徒增学生的怀疑、漠视、反感和抵触情绪，又能克服偏重于"力"——形式花哨，但说理不强，让学生感到"假""大""空"，以至于偏离了本课程的价值目标。因此，正是从这个意义上说，坚持"理"与"力"相结合真正反映了课程教学的本质要求。但是，要使它真正成为改进本课程教学的一项基本原则，还有更细致的问题等待我们去思考和探究。

提升高校思想政治理论课实践教学实效性探究

——以“思想道德修养与法律基础”课程为例

彭　梅

摘　要：实践教学是思想政治理论课教学的有机组成部分，对于增强思想政治理论课教学实效性，提高学生综合素质，提升教师教学水平都有十分重要的意义。目前高校思想政治理论课实践教学存在诸多问题，笔者结合自身实践教学的尝试和感悟，提出了一些建议，希望能为提升高校思想政治理论课实践教学这一重大课题尽一份力。

关键词：思想政治理论课；实践教学；实效性

中共中央宣传部、教育部在《关于进一步加强和改进高等学校思想政治理论课的意见》中指出：“高等学校思想政治理论科所有课程都要加强实践环节。要建立和完善实践教学保障机制，探索实践育人的长效机制。”实践教学是思想政治理论课教学不可或缺的有机组成部分，具有十分重要的意义。

一、思想政治理论课实践教学的重要性

首先，实践教学能增强思想政治理论课教学的实效性。以“思想道德修养和法律基础”这门课程为例，这是一门集思想性、政治性、知识性、综合性和实践性于一体的课程，课程的主要任务是：开展马克思主义的世界观、人生观、价值观和法律观教育，以提高大学生的思想道德素质和法律素质，帮助大学生成长为德智体美全面发展的人才。实践教学既是课程性质的体现，也有利于实现课程任务，提高教学的实效性。

作者简介：彭　梅（1987—），女，湖北天门人，池州学院马克思主义学院讲师，硕士，研究方向：思想政治教育。

其次，实践教学能提高学生综合素养和能力。实践教学中大学生是主体，实践教学活动既有利于提高大学生的道德素质和法律素质，也有利于提高大学生的组织协调、沟通交流、团队协作等能力。

最后，实践教学能够提升教师的教学水平。实践教学能否顺利开展，既需要学生的积极参与，也需要教师的规划和引导。例如：实践教学计划的制订具有一定的难度，需要花费较多时间和精力；在实践活动开展的过程中既要维持秩序，保证活动顺利开展，又要应对可能出现各种情况；实践活动结束后，还需要站在一定的高度，联系教学内容和目标进行总结和分析。可见，开展实践教学实际上是对教师的理论修养和教学水平提出了更高的要求。

二、思想政治理论课实践教学存在的问题

近些年，越来越多的高校认识到思想政治理论课实践教学的重要性，并且进行了尝试和探索，虽然取得了一些成绩，但也存在一些问题。

第一，实践教学体制不完善。思想政治理论课实践教学应该包含四个基本的环节：计划制订、活动执行、效果考核、反馈和修正，这四个环节环环相扣，形成一个有机整体。当前，很多高校的思想政治理论课实践教学过程是不完整的。以池州学院“思想道德修养和法律基础”课程的实践教学为例，目前，我们在前两个环节比较重视，而对后两个环节的关注相对比较薄弱。而比较重视的两个环节也缺乏制度的支撑，如计划制订环节，虽然目前已经将实践教学列入了教学大纲中，但是缺乏具体的实施方案和标准。这就导致很多教师在活动执行环节觉得无从下手，加上没有接受过相应的指导和训练，部分教师要么以理论教学代替实践教学，要么就是选择相对比较容易的实践教学方式糊弄过去。在效果考核环节，出现了实践教学考核目标不健全、量化标准不统一等问题。在信息反馈环节，因为高校的思想政治理论课往往是大班教学，并且每门课程教授的学生往往只是一个学期，缺乏反馈制度，难以将学生的需求反馈给任课教师，不利于计划的修正和实践教学活动的开展。

第二，实践教学经费不足。目前，高校思想政治理论课实践教学主要分成两大方面：一是校外实践，二是校内实践。校外实践主要是参与社会调查、志愿者服务或公益性活动、实践教学基地的参观考察等。为保证这些活动的顺利开展，必须有相应的经费支撑，如交通费、餐饮费、住宿

费、门票、实践教学基地的建设等。虽然目前很多高校为此设立了专门的经费，但是随着高校就读人数的不断增长，经费仍显不足，很多校外实践活动只能推选部分学生代表参加。校内实践主要是课内实践教学、社团活动、聘请专家举办讲座等，其中课内实践教学开展的次数最多，但是几乎没有经费，如在班级内开展爱国主义演讲、诗歌大赛等活动，评选出等级后，没有相应的物质奖励，学生的积极性相对较低。

第三，实践教学师资不足。目前，我国高校普遍存在思想政治理论课教学师资不足的问题。思想政治理论课往往是采用合班、大班教学的方式，增加了教学的难度。要引导一个150人左右的班级进行实践教学活动，既要鼓励学生积极参与，又要维持秩序，其难度比理论教学更大。不少高校对教师提升实践教学水平提出了要求，但是没有提供相应的指导和培训，部分教师难以适应实践教学的需求，反而产生了排斥和反感的情绪。同时，又缺乏相应的激励机制。实践教学需要花费大量的时间和精力，但是大部分高校对于这部分教学工作没有明确规定薪酬，难以调动教师进行实践教学的积极性。

三、提高高校思想政治课实践教学有效性的对策

针对以上问题，结合本人进行“思想道德修养与法律基础”实践教学的感悟和经验，提出以下几点对策。

首先，建立健全高校思想政治理论课实践教学机制。为保证思想政治理论课实践教学的有效性和过程的完整性，在制订计划、活动执行、效果考察、反馈和修正这几个环节应该制定相应的规范和标准，形成制度，以保障每一个环节都能有效实施，并形成一个良性循环。思想政治理论课实践教学机制的形成，单靠承教部门或院系的力量难以形成长效机制，难以发挥其实效性，还需要高校各部门的支持与配合。因此，还需要成立相应的组织管理机构，加强组织管理。各高校应成立思想政治理论课实践教学组织领导机构，由学校领导主抓，党委宣传部、教务处、学生处、团委、各二级学院与思想政治课教学单位分工协作，各负其责。教务处应把思想政治课实践教学纳入教学计划，结合专业人才培养方案，制定相应的学分规定；要加强对教学工作的督导、检查、协调等工作，确保全校思想政治课实践教学有条不紊地持续顺利进行。党委宣传部、学生处、团委与各二级学院是实践教学的协助单位，应有明确的具体分工，对实践教学交通工

具、实践教学场地问题、实践教学食宿安排、学生人身安全等各方面都要提供有效保障。

其次，加大经费投入，完善经费保障制度。保障高校思想政治理论课实践教学顺利进行，提高其有效性，必然需要经费投入。应该设立专项基金，建立和完善经费管理使用制度，完善经费使用审批程序，做到专款专用。在保障校外实践教学经费的基础上，还应该增加校内实践教学特别是课堂实践教学的经费。

再次，强化高校思想政治理论课实践教学师资队伍建设。经常组织教师外出学习和考察，特别是到兄弟院校进行考察，让教师开阔视野，了解更多书本上的知识，同时能向其他院校“取经”，取他人之长，补自己之短。要开设相应的培训班或讲座，对实践教学教师进行指导和培训；成立帮扶团队，让实践教学经验丰富的教师发挥传、帮、带的作用，打破实践教学教师“单打独斗”的窘境。同时，还应该建立健全激励机制，对教师的实践教学工作量进行统计，发放相应的薪金或补助，调动教师参与思想政治理论课实践教学的积极性。

最后，以笔者实践教学的经验为例，本人的做法是：（1）引入档案管理制度对学生进行管理。思想政治理论课目前都是大班、合班教学，班级人数多，学生来自不同的院系和专业，难以管理。因此，给学生建档就非常必要。我的做法是要求学生撰写一份简历，简历包含个人的基本信息、照片、考勤、作业、实践教学表现等几个方面。在开展实践教学时，结合档案管理和分组管理，能较为清楚地掌握每个学生的实践教学表现，不容易出现学生的脸和名字对不上号的情况。同时，将实践教学与理论考试和学分挂钩，一定程度上能激发学生参与的积极性。（2）强化课堂实践教学。课堂实践教学开展数量最多，频率最高，学生参与的范围也最广，其主要的引导者就是任课教师，因此，任课教师应该重视课堂实践教学。我的做法是：按照实践教学大纲的要求，将各个章节的实践教学活动联系起来，形成一个整体。在完成基本的实践教学任务之余，还增加一个“新闻播报”的实践内容。每次上课之前都会要求每个自然班派出一名代表，进行5分钟左右的新闻播报和点评。一方面是能够扩大学生的参与面，给更多学生参与的机会；另一方面对于提升学生的能力有很大帮助。在当前信息繁杂、碎片化传播的背景下，搜集资料、提取有效信息已成为一种急需培养的能力，“新闻播报”的活动能培养和锻炼学生这方面的能力。同时，对新闻进行点评，给出意见，既能促使他们关注时事，也能提高他们认识问题、分析问题、解决问题的能力。本人在从事高校思想政治理论课教学的过程中，对于实践教学进行过诸多尝试和探索，在此将学生反馈较好的两点做了简要介绍，希望以鄙薄之力为提高思想政治理论课实践教学实效性提供一些参考。

参考文献：

[1] 中共中央宣传部宣传教育局等．加强和改进大学生思想政治教育文件选编［C］．北京：中国人民大学出版社，2005.

[2] 周志文．如何提升高校思想政治课实践教学的有效性［J］．文教资料，2009，(6)．

[3] 刘艳萍，刘永安．思想政治课存在的问题及对策［J］．陕西广播电视大学学报，2012，(6)．

案例式教学法在“马克思主义基本原理概论”课实践教学中有效运用研究

俞念胜

摘　要：案例教学法在“马克思主义基本原理概论”课实践教学中运用已经过几年的探索并形成了一些好的做法和经验。案例教学法的提出和运用是理论联系实际学风、增强“原理课”实效性、提高学生学习兴趣的需要。在新时期，“原理”课教师要在对案例教学法的认识、案例的选择上下功夫，做到教师主导、学生主体、知识性和信仰性“原理”课教学目标的实现。

关键词：案例教学法；实践教学；实效性

高校实施“05 方案”以来，思想政治理论课教学已经走过了 7 个年头，党中央和教育部一直关注和关心思想理论课的教学情况。从 2004 年中共中央、国务院《关于进一步加强和改进大学生思想政治教育的意见》，到 2005 年中宣部、教育部《关于进一步加强和改进高等学校思想政治理论课的意见》，再到 2008 年中宣部、教育部《关于进一步加强和改进高等学校思想政治理论课教师队伍建设的意见》，都强调了思想政治理论课的实践教学。

周济曾经指出：“在‘原理’课的教授过程中，就必须贴近实际、贴近生活、贴近大学生，把课程讲到大学生的心里去，使学习这门课成为大学生内在的强烈需要，把他们的积极性和主动性充分调动起来，把学习的过程转化为自觉、自主的行动。”[1] 袁贵仁曾经也指出：“教学方法决定着课堂教学的实际效果。通过鼓励教师转变教学理念，积极采用案例式等更加灵活、多样、有效的教学方法，探索开展社会实践活动的途径和方法，

作者简介：俞念胜（1984—），男，安徽贵池人，池州学院马克思主义学院副教授，博士，研究方向为高校党建与思想政治教育。

激发了学生的学习热情”。[2]可见，有效地开展创新教学方法是增强思想政治理论课的重要途径，案例教学法正是思想政治理论课实践教学的重要内容。

一、案例教学法的提出及其意义

实践教学是当前高校思想政治理论课普遍开展的教学模式，它既是思想政治理论课教学系统的重要环节又是提高思想政治理论的实效性的重要途径。简而言之，“实践教学主要有基地教育、社会实践、案例教学、阅读理解、校园文化、研究实践六大基本类型”[3]。这其中，案例教学是思想政治理论课课堂教学的重要组成部分，也是实践教学的重要内容之一。案例教学法最初是哈佛大学商学院采用的一种教学方法，并在教学过程中取得了较好的效果。随着我国的改革开放，案例教学法被引入我国高校，近年来在思想政治理论课课堂上被诸多教师所普遍采用。高校思想政治理论课的案例教学不仅仅在“原理”课中，而且还贯穿于其他三门课之中。案例教学法是指“由案例作为教学材料，结合教学主题，通过讨论、问答等师生互动的教学过程，让学习者了解与教学主题相关的概念或理论，并培养学习者高层次能力的教学方法”[4]。在新时期，各种社会思潮对大学生的思想和行为产生了深刻的影响，因此，增强思想政治理论课的实效性和针对性显得尤为重要，要求高校思政课教师在教学方法上下功夫。

“马克思主义基本原理概论”（以下简称“原理”课）是高校思想政治理论课中理论性、抽象性较强的一门课，而“案例教学”具有“以案论理、活化教学内容，讨论为主、调动学生的主体性，问题分析、提高学生掌握并应用所学理论分析、解决实际问题的能力“三大功能”[5]。在实际的“原理”课教学过程中充分的运用案例教学对于“原理”课以及整个思想政治理论课来说具有非常重要的意义。

（一）案例教学法是增强“原理”课实效性的重要途径

近年来，特别是从“05 方案”实施以来，学界、理论界都提出要增强思想政治理论课的实效性，并且也做出了一些理论研究和实践，就“原理”课来说，实效性仍然是一个关键的现实问题。案例教学法的实施在一定程度上可以增强课程的实效性和针对性，因为采用案例教学这一教学方法在“原理”课各个章节中的具体运用，可以将抽象的原理、理论转化为具体的案例展现出来。黄伟力认为，传统教学“这种理论教学很难引起学生的兴趣，很难赢得他们的思想共鸣，甚至反被误解为是一种说教而产生抵触情绪、逆反心理”[6]。比如，在“原理”课的哲学、政治经济学、科学社会主义这三部分，如果采用传统的一支粉笔、一本书的传统的灌输方式，“原理”课的实效性要大打折扣，所以在“原理”课中针对每一章、每一节的具体基本的概念、原理，恰到好处地运用案例教学法，可以将以往的思想政治理论课课堂教师“一言堂”的纯粹理论灌输，转变为“教师主导、学生主体”的双向互动的课堂，让学生在讨论、辩论的过程中主动地、积极地掌握马克思主义的相关原理。

（二）案例教学法是增强学生自主学习能力的关键前提

思想政治理论课是高校的公共必修课，它在大学生的“三观”建设形成过程中发挥着重要的角色，而大学生对思想政治理论的认同感不强，也是当下摆在思政课教师面前一个棘手的问题，这就要求我们思政课教师要在教学方法上下功夫。案例教学法在“原理”课堂上的合理运用，在一定程度上可以增强大学生的自主学习能力。案例式教学通过教师的精心组织案例，结合“原理”课中具体章节抽象的原理，并且借助多媒体这一中介，将马克思主义的相关原理通过活生生的案例形式展现出来，可以促使学生在课堂上的积极思考，发挥学生的积极性。在案例的讨论过程中，要充分发挥“学生主体”这一特性。要给学生一定时间阅读，教师要引导学生思考、讨论。在相互讨论的过程中，学生会增强思考问题的能力，并在一定程度上增强自主学习的能力。

（三）案例教学法是贯彻理论联系实际学风的重要环节

在新时期，当代大学生学习“原理”课，掌握马克思主义的基本原理，是理论联系实际的学风的客观要求，是树立大学生正确的世界观、人生观、价值观的重要保证。我们学习思想理论课最终的目的是理论联系实际，理论联系实际也是增强“原理”课实效性的内容之一。马克思主义理论是科学性和革命性的统一，当前，各种社会思潮激荡交融，理论联系实际必须将国内外发生的重要事件同“原理”课结合起来，这种结合就需要案例教学法在“原理”课中的有效运用。思政课教师要充分运用案例教学法，指导当代大学生运用马克思主义的理论、观点来认识世界，积极地投身于改造世界的过程之中。

二、案例教学法在“原理”课中的运用现状

案例教学最重要的是要以授课教师为主导，以教育对象学生为主体，教师积极地引导学生参与案例的讨论以及和课本的相关原理、观点相结合，这样才能发挥案例教学作为实践教学的有效性。从“05方案”实施至今，案例教学法在“原理”这门课中已经得到实施，但也出现了一些以下问题：

（一）“原理”课教师对案例教学方法认识的不到位

从“05方案”颁布以来，教育界和理论界出版了相关的“原理”课实践教学案例百例或相关丛书。案例教学在“原理”课中的运用已经经过了几年的探索，形成了一定的经验。但就“原理”课来看，大部分教师在“原理”课教学过程中使用案例教学法的比例不是很高。本课题组针对“原理”课对安徽各高校发放问卷共计1000余份，从发放针对“原理”课的案例教学问卷来看，其中：“您在‘原理’课教学过程中使用案例教学次数?”有38%的教师选择没有使用过，43%的教师选择部分章节使用。从问卷调查的结果来看，案例教学在“原理”课中的运用还有待加强，究其原因，仍是高校教师要提高对案例教学的认识，对整个思想政治理论课的实践教学要充分了解。在问卷调查中，有的教师把案例教学等同于带学生参观实习、看视频录像教学片这些形式的教学，弱化了案例教学的重要性。

要想提高思想政治理论课的针对性和实效性，高校教师必须提高对案例教学的清晰认识，并且积极主动地组织案例教学。本次问卷针对安徽各高校进行调查，数据显示，从事“原理”课教授的教师，青年教师（35岁以下）占整体教师比例的58%，但由于青年教师在案例教学的组织实施过程中难以掌控整个局面，因而部分青年老师回避案例教学这一有效的方法，而采用简单的学生参观考察、课堂播放视频教学片取而代之，这也是以往的“老师讲、学生听”的固化教学模式的体现，在一定程度上暴露出“原理”课实践教学的教学弊端。

（二）“原理”课教师在选择案例中的困境

案例教学要发挥其特有的教学实效性，最终还是要看教师针对具体章

节选取的案例。马克思曾经指出："理论只要彻底，就能说服人。"[7]对于课堂教学的对象大学生来说，有时代代表性且能引起大学生共鸣的案例可以激发学生的积极性和主动性。目前，高等教育出版社出版的《"马克思主义基本原理概论"教学案例解析》是随课本下发给高校教师的教辅材料，但随着改革开放的不断深化和网络时代的迅速发展，该教材的大量案例因其内容陈旧已不符合新时期大学生的思想变化需求，不能正确地反映新时期的特点，不能发挥该教辅教材的有效性，也在一定程度上形成了教师在选择案例教学时的捉襟见肘。

目前，"原理"课中使用的案例的针对性不强，也是案例教学中的突出的问题之一。"原理"课教师由于受到时间及各方面的影响，在采用案例时通常是"拿来主义"，这样就导致了案例联系"原理"课的实际效果减弱。问卷调查显示："您在选择案例时主要突出哪些方面?"有35%的教师选择了趣味性。这在一定程度上也反映了目前"原理"课案例教学的现状。部分教师在迎合当代大学生的喜好，选择趣味性强的案例，从而忽视了其相关原理的理论性讲授，这也对"原理"课的教学效果大打折扣。

（三）案例教学实施受到的内外部条件的制约

目前，一些主客观的条件限制也给案例教学的实施产生了限制性的条件。马克思说："环境的改变和人的活动或自我改变的一致，只能被看作是并合理地理解为革命的实践。"[8]高校的师生比是目前各个高校评估中以及发展中的突出矛盾，尤其在思想政治理论课教师中，目前的思想政治理论课教师的队伍除了专职教师外还有辅导员等从事学生工作的兼职教师，固然，思想政治理论课的师生比仍高于其他专业课的师生比。从本课题组的问卷调查统计来看，大部分高校的师生比都达不到教育部的要求，这就导致了目前思想政治理论课的一个共性出现——大班（合班）教学模式。根据调查报告统计显示，有92%的教师都在采用大班（合班）教学这一模式。大班（合班）教学在一定程度上可以缓和师生比的矛盾，但对于课堂教学的实效性以及"原理"课实践教学、案例教学的实施带来了制约。案例教学最初在哈佛大学商学院是分小组（15～20人）的讨论式教学，现在的思想政治理论课课堂动辄100多人，有的学校甚至出现了超过150人的大班课堂。

另外，目前各个省都加强了思想政治理论课专项项目的建设，每年或每两年都会出台一些针对省内高校的思想政治理论课项目的申报，但由于受众面及惠及面有限，思想政治理论课教师积极创新实践教学案例的主动性不强。这就要求各个高校要加强思想政治理论课的专项项目建设，其中必然要包括思想政治理论课的实践教学项目建设。根据调查报告的统计来看，只有33%的高校实现了每年度的针对思想政治理论课的专项项目建设工作，这也在一定程度上影响了教师主体创新教学方法的积极性。

三、案例教学法在“原理”课中有效运用的思考

要增强案例教学法在“原理”课中的有效运用，必须在案例的选择和课堂教学过程中下功夫，真正做到“原理”课的知识型和信仰型教学目标的实现。

（一）处理好案例的经典性与及时性的关系

案例的选择是否得当是案例教学法实现其有效性的关键因素，在“原理”课的教学过程中，要把握好案例的经典性和及时性的关系。首先，对于授课老师来说，所选案例要能契合所授章节的基本原理、观点，但在新时期，有些经典的案例往往不能引起学生的兴趣，从而影响实效性。例如：“今天再讲绪论的时候，就不一定要用8年前世纪之交的上述案例，而是要用更能说明问题的案例”[9]。这个时候，授课教师要积极思考，用更加新颖及时的且与“原理”课原理相关的案例所取而代之。例如，教师可引用2008年次贷危机引发的全球金融危机的背景下美国等西方国家对待马克思主义的态度上积极构建案例。

其次，案例教学还应突出其及时性。“一个好的案例描述的应该是近5年发生的事情，学生更愿意接触这样的案例，而不愿意接触时间较长的那些案例”[10]。当代大学生在新时期有其新的特点，他们思想活跃，如果在教学过程中案例没有及时更新，在一定程度上会弱化案例教学的有效性。对于授课教师来说，每学年案例都要针对当前国内、国际上发生的重大事件进行调整。现在各高校思想政治理论课基本上能做到集体备课，在每学期的集体备课会上，授课教师要积极交流、相互探讨，形成最优化的案例，而不能让集体备课流于形式。

最后，在“原理”课具体的教学过程中，还要注意经典性和及时性案例结合使用，这样可以从不同的具体案例出发，更好地认识、掌握相关原

理。例如，在“原理”课第一章第三节，教师讲授客观规律性和主观能动性部分时，可以直接采用案例教学这一形式，采用大禹治水这一经典典故性案例和中国高铁的快速发展的弊端这一及时性案例相结合的方法，让学生充分思考、讨论，可以让学生直观地掌握相关原理。

（二）处理好教师主导和学生主体的关系

“原理”课的案例教学最关键因素在于教师在课堂教学过程中的统一协调能力。案例教学与其他教学法相比较有其灵活、开放等特点，这对于授课老师来说是一个不小的挑战，故有些教师在“原理”课教学过程中为省去一些不必要的麻烦，就不采用案例教学这一教学方法，这是不可取的。“教师主导、学生主体”是“原理”课案例教学要把握住的最关键的原则，在“原理”课的教学过程中，授课老师要处理好以下两个方面的关系：首先，教师要起主导作用。教师要精心准备相关案例。针对课本的具体章节，教师要在集体备课的前提下结合自己的教学风格和特点，在上课之前将案例的现实情况以及背景和反映的相关原理熟记于心，并在课堂上针对讲授的相关章节中及时导入案例，并在讨论的过程中起主导地位。在学生回答偏离或有悖于相关问题时，教师这时要起主导作用，及时干预并引导学生正确的思路，引导他们形成认识世界正确的世界观、人生观、价值观。

其次，案例教学法要以“学生为主体”。以学生为主体，就是在“原理”课的课堂上，采用案例教学时要实实在在地以课堂内的学生为主体，在给予一定的时间思考后，充分尊重学生的主体地位，营造轻松自由的环境，让学生积极主动地思考、阐述相关看法。列宁曾指出：“如果要进行论争，就要确切地阐明各个概念。”[11]案例讨论过程中，还应给学生讲清楚“原理”课的基本概念，讲清楚基本的概念要以学生为主体进行讲解，着实围绕以学生为主体，让学生自主思考、主动辩论，共同形成结论。这也是“原理”课教学目标和采用案例教学法的客观要求。

（三）处理好知识型和信仰型教育的关系

“原理”课作为高校思想政治理论课之一，主要目的是向广大大学生讲授马克思主义基本原理、观点，让大学生在认识世界和改造世界的过程中树立正确的世界观、人生观、价值观。当前，在高校中加强对以马克思主义为指导的社会主义主流意识形态的认同教育，也是新时期“两课”教师所要面临和思考的问题。因这门课程的理论特殊性，“原理”课教师更应多一点思考，所以“原理”课案例教学法要在注意知识和信仰教育的相统一上下功夫。教师在案例教学的过程中尤其是在案例教学的准备阶段——对如何选择案例要做认真的思考和准备。例如：在教材的第四章第三节：资本主义的政治制度和意识形态这一章节时，教师可结合美国大选这一案例，通过文字性和视频相结合的案例，让大学生在讨论案例的过程中，能掌握资本主义的国家、政治制度以及意识形态的本质这一基本理论，并且通过这一案例的教学引导大学生树立马克思主义指导思想的意识形态，在针对当前社会思潮的冲击影响之下能够清晰认识我们党和国家肩负的历史使命，真正做到内化于心、外化于行。

案例教学法在“原理”课实践教学中的有效运用，是让大学生掌握马克思主义的相关原理、观点、理论，是帮助大学生用马克思主义观点提高思考问题的能力、掌握思考的方法，从而实现大学生在认识世界和改造世界中树立正确的世界观、人生观、价值观，达到自觉学习、运用、发展马克思主义，确立为实现中华民族伟大复兴中国梦的伟大目标而奋斗的志向。

参考文献：

[1] 周济．努力使“马克思主义基本原理概论”成为大学生真心喜爱、终身受益的优秀课程［J］．思想理论教育导刊，2007，(增刊)：4.

[2] 袁贵仁．努力建设一支“让党放心，让学生满意”的高素质教师队伍［J］．思想理论教育导刊，2010，12（144）：5.

[3] 柳礼泉．论思想政治理论课实践教学的形式［J］．思想理论教育导刊，2007，(3)：66.

[4] 张民杰．案例教学法理论与实务［M］．北京：九州出版社，2006：7.

[5] 戴艳军等．思想政治教育案例分析［M］．北京：高等教育出版社，2001：13-15.

[6] 黄伟力．应把案例教学引入“马克思主义哲学原理”课［J］．思想理论教育导刊，2010，(10)：21-23.

[7] 中共中央编译局．马克思恩格斯文集（第1卷）［M］．北京：人民出版社，2009：11.

[8] 中共中央编译局．马克思恩格斯选集（第1卷）［M］．北京：人民出版社，1995：55.

[9] 石云霞．关于撰写“马克思主义基本原理概论”课程教案的几点

体会［J］．思想理论教育导刊，2009，3（123）：90.

［10］郑金洲．案例教学指南［M］．上海：华东师范大学出版社，2000：48.

［11］中共中央编译局．列宁全集，第23卷［M］．北京：人民出版社，1958：34.

马克思主义大众化视域中“概论”课教学改革研究

章　清

摘　要：“毛泽东思想和中国特色社会主义理论体系概论”课教学是推进马克思主义大众化战略的主渠道。新时期，马克思主义大众化对该课的教学提出了新要求，即应用风、实践化，时代风、通俗化，民族风、普及化；必须大力推进教学改革，实施分层分类教学，整合教学内容，优化教学方式，不断提高“概论”课教学实效。

关键词：大众化；分类教学；分层达标；团队体验式

大众化是马克思主义的本质要求，中国共产党历来重视马克思主义的大众化。中国由新民主主义革命到社会主义改革本身就是一个马克思主义中国化、大众化的过程。新的历史时期，马克思主义大众化也面临新的挑战。高校作为培养高素质的社会主义事业建设者和接班人的重要阵地，对推进当代马克思主义中国化具有义不容辞的责任。“毛泽东思想和中国特色社会主义理论体系概论”课（以下简称“概论”课）教学实效直接影响到马克思主义大众化战略的实施。

一、“概论”课教学是推进马克思主义大众化战略的主渠道

党的十七大提出“要开展中国特色社会主义理论体系宣传普及活动，推动当代中国马克思主义大众化”[1]。要深入分析马克思主义大众化，真正掌握马克思主义大众化的内涵，就得搞清楚其主要对象和落脚点、内容及目

作者简介：章　清（1980—），女，安徽池州人，池州学院马克思主义学院讲师，主要从事思想政治教育研究。操国胜（1963—），男，安徽潜山人，池州学院党委宣传部长，马克思主义学院教授，主要从事马克思主义中国化研究。

的。这三方面皆能揭示“概论”课是推进马克思主义大众化战略的主渠道。

基一，马克思主义大众化的对象和落脚点是“大众”。自改革开放以来，尤其是1999年高校扩招以后，我国大学生数量逐年增加。2010年，我国18～22岁的青年人中，每3到4人中就有1人在读大学，截至2011年，我国普通高等教育在校生为2308.5万人。大学生群体在当代中国的数量不断增加，且具有巨大的社会影响力。他们是祖国的未来，民族的希望。他们的信仰和价值观决定了将来马克思主义在中国的命运。因此，没有马克思主义的“大学生”化，就没有真正意义的马克思主义大众化。因此，只有实现高校马克思主义大众化，才能推进当代中国马克思主义的大众化。2005年，中宣部、教育部确定“概论”课为高校思想政治理论课的必修课程，承担着对大学生进行系统的马克思主义理论教育的任务，成为推进马克思主义大众化的主渠道。

其二，当代中国马克思主义大众化的主要内容是指中国特色社会主义理论体系的大众化。从内容上分析，“概论”的教学内容与推进马克思主义大众化保持高度一致。因为“概论”课正是以中国化马克思主义为主题，以马克思主义中国化为主线，以中国特色社会主义为重点，着重讲授中国共产党把马克思主义基本原理与中国实际相结合的历史进程，帮助学生理解毛泽东思想和中国特色社会主义理论体系。坚持用中国特色社会主义理论体系教育、武装在校大学生，使其成为坚定的马克思主义信仰者，才能对当代中国马克思主义大众化起到示范和导向作用。

其三，马克思主义大众化的目的是解决人的理想信念问题。在价值多元的时代背景之下，大学生群体中有部分人出现了一定程度的理想丧失和信仰迷茫。针对这种情况，高校只有搞好思想政治教育工作，才能使学生自觉应对多元文化的冲击，树立远大理想，坚定马克思主义信仰。在思想政治理论课程体系中，“概论”课帮助大学生正确认识中国社会发展的规律，认识中国社会主义现代化建设的发展规律，形成科学的世界观、历史观、人生观和价值观，助力学生运用马克思主义世界观和方法论去认识和分析问题，坚定在中国共产党的领导下走中国特色社会主义道路的理想信念，增强全面建成小康社会、加快推进社会主义现代化的自觉性和坚定性，为全面建成小康社会和实现社会主义现代化树立理想，做出贡献。

二、马克思主义大众化对“概论”课教学的新要求

党的十八大报告指出，大力推进理论创新，不断赋予当代中国马克思

主义鲜明的实践特色、民族特色、时代特色。开展中国特色社会主义理论体系宣传普及活动，推动当代中国马克思主义大众化。大众化是指马克思主义基本原理由抽象到具体、由深奥到通俗、由被少数人理解掌握到被广大群众理解掌握的过程。事实上，这两方面说明的是马克思主义大众化的方向和特征。其中，方向是“三大特色”即实践特色、民族特色、时代特色。特征分别是由抽象到具体、由深奥到通俗、由被少数人理解掌握到被广大群众理解掌握。鉴于此，并考量传统教学模式之不足，马克思主义大众化给“概论”课教学提出了新要求。

（一）应用风，实践化

毛泽东曾指出，对于马克思主义的理论，要能够精通它，应用它，精通的目的全在于应用。当代中国马克思主义大众化的最终目的即要发挥其应用性。推进马克思主义大众化，就是使大学生达到知行统一。而要做到这一点，靠什么？靠的就是实践。于是，当代中国马克思主义大众化给“概论”课教学提出了实践化的要求。在教学过程中，教师要大力开展社会实践活动，使理论教育与实践感知相结合，说服教育与实践教育相结合，将纯粹呆板的宣传教育变为丰富多彩的体验式教育，让广大学生在实践中得新知，用实践检验理论的科学性，使其真知真信真爱真懂，成为马克思主义坚定的拥护者、热情的传播者、积极的践行者。针对这一要求，“概论”课教学就要充分发挥实践活动的积极作用，丰富实践教学活动，按照“三贴近”（贴近实际，贴近生活，贴近学生）的要求，将课堂延伸到社会，将讲台设置在户外，针对不同学科层次、不同专业、不同年级的学生进行实践教学，边看边教，边走边学，在实践中让学生自觉地了解国情，开阔眼界，从内心感到当代中国马克思主义就在身边，从而增强“概论”课的教学实效，推进马克思主义大众化进程。

（二）时代风，通俗化

新世纪新阶段，马克思主义大众化面临新形势和新任务。当代中国马克思主义本身就体现出时代性的特点。作为推进马克思主义大众化战略主渠道的“概论”课教学，就要顺应时代的要求。这即是说，教学中要注意紧跟时代步伐，及时总结国家和现代化建设的实践经验，用新经验、新观念充实教学内容，为学生答疑解惑。在此过程中，如何使抽象的马克思主义理论变得生动具体，由深奥思辨转变为通俗易懂，使学生更容易接受和理解？中国有句古话：“话须通俗方传远。”列宁也曾说过：“最高限度的马克思主义=最高限度的通俗化。”因此，“概论”课教学必须反映通俗化的要求，要用通俗易懂的语言对当代中国的马克思主义进行解读，这是实现马克思主义大众化的基本方法，也是马克思主义大众化的关键。教师要借鉴《百家讲坛》的成功经验，在教学中将深奥的内容进行成功解读，就必须变教材语言为教学语言，包括学生非常熟悉的网言网语，使学生听得懂又形象。凭借语言之魅力，将马克思主义理论讲得生动形象，从而感召学生，使其自觉主动地接受马克思主义。

（三）民族风，普及化

马克思主义大众化又一特征便是由被少数人理解掌握到被广大群众理解掌握即普及化。要做到马克思主义大众化、普及化，就必须具备民族特色。中国特色社会主义文化特色首先就是民族的特色。所谓民族特色，就是符合中国的传统文化和风格，为中国人民所喜闻乐见。只有反映出民族的特色，才能使文化具备普及性的特点。马克思主义历来重视民族的特点，在实际工作中也充分照顾民族特点。毛泽东说：“必须将马克思主义的普遍真理和中国革命的具体实践完全地恰当地统一起来，就是说，和民族的特点相结合，经过一定的民族形式，才有用处。”为此，“概论”课要在教学过程中充分反映民族风，教师时刻站在民族特色的立场上实施教学，激发学生的民族热情、爱国情感，主动去了解当代中国彰显民族特色的经济、政治、文化和社会建设，从而达到马克思主义大众化的真正目的。

三、全力推进教学改革，着力提高“概论”课教学实效

（一）分层分类，明确教学对象

教学对象又称为学习者，高校的教学对象便是在校大学生，他们既是教学对象的客体，又是教学活动中学习和自我教育的主体。由于存在城乡、区域差距，大学生群体入学前教育环境各异，因而大学生个体对于马克思主义理论的认知水平也出现差异，不同学生的认知水平和理论深度也各有不同，这就直接影响进校后接受马克思主义的理论教育。此外，人文类、理工类、艺体类等学科类别的不同，导致大学生掌握马克思主义理论的基础存在较明显的差异；再加上不同年级不同目标的大学生个体自我要

求的不同，在学习兴趣和态度上也有差别，这些都导致大学生掌握和运用马克思主义理论的能力存在差距。中国自古就强调“因材施教”，“概论”课教学同样要贯穿这一理念，这也是实现高校马克思主义大众化之必需。而针对复杂又庞大的大学生群体进行因材施教，实行分类教学、分层达标便是一种可行之道。

1. 教学对象分类

“概论”课教学对象的复杂性决定了其实施分类教学的必要性。只有采取分类教学，适合不同层次学生的不同需求，“概论”课教学方能事半功倍。所谓“分类教学”，就是打破系别、专业、年级的界限，将所有在校学生作为一个教学整体全盘考虑，按照因材施教的原则，进行合理分流与科学组合。结合“概论”课教学对象的差异性特征，教学对象大致可以进行以下三种分类：

（1）按认知层次不同分类

由于大学生来自四面八方，经济发展水平的差异、教学质量的参差不齐等因素造成了大学生个体入学以前对马克思主义理论的基础及认知水平呈现差异。因此，在实施“概论”课教学前，有必要进行一次全面的摸底调查。教师可以采取问卷调查的形式或者网上试卷答题，来大致了解学生对马克思主义理论的认知程度。根据认知程度的不同进行分类，以便实现后来的分类教学和分层达标目的。

（2）按学科层次不同分类

由于学科特点的不同，大学生掌握马克思主义理论的基础存在较明显的层次性。一般情况下，人文社会科学类的学生由于学科体系中一直有相关课程的存在，所以掌握马克思主义理论的基础相对于其他学科的学生来说普遍较好。

（3）按要求兴趣不同分类

大学生群体中有相当一部分人通过学习历史以及互动教学，特别震撼老一辈中国共产党人的意志，崇拜中国共产党人的智慧。同时，随着时代的发展，中国一系列深刻的变化都给当代大学生提出了需要认真思考和探讨的问题。这些难点、热点问题成了热血大学生关注的焦点。他们试图从“概论”课教学中找到答案，期望结合理论去深入分析现实问题。除此之外，还由于就业形势的日益严峻，一部分学生毕业时选择考研，相当一部分学生将考公务员作为就业的第一选择。因此，这些学生主动学习“概论”课，为今后考试做好准备。

对教学对象进行分类，其最终目的是开展分层教学，分层达标，真正实施因材施教。

2. 教学目标分层

教学目标是预期的学生学习结果。进行分层教学相应地也要设定不同的教学目标即“分层达标”。也就是说，在分类设班的基础上，对不同层次的学生设置不同的教学目标，选择各自的教学侧重点，做到有的放矢。目标的设定可以多样化，出于管理和实施方便的考虑，可以简单地将不同层次的学生纳入两大教学目标：专业特色班和能力拓展班。结合这两大目标来选择和应用不同的教学技术和考核方式，指导教学效果的测量与评价。

（1）专业特色班

针对理工类、艺体类学生群体，教学对象摸底考查中马克思主义理论认知层次较低的学生群体，以及对课程兴趣不高、要求较低的学生群体，可以开设“专业特色班”。所谓“专业特色”包含两层意思：一方面，“概论”课本身就具备了自有的课程特色。学习这门课的目的不是要求学生通过死记硬背的方法去记住课本理论知识点，去应付考试，而是解决人的理想信念问题，使学生形成科学的世界观、历史观、人生观和价值观，并运用马克思主义世界观和方法论去认识和分析问题，坚定走中国特色社会主义道路的理想信念。这些仅靠教师理论灌输和学生被动学习是达不到真正的教学目的的。另一方面，目前相当一部分学生甚至包括某些教师对思想政治理论课程有一定的偏见。他们认为思想政治理论课没有学习价值，抱怨思想政治理论课课时数太多，占用了专业课时间。殊不知“概论”课的专业特色还体现在包容性上，体现在对任何一门课程都具有指导意义上。

针对这两个方面，“概论”课的“专业特色班”在教学形式上应重实践轻理论。当然，不是说不要理论，而是要学生主动学习理论。任何实践都需要理论来指导。陶行知说：“行是知之始，知是行之成。”学生要真正掌握理论，就得活学活用、动手动脑。而通过多样化的实践教学形式则是推动“概论”课理论内化最行之有效的方法。针对专业特色班，我们在课程设置上应改变灌输的传统思路，以学生自身的实践为主要学习方式，丰富实践教学活动形式，打破以往的教学模式，缩小理论讲解课时数，加大实践教学课时比例；使学生在实践中发现问题，引发对理论知识点的思考。同时，我们还应结合不同专业的专业特色开展实践教学活动，将“概论”课和学生的专业技能结合起来，提高学生学习的积极性。兴趣是最好的老师。学生在亲历实践活动中不仅增强了对知识点的理解，同时还会发现自身理论知识的匮乏，从而自主学习理论去分析问题、解决问题。这远比教师在课堂上讲解理论、学生却被动接受的效果要好得多。

（2）能力拓展班

针对认知层次较高、基础较好以及学习兴趣和自我要求较高的学生群体，我们可以开设能力拓展班。相对于专业特色班来说，能力拓展班对理论掌握的要求要高，这就要求授课教师对于理论知识的讲解更深入，专题讲解更透彻，为进一步学历深造和准备公务员考试的学生群体提供专业服务的便捷通道。除了完备的课堂知识讲解，能力拓展班还要发挥网络和计算机技术的作用，充分利用网络快速便捷的特点，开设网络思想政治理论课堂、讲坛、微博、读书空间等形式来辅助教学。

在考核方式上，无论是专业特色班还是能力拓展班都要打破原有的“一考定乾坤”的弊端。通过分类教学分层达标、改革教学模式的同时，还要进行考核方式的配套改革，扭转学生死记硬背的学习习惯。将考核分为两大块：终结性考核和形成性考核。终结性考核采取开卷考试、开放式考试或闭卷考试。开卷考试选择综合性较强的主观试题，开放式考试可以针对不同专业学生布置不同研讨题目，撰写调研报告并要求学生做 PPT 演示和讲解，由学生和老师组成评委团现场直接打分。闭卷考试可以采取机试，考试内容选择知识性识记的客观试题。能力拓展班的学生还可以采取面试的考核形式，教师团队形成评委团，考核学生综合能力素质，提高学生的应变能力。形成性考核由平时成绩和实践教学任务完成两块以 1∶1 的比例组成。平时成绩包括学生出勤率、纪律表现、互动参与来综合给分，实践教学任务完成考核以每次实践教学活动完成情况的平均成绩来考核。在终结性考核过程中将表现突出的学生评为优秀学员（原则上控制在 5%以内），进行表彰，对其实行免试，并可以参加校外实践考察活动。

总之，分类教学、分层达标的新模式，从教学组织形式的改革上，从教学目标的层次定位上，全面贯彻了因材施教的原则，实现了教与学、个性与共性、阶段性与发展性的统一，真正体现了以生为本的教学思想。

（二）深入浅出，整合教学内容

“概论”课的教学内容十分丰富。传统的教学方式根据课本提供的章节内容，由前到后，面面俱到地讲解，这种方式由于学时的限制，只能点到为止，无法深入，忽略了理论内在的联系性和体系的完整性，从而影响了学生对马克思主义中国化理论成果的系统性把握。所以有必要对该门课程的教学内容进行整合与优化，采取专题讲授。一方面，整合教学内容要

做到“深入”。具体做法是将“概论”课的十五章内容设置为几大专题（见表1），

表一 《概论》课十五章几大专题一览表

<table>
<tr><th>一级专题</th><th colspan="2">二级专题</th></tr>
<tr><td rowspan="3">总论</td><td colspan="2">马克思主义中国化的科学内涵及历史进程</td></tr>
<tr><td colspan="2">马克思主义中国化的重大理论成果</td></tr>
<tr><td colspan="2">马克思主义中国化理论成果的精髓</td></tr>
<tr><td rowspan="2">毛泽东思想体系中的重要内容</td><td colspan="2">新民主主义革命理论</td></tr>
<tr><td colspan="2">社会主义改造理论</td></tr>
<tr><td rowspan="11">中国特色社会主义建设</td><td rowspan="3">基本理论</td><td>社会主义本质论</td></tr>
<tr><td>社会主义初级阶段理论</td></tr>
<tr><td>社会主义改革开放理论</td></tr>
<tr><td rowspan="4">总体布局</td><td>中国特色社会主义经济建设</td></tr>
<tr><td>中国特色社会主义政治建设</td></tr>
<tr><td>中国特色社会主义文化建设</td></tr>
<tr><td>中国特色社会主义和谐社会建设</td></tr>
<tr><td rowspan="2">环境条件</td><td>祖国完全统一</td></tr>
<tr><td>国家战略和外交政策</td></tr>
<tr><td rowspan="2">主体力量</td><td>中国特色社会主义建设的依靠力量</td></tr>
<tr><td>中国特色社会主义建设的领导核心</td></tr>
</table>

教师要改变传统的从头讲到尾的授课方式，组合专题授课团队，团队成员按设置好的专题进行合理分工，将每个专题与各位成员的研究方向、专长相结合，既要保证课程体系的整体框架，又要保证课程教学内容的精练和教学资源的合理配置，从而提高教学实效。另一方面，整合教学内容要做到“浅出”。按照马克思主义大众化的要求，教师要将教材体系变为教学体系，在教学过程中把抽象的概念具体化、深奥的道理形象化，把高深晦涩的理论转化成通俗易懂的道理。

（三）推陈出新，优化教学方式

传统的教学方式已不适应新时期“概论”课的教学。在对课程体系实施改革的基础上要推陈出新，优化教学方式。我们得摈弃以往的说教型、

封闭式的教学方式，着力构筑“教”与“学”的新型良性互动平台，实施开放型的主动建构式教学方式。首先就要求教师实现角色转变，由过去的局限于课堂知识传授者的角色转变为教育过程中的指导者、组织者和参与者的角色，使过去的对立型、依赖型的师生关系转变为“寻路者”与“引路人”的关系。目前很多高校采取多样化的教学方式，例如案例讨论法、情景教学法、多媒体教学法等。美国教育家凯兹和加拿大教育家查德提出项目教学法，它是指师生通过共同实施一个完整的项目工作而进行的教学活动。“概论”课可以结合项目教学法创新教学方式，变过去验证性教学为体验式教学，大胆采用“团队体验式”教学方式。所谓“团队体验式”即运用情境化、项目化、合作探究式的教学方法，要求是在项目教学法的指导下，从个体走向合作，发挥团队精神，针对设计好的各个项目，师生团结合作，学生亲身参与体验，充分发挥学生的主体作用。具体的做法分为三大阶段七个步骤，见图1所示。

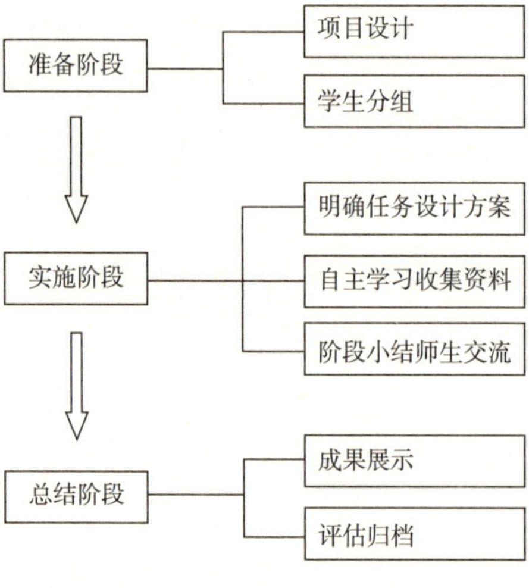

图1 “团队体验式”教学法示意图

教师按照这三个阶段和七个步骤，结合教学内容便可逐一安排每学期的各项实践教学活动。其操作流程是：第一步即准备阶段。在新学期开始的第一节课上，授课教师向学生介绍本学期本门课程各项实践教学活动的名称，并以实施活动的时间段依次将项目编号。同时，将学生组成数个活动小组，小组的设定可以按寝室、学号等形式来设定，每组人员数以6至8人为佳，并从中选取一名同学作为组长，负责和授课老师联系。第二步即实施阶段。我们以单个实践活动来说明。首先，教师必须提前组织各组长集中讨论，明确该次实践教学活动的内容，并将小组各成员任务进行分配，决定实施的具体时间。紧接着各组长集中各组成员及时将任务传达。各组员在任务带动下自主学习理论和收集资料。教师和各组长须定期联系，一方面有助于时刻了解活动进度，另一方面可掌握各组实践活动是否具备科学性和可操作性，并给予及时指导，从而保证活动最终顺利开展。第三步即总结阶段。在规定的时间内各组将实践活动成果统一展示，制定评审标准，成立由学生代表和教师组成的评审团，对各组实践活动成果进行评审，按比例推出优秀作品进行表彰，并给予适当的奖励。最后，由授课教师将所有优秀的实践活动成果整理归档。由此可见，“团队体验式”教学方式注重的是学生自主学习和体验的过程，在这一过程中，教师已经不再是教学的主导者，而是真正的引路人、指导人；学生也不再是被动的接受者，而是知识的主动建构者。这种团队成员的地位平等，无论是教师还是学生都是学习者、参与者、探索者。和谐的师生关系不仅能促进“概论”课教学实效的提高，而且能进一步保证马克思主义大众化战略的实施。

参考文献：

[1] 胡锦涛．高举中国特色社会主义伟大旗帜，为夺取全面建设小康社会新胜利而奋斗——在中国共产党第十七次全国代表大会上的报告［R］．北京：人民出版社，2007.

[2] 皮连生．学与教的心理学［M］．上海：华东师范大学出版社，1997.

[3] 张晓群，齐爱兰．马克思主义大众化视域下高校概论课教学探索［J］．高等农业教育，2012，(4)：67-69.

[4] 谭顺，栾会清．完善高校马克思主义理论教育体系在大学生中普及马克思主义的思考［J］．山东理工大学学报（社会科学版），2009，(6)．

对话式教学在“毛泽东思想和中国特色社会主义理论体系概论”课程中的运用

张桃红

摘　要：对话式教学具有民主性、平等性、创造性、开放性等特征。为使“毛泽东思想和中国特色社会主义理论体系概论”课成为高职生真心喜欢、终身受益的课程，提出将对话式教学引入“概论”课的思想，以改善师生关系、提高思政课的实效性为目的，提出具体的实施路径：课前深入了解学生，认真钻研教材；创设对话情境，精心组织对话教学；注重过程性的教学评价，及时进行反馈。

关键词：对话式教学；“概论”课；实效性

“毛泽东思想中国特色社会主义理论体系概论”（以下简称“概论”课）在高校思想政治理论课的新课程体系中处于核心地位，其政治性、理论性、现实性较强，是教学难度比较大的一门课程。高职学生理论基础知识比较薄弱，学习兴趣不够浓厚。传统的灌输式教学根本不能调动学生学习的积极性，课程教学的实效性不强。如何使“概论”课成为高职生真心喜欢、终身受益的课程？笔者认为，将对话式教学引入“概论”课，有助于由单向灌输转向师生双向沟通，使学生不仅“知其然”，而且“知其所以然”，从而激发他们学习的兴趣，提高学生对“概论”课的作用的认同。

对话，本是语言学范畴内的语言现象，但当今的对话理论，已经超越了狭隘的语言学领域。作为一种教学法，对话运用了心理学的无意识原则，强调教育者把教育目标隐藏在或渗透到与之相关的活动和情境中，通过与教育对象平等、民主的对话，引导受教育者去体会，使其在轻松愉快的情境中得到哲理的启迪。作为人的灵魂的教育，只有通过由对话精神所引领的教学方式才能完成，因为只有对话才是探索真理与自我认识的真正

作者简介：张桃红（1972—），女，安徽池州人，安徽省池州职业技术学院副教授，硕士，主要研究方向为大学生思想政治教育。

途径[1]。

对话不是简单地指教学过程中师生之间的会话、语言交流，而是指师生以平等的关系、开放的心态、谦虚的态度来交换彼此的思想，探讨对文本的理解。因此，对话教学的应用，必须认真组织实施。

一、课前深入了解学生，认真钻研教材

“概论”课的教学目的是帮助学生树立中国特色社会主义的坚定信念，培养运用马克思主义的立场、观点、方法分析问题和解决问题的能力。为了实现这一教学目标，思政课教师必须认真钻研教材，在了解教材重点难点的基础上，更加注重对学生实际情况的了解。高职生生源复杂，有对口招生，有普招，还有自主招生，不同来源的学生，知识储备不同。因此思政课教师课前可以通过与学生交流或者通过问卷调查等途径，了解学生的知识基础、学生关注的问题以及困惑，设计教案时，使教材的重点难点能够与实际情况紧密结合起来，做到有的放矢、因材施教。

二、创设对话情境，精心组织对话教学

（一）问题的提出

对话教学的核心是问题，没有问题就没有对话。对话的问题首先要为教学目标服务，从而深化对教学重点难点的理解。其次，设计的问题应该关注社会热点，关注学生生活实际。问题的难易度应考虑高职生的实际。再次，对话的问题还应具有生成性。“当代的教育过程不再是封闭的、稳定的、从外部加以研究的意义系统，它是动态的、开放的、自我调节的系统。”[3]因此，对话问题的选择要遵循生成性原则。所谓生成性原则，是指在教学过程中，通过教育者对学生的需要和学生感兴趣事物的及时价值判断，不断调整教学活动，以促进学生更加有效地学习课程的教学形态。

以“概论”第十二章“中国特色社会主义领导核心理论”为例，教师首先播放了《王怀忠的两面人生》的视频，并设计了以下几个问题：

（1）王怀忠是怎样从一个孤儿，到副省长，到后来沦落成一个贪官？

（2）根据视频，概括腐败的危害？

（3）消极腐败一直是危害执政党生命机体的一个毒瘤，执政 70 多年的苏联共产党因为腐败而亡，中国共产党要想更好执政，必须加大反腐的力度，十八大报告明确提出："腐败问题如果解决不好，就会对党造成致命伤害，甚至亡党亡国。"同学们该如何理解这句话？

（4）十八大高调反腐以来，我们的社会发生了怎样的变化？

（5）大学生有没有必要加强廉洁文化修养教育？

这些问题是社会的热点问题，对于问题的理由，学生通过应用所学知识及独立深思是能够分析出来的。问题提出之后，笔者安排学生进行小组学习，共同寻找解决问题的方法和策略。鉴于学院的一部分学生就来自王怀忠的家乡和任官的地方，对于王怀忠的腐败有一些直观的感受，因此这次对话非常热烈。通过这次对话，同学们了解反腐对于增强党的执政能力的重要性，对党中央的高调反腐有了深层次的理解，坚定了对中国共产党的信任。此外设计的对话结束后，同学们兴致依旧高亢，又对王怀忠在阜阳任职期间的形象工程——阜阳的飞机场和龙潭虎穴公园与面子工程展开讨论。虽然课前并未设计相关的内容，但教学过程，"它是生成的，而非预先界定的"[4]。是不能提前完全预设的。预设的只能是一个大概思路。因此，笔者并没有中断课程的教学，而是将与学生的对话继续。这不仅丰富了教学过程，有利于学生的发展，也是对学生讲授"实事求是"的良好契机，有助于学生更好地掌握这一党的思想路线核心。

（二）对话过程中应注意的问题

1. 教师在对话中要保持平衡

这种平衡是指在对话中，教师不能控制太多，固执地坚持自己的教学进程。教师应"引导学生自己进行探讨，自己去推论，给他们讲的尽量少些，而引导他们去发现得尽量多些"。对话中，教师应是设计者、组织者、引导者、评论者、学习者，应密切关注和掌握对话进程及存在的问题，能够适时地引导学生，或发问，或故设疑团，或充当争论反角，引起争论，把讨论不断引向深入。同时，教师要尊重学生，善于倾听，接纳学生的诉说，关注表达者的表情和姿态，体察学生的情感与心声。对于有独到见解的学生，教师要给予适时的表扬和肯定。

2. 积极应对学生消极、负面的思想

因为社会的巨大变化和西方社会思潮的影响，当代大学生的价值观、思维方式和心理特征也发生了深刻的变化。思政课的对话式教学中，大多数学生的思想是积极的，充满正能量的，但是也有很少部分学生存在一些消极的、负面的看法。思政教师不应回避学生的问题，要坚持实事求是的态度，善于应付、化解。对一些违反原则性的反面、负面观点，教师一定要坚决予以反驳；对一些因理解不深入而导致的反面、负面观点，教师帮助学生理解透彻，还原真实。比如，有学生提出，近些年来，南海附近的国家屡屡挑衅中国，中国现在强大了，应该武力解决南海问题。这样的观点，教师一定要正面反驳，明确南海问题的敏感性、复杂性，以及涉及我国的核心利益，不能盲目地动用武力；关于腐败问题，有同学提出，中国共产党自身无法很好地解决党员干部的腐败堕落问题。面对这样的问题，教师一定要向学生讲清楚一般性与普遍性的关系。

三、注重过程性的教学评价，及时反馈

对灌输式的教学方法，教师传授的往往是一种确定性的知识，绝对的真理；教学评价也只注重学生学习的结果，不能反映学生学习的过程，更不能反映学生的学习态度、情感和价值观。对话式教学的特点之一是意义的动态生成性，强调知识、意义是在教学主体的自主建构过程中动态生成的，所以对学生的评价也应该是过程性的，注重个性差异的评价。比如，在教学过程中，教师更在意观察学生对话时是否具有良好的问题意识，遇到疑问时是否有与小组合作的能力，对话时体现的价值观正确与否，回答问题时能否一问多答，是否具有独立阅读的能力，等等。教师通过观察学生的各种表现，对学生微小的进步及时给予肯定和鼓励，指导学生掌握某一学习内容的方法和思想。教师要认真收集各种反馈信息，并将其作为检查学生、评价自己教学是否有助于学生今后发展的依据，从而及时调整教学方案，改进教学方法，研究教学策略，使评价目标更有效地服务于学生，作用于教学，全面提高教学质量。

四、结　语

总之，在“概论”课中开展对话式教学，可以克服传统教学模式的不足。师与生之间对话，是师生之间共享知识、经验、智慧和意义的过程，没有教育者与被教育者之分，无论是表达者，还是感受者，其内心的感觉是平等的，这时，有利于师生之间形成你-我的关系，而非主体与客体之

间的关系。对话教学中问题的设计，是与学生实际相联系的或者是社会的热点问题，因此，对话式教学可以及时发现学生认知中的困惑，可以引导和帮助他们解决现实生活中的实际问题，促进学生的健康成长。

参考文献：

[1] 雅思贝儿斯．什么是教育［M］．北京：三联书店，1991：12.

[2] 滕守尧．对话理论［M］．台北：杨智文化事业股份有限公司，1995.

[3] 王帆．教育技术学视野中的媒介素养教育研究［M］．中国社会科学出版社，2011：10

[4] 张华，石伟平，马庆发．课程流派研究［M］．济南：山东教育出版社，2001：373.

在"中国近现代史纲要"课教学中融入安徽红色文化资源

胡孔发

摘　要：将安徽红色文化资源融入"中国近现代史纲要"课程教学中，以提高"纲要"课教学的实效性，是当前高校"纲要"课程教学改革的重要课题。

关键词：安徽；红色文化；"中国近现代史纲要"课程

"中国近现代史纲要"（以下简称"纲要"）课程，是中宣部和教育部规定的我国普通高校本科学生必修的四门思想政治理论课之一。主要讲授中国近代以来抵御外来侵略、争取民族独立、推翻反动统治、实现人民解放的历史，在加强大学生思想政治教育方面具有重要作用。红色文化资源是指1840年以来，中国人民在反帝反封建反军阀、争取民族独立、实现国家繁荣富强的历史进程中，所创造的各种物质和精神财富的总和。红色文化资源包括三个层面的内容：红色制度文化、红色物质文化和红色精神文化。其中，红色制度文化主要包括政策、方针、路线、理论等一系列规范体系和制度文本；红色物质文化主要包括革命、建设、改革以来的遗址、遗物、遗存、纪念碑、纪念馆、纪念地、纪念堂等实物；红色精神文化主要包括所凝结的信仰、道德、知识、精神、价值等。将安徽红色文化资源融入"纲要"课程教学中，以提高"纲要"课教学实效性，是当前高校"纲要"课程教学改革的重要课题。

一、安徽省红色文化资源概貌

总体说来，在近代以来实现国家独立和繁荣富强目标的指引下，各省

作者简介：胡孔发，男，（1978—），安徽枞阳人，池州学院马克思主义学院讲师，博士，研究方向为中国近现代史基本问题研究。

都有内容类似的红色文化资源。如反帝反封建斗争中的革命行动、抗日战争中各省人民的英勇抗日斗争等，但每个省也有各自所形成的独特红色文化资源，成为独具魅力的地方特色红色文化。近代以来，安徽境内形成的红色文化资源非常丰富。按照中国近现代史的历史时段，安徽省的红色文化资源可划分为以下三个部分：

一是旧民主主义革命时期的红色文化资源。主要是指鸦片战争后安徽人民反帝反封建反军阀所形成的物质和精神财富，主要有太平天国进入安徽后反抗中外反动势力联合绞杀的斗争；被誉为辛亥先烈、安庆起义带头人的徐锡麟；一战时期，安徽芜湖民族工业发展，工人阶级壮大，掀起了早期的工人运动和革命斗争；新文化运动中涌现出的先锋群体（如陈独秀、胡适等）。

二是新民主主义革命时期的红色文化资源。这一时期安徽的红色文化资源主要有1927年北伐军进入安徽，推动了全省工农运动的高涨；大革命失败后到1930年，安徽共发动规模较大的暴动40余起，推动了工农运动在安徽的开展，建立了皖西革命根据地，后成为鄂豫皖革命根据地的重要组成部分；1934年红军北上抗日先遣队进入安徽境内，有力地推动了安徽境内游击战争的开展；全面抗战时期，安徽是新四军第四师和第七师的主要活动地区；解放战争时期，刘伯承、邓小平于1947年率领晋冀鲁豫野战军千里挺进大别山，粟裕、陈毅率领华东野战军挺进豫皖苏；淮海战役和渡江战役期间安徽也是主战场之一，留下了小李家指挥部遗址、双堆集歼灭战遗址、渡江战役总前委孙家圩子旧址等。

三是中华人民共和国时期的红色文化资源。这一时期安徽的红色文化资源包括新中国成立初期的皖南、皖北两区反霸斗争，淮河的水利治理，佛子岭水库等一批水利工程的修建，安徽凤阳大包干纪念馆，邓小平多次在高层提及并收入《邓小平文选》而闻名全国的芜湖傻子瓜子，引领了全国个私经济发展的潮流。

二、安徽红色文化资源融入“纲要”课堂教学的优势

（一）有利于“纲要”课教学内容的丰富、充实

“纲要”课作为全国大学生必修的四门思想政治理论课之一，使用的是由教育部组织专家统一编写的教材，这种统编教材成为一本具有指导性

的教科书和教学大纲，有利于思政课教师教学活动的开展。但是统编教材也有不足之处，“编者关注的是整个中国近现代的大历史，主要从宏观角度演绎中国近现代历史的发展进程，自然较少兼顾各地、各民族近现代历史发展过程中的个性差异。”这种不足之处正好给了高校思政课教师在讲授“纲要”课时保留了拓展教学内容的空间。安徽省独具特色的红色文化资源蕴含着丰富的教育内容，正好为“纲要”课教师提供了取之不尽、用之不竭的素材，以扩大和创新教学空间。因此，思政课教师在教学时除了按照教材脉络来讲解外，结合教学内容补充安徽红色文化资源、拓展“纲要”课教学空间，对上好“纲要”课大有裨益。

（二）有利于提高“纲要”课的教学实效性

高校都是依托特定的地域建设发展而成的，与高校所在地会产生一定的联系，高校教师也经常受到学校属地历史文化因素的影响，成为研究该地区历史文化的专家和带头人。因此，高校思想政治教育与当地特有的红色文化本质上相关，具有内在的逻辑关联性。地方红色文化资源更加直观，容易增强学生的学习兴趣，唤起学生进一步探索历史的欲望。在“纲要”课程中引进安徽红色文化资源，可以避免空虚的讲道，增强说服力和吸引力。通过对地方性红色文化资源所具有的物质形态和精神形态的感知和体验，学生会在耳闻目睹中受到感染，或在亲身经历中得到熏陶，产生思想上的震动和心灵上的共鸣，从而调动自我学习“纲要”课的积极性和主动性，切实提高“纲要”课的教学实效性。

（三）有利于培育大学生爱家乡、爱国家的高尚情操

“纲要”课作为一门思政课，理应肩负起对大学生进行热爱中华、热爱家乡的教育任务，帮助大学生培养和建立崇高的理想、树立为祖国服务的精神。安徽红色文化资源极其丰富，杰出人物、历史遗迹、文物古迹、博物馆、烈士陵园等，是对学生进行地域优秀历史文化、革命传统和爱国主义教育的最好素材。只有让学生了解安徽的红色文化、优秀人才，才能培养大学生的爱国情感，并把这种情感与祖国的命运联系在一起，从而激发起学生追随先贤、建设家园、振兴中华的历史责任感和使命感。因此，思政课教师要重视和利用安徽红色文化资源。

（四）有利于提升大学生的综合素质和能力

社会实践是高校思政课的重要补充，也是提高思政课教学实效性的重

要环节。教师在“纲要”课教学中，结合地方历史文化开展教学，可以组织学生到高校所在地的历史文化名胜、革命历史遗址等进行参观考察，从而将“纲要”实践课教学落到实处。另外，组织学生开展形式多样的社会实践活动，可以使学生了解当地的历史和区域文化。通过对地方杰出人物、重大历史事件的分析、评判，有利于提高学生分析历史事件、辨别历史是非的能力。同时，教师有针对性地引导学生开展对地方历史人物、重大历史事件、地域文化、社会现实诸多问题进行探究式学习和实践，有利于学生智力开发和创新性思维的发展，培养学生的合作精神、合作能力和人际交往能力。

三、安徽红色文化资源在“纲要”课堂教学中的运用

安徽省主要红色文化资源中人物、事件等所涉及所包含的物质、制度和精神文化，都是“纲要”课不可多得的、可资利用的教学资源。由于学生大多来自安徽本省，在课堂讲授中所运用的安徽红色文化资源很多就在他们家乡的附近，他们有所了解但又不十分熟悉，这能够引起了他们学习的兴趣，教学效果容易得到提升。那么，在课堂教学中，如何运用这些红色文化资源呢?

（一）在课堂教学中穿插安徽红色文化资源

红色文化资源运用于“纲要”课教学，主要是在课堂上穿插进行。这就需要教师平时做好知识储备工作，在授课时将收集、整理的安徽红色文化资源有的放矢地穿插进去，达到画龙点睛的效果。如教师在讲授抗日战争历史时，可以补充讲授笔者学校所在地池州抗战的历史，积极调动学生主体参与热情，改变呆板的课堂教学模式，让学生由被动听课变为主动地思考和探究；在讲授鄂豫皖革命根据地时，可以播放歌谣《八月桂花遍地开》《送郎当红军》《红军到金寨》等，或者通过多媒体课件展示历史图片，真实再现学生听说过但不熟悉的革命人物或事件，利用视觉、听觉上的震撼和冲击力，使学生对革命先辈的奋斗历程印象深刻，产生共鸣，必然会更加珍惜今天的幸福生活，从而更加坚定他们走中国特色社会主义道路的信念和信心。

（二）深化安徽红色文化资源在实践教学中的认知

红色文化资源源于生活，贴近实际生活，贴近学生，是“纲要”课开

展实践教学的理想资源。活动的方式可以多种多样，既可以通过实地参观考察的方式，也可以通过社会调查或其他活动形式，让学生可以直接感悟历史，深化认知。如组织学生参观池州革命烈士纪念馆、金寨革命烈士陵园等地，让学生在参观史迹文物时能震撼心灵，潜移默化地激起学生建设家乡、建设祖国的责任感和使命感。此外，“纲要”课的实践教学可以和高校团委合作，结合寒暑假“三下乡”社会实践活动，组织学生亲身体验红色文化资源。让红色文化资源渗透到学生的实践教学活动中，这是对课堂理论教学的有益补充。

（三）在专题研究中加强学习

开展安徽红色文化专题研究是课堂教学的深化，这不仅有助于学生了解安徽历史的细节，而且有助于提高大学生的综合能力。首先，我们可以开设一个关于安徽红色文化资源的专题，教师根据专题内容整理相关红色文化资源，系统地向学生讲授。学校还可以聘请当地的专家、学者、老红军等来讲课，这些“权威”对安徽的红色历史有更深入的了解或研究，他们的故事将使学生更加信服。其次，引导学生开展红色文化专题研究，根据学校所在的地区或学生家乡进行专题设计。这种探究式学习方式能够培养学生的积极思考能力和科学探究能力，也可以提高他们运用历史知识和理论分析历史问题、辨别历史是非的能力。

（四）在网络载体中拓展教学空间

在信息时代，互联网已成为大学生获取知识和信息的重要渠道，对学生的学习、生活甚至思想产生了深远的影响。目前，全国各地的高校都高度重视和利用网络平台向大学生开展红色教育。“红色网站”成为思想政治教育领域的新兴力量。因此，互联网是红色文化融入“纲要”课教学不可或缺的载体，扩大了教学空间。与“纲要”课程相对应，高校的校园红色网络设计可以更细化，如设立地方红色历史专栏，开展红色文化征文比赛，鼓励学生发表相关研究论文，等等。此外，教育效果可以通过网络论坛和博客来扩展。讨论和研究网络中的当地红色文化，深化学生对中国近现代史的认知，无疑是“纲要”课教育教学目的在课堂之外的有效升华。

高校“形势与政策”教育教学模式创新

石　珉

摘　要：“形势与政策”课是高校一门重要的思想政治理论课程，其时效性、变动性和综合交叉性较强，教学难度较大。目前，要增强高校“形势与政策”课程的教学效果，就必须对其教学理念、教学内容、教学模式和考核机制等进行大胆创新。

关键词：形势与政策；教学理念；教学内容；教学模式；考核机制

形势与政策教育是高校思想政治教育的重要组成部分。高校“形势与政策”课程既有思想政治教育功能，又兼有通识课程功能，对培养大学生的历史责任感与时代使命感、提高大学生综合素质、引导大学生做合格的中国特色社会主义建设者和接班人具有极其重要的作用。鉴于该课程相较于高校其他课程而言，具有时效性、变动性和综合交叉性等特点，给教师的教学和学生的学习带来了不小的难度，要提高其教学实效，其教育教学创新就显得尤为必要。

一、转变教学理念，提高创新意识

思想是行动的先导，教师的教育教学行为总会受到教师教学理念的支配和影响，教师的教学理念还会影响着学生的发展。目前，一些教师和学生对高校“形势与政策”课程的价值与意义认识不足甚至错误，有的教师甚至认为高校开设“形势与政策”课程纯粹是为了应付国家政治统治的需要，因而对“形势与政策”课程教学持有一种应付的心理，加之学生对于

作者简介：石　珉（1964—），男，安徽宿松人，池州学院马克思主义学院副教授，硕士，主要研究方向为马克思主义中国化和思想政治教育。

该课程也存在认识上的片面性，致使形势与政策教育教学容易出现走过场现象，教学效果不尽如人意。因此，更新教学观念是提高形势与政策教育教学实效的前提条件。

首先，教师要重新认识和深刻理解高校开展形势与政策教育教学的目的和使命。这个问题是教师在指导思想上必须明确和认识到位的问题。高校开展形势与政策教育的根本目的，是要让大学生学会用马克思主义的立场、观点和方法，分析认清形势，做到“识时务”，从而更好地认清社会，认识自我，把握未来；教育和引导学生全面准确地理解党的路线、方针和政策，坚定在中国共产党领导下走中国特色社会主义道路的信心和决心，积极投身改革开放和现代化建设伟大事业[1]。教师要充分认识到高校“形势与政策”课程除了具有思想政治教育功能之外，还兼备素质教育和通识教育的功能。形势与政策教育教学要以相关学科知识教育为依托，丰富学生的理论知识素养，提高学生的思想理论水平，开阔学生的视野，提升学生的境界，为培养学生科学的世界观、人生观、价值观打下坚实基础；形势与政策教育教学要对学生进行科学精神和人文精神教育，培养学生的创新思维能力。

其次，教师要确立现代教育和终身学习的思想理念。现代教育思想的核心内容要求教师在教育教学过程中要充分尊重学生的主体地位。高校“形势与政策”课程教师在教育教学活动中，只有坚持以学生为主体，才能充分调动学生的学习积极性，促使学生由被动学习向主动学习转变。由于“形势与政策”课程所涉学科多门，内容十分庞杂，再加之其变动性特征明显，因此，教师必须勤学多思，不断提升自身的政治素质和业务水平，才能适应课程教学的需要，完成自己的教育教学任务。

二、优化教学体系，创新教学内容

教学内容是传递教学信息、发挥课程功能的关键要素。由于“形势与政策”课程的自身特点，国家教育部门并未组编统编教材，一些高校在安排“形势与政策”课程的教学内容时，显示出一定的随意性，仅仅根据教师的研究领域或兴趣，致使课程教学内容的确定缺乏严肃性和合理性。实践证明，这种教学难以实现课程的教学目标，导致学生学习兴趣不足，教学效果自然难以保障。

高校“形势与政策”课程内容设置应以教育部每学期制定的“形势与

政策教育教学要点”为基本依据。当然，不同高校、不同专业、不同年级有自身的个性特征，高校在设置“形势与政策”课程内容时要照顾到高校以及各年级各专业学生的实际，考虑到学生认知特点和对知识的需求不尽相同，在设定教学内容时，要合理优化，大胆创新。如对一年级新生的教学内容，可安排“形势与政策”课程基础理论内容，包括什么是形势与政策、学习“形势与政策”课程的意义、分析形势与把握政策的原则与方法、马克思主义形势与政策观、校情校史与校规校纪介绍等内容，让学生熟悉“形势与政策”课程的基本知识，明确学习“形势与政策”课程的意义与方法，尽快了解和适应新的学习生活环境；对大二、大三年级的学生可侧重安排重大国际国内形势、党和国家大政方针政策和社会热点焦点等内容，帮助学生理性分析和对待形势与政策，提升学生分析辨别的能力；对即将毕业走向社会的学生，可安排一些事关就业创业方面的形势与政策内容，帮助学生树立正确的就业观。总之，对形势与政策课程内容的设置，既要体现出严肃性、系统性和科学性，又要体现出变动性和针对性，不断优化教学体系，创新教学内容，以更好地满足课程教学的需要。

三、改进教学方法，创新教学模式

在高校“形势与政策”课程教学中，采取的教学方式，必须有利于增强其教学实效。就目前的情形看，一些高校“形势与政策”课程教学方式单调、陈旧，很难适应新时期大学生个性多样化特征。因此，改进教学方式、创新教学手段就显得十分必要。教学中，必须遵循教学设计要有新视野[2]、教学过程要充满激情、教学环节要体现教师为主导、学生为主体、教学环境与氛围要开放、民主、和谐等原则。根据这些原则，改革创新高校“形势与政策”课程的教学模式，构建课堂教学、网络教学和实践教学三位一体的高校“形势与政策”课程的教学新模式。

（一）课堂教学

“形势与政策”课程教学的主要途径是课堂教学，课堂教学时数应该不少于“形势与政策”课程总教学时数的三分之二。传统的课堂教学模式，习惯于照本宣科式的满堂灌，这种教学往往陷入一种填鸭式的教育，教师处于一种唱独角戏的角色。这种教学模式的优势是教师易于操作，缺陷是学生主体性难以体现，学生大多处于一种被动的地位，参与教学的程度较低，教学效果难以保证。要创新课堂教学模式，开展形式多样的课堂教学，如启发式教学、讨论式教学和专题教学。

1. 启发式教学

启发式教学，有利于克服传统教学方式的缺陷，能更好地适应新时期大学生身心特点，有利于增强学生的学习兴趣和提高学生分析与解决问题的能力，有利于激发学生的创新意识和提升学生的创新素养。启发式教学可以采取案例启发法、讨论启发法、问题启发法、情景启发法等形式。实施启发式教学：一要充分了解学生实际，这是实施启发式教学的基础和前提。二是精讲多练，这是启发式教学的重要手段，也是减轻学生负担的秘密武器。三要做好问题设计，这是启发式教学的重要环节，要弄清问题出现在哪里，还要注意问题要难易适度，这样才能达到好的教学效果。四要发扬教学民主，在教学过程中，教学双方要相互信任、相互尊重、相互配合，这样才能实现相互促进。

2. 讨论式教学

开展讨论式教学，有利于培养创新型人才，有利于体现教学的民主性和差异性，有利于拓展学生的思路，提高学生分析问题的能力，激发学生的学习热情。讨论式教学可分为指导性讨论、交流性讨论、研究性讨论和辩论性讨论等形式。开展讨论式教学，要把握好以下几个环节：一是精心选题。教师要精心设计好要讨论的问题，指导学生收集材料和自学思考，让学生做好讨论的准备工作。二是展开课堂讨论，化解问题。在组织讨论时，教师要根据学生讨论的程度和进展，适时调整教学目标，较好地把握讨论的节奏，尽量让更多学生有机会参与讨论。三是交叉拓展，深化认识。讨论是学生发散思维的过程，在讨论结束时，需要师生进行思维整合，促使学生经过问题交叉融合之后，认识得以进一步深化。四是梳理点评，加深体验。学生讨论结束之后，教师要进行集中的梳理点评，对整个讨论过程进行回顾与总结，帮助学生澄清误解、理清思路、加深体验。

3. 专题教学

鉴于“形势与政策”课程内容时效性和变动性特点，“形势与政策”课教学必须追踪热点，聚焦焦点，就“形势与政策”课程内容体系中的重点问题，加以梳理，形成若干个专题。开展专题教学，是“形势与政策”课程教学的一种很好的形式。开展专题式教学必须注意好以下几个环节：一是要认真调查，合理选题。选题时要摸清学生的思想动态和学生关注的热点焦点，再结合相关的形势与政策实际，确立和设定专题教学内容，专题内容要具有针对性。二是实施专题式教学之前，课程组要加强集体备课，博采众长，集思广益，形成优质教案，这是开展好专题式教学的重要保证。

（二）网络教学

网络技术的出现，促使现代社会人们的生产生活方式和思维方式产生了巨大的变革，自然也给“形势与政策”课程教学方式的创新带来了新的机遇。

开展网络教学，既能为教学提供丰富多样的教学资源，又能为师生开辟新的学习交流交往方式，同时还可提高学生的学习效率和积极性，加深对教学内容的理解，弥补课堂教学的不足。开展网络教学要注意贯彻以下原则：一要贯彻启发性教学原则。开辟学习思路，发展多维思维，促进学生广开视野和学习的深入。二要贯彻直观性原则。在网络教学环境下，网络上丰富的教学媒体和生动鲜活的教学素材为学生提供立体的知识背景，通过多种感官刺激，激发学生的学习热情，增强“形势与政策”课程教学的吸引力和感染力，让学生轻松愉快地享受学习。三要贯彻循序渐进性和系统性教学原则。通过建立一定的引导和索引机制，使学生依据自身已有的认知水平，由浅入深、循序渐进地系统学习。四要贯彻互动性原则。在“形势与政策”课程传统课堂教学组织形式中，往往存在教学班级规模过大、学生人数众多、师生互动较弱等情形，网络教学可利用网络技术的优势，开辟多个通道，满足师生各类互动的需求，使教学活动更加丰富多彩，从而弥补传统课堂讲授的不足。五要贯彻学生主体性原则。开展网络教学要坚持以教师为主导，以学生为主体，始终围绕学生组织教学。以学生为认知主体，处理好教师与学生、学生与教学媒体、学生与学习内容的关系，促进学生全面素质的提升。六要贯彻巩固性原则。通过有效使用网络，帮助学生整理知识和把握逻辑，增强学生对教学内容把握的系统性和全面性。网络教学可采取网络平台建设、微信公众号、微课慕课等形式，这些不同形式，各有优势，教师可综合运用，最大限度发挥网络教学的积极效应。

（三）实践教学

实践教学是“形势与政策”课程教学模式的重要组成部分，能够发挥思想政治理论课教学的理论认知、政治导向和思维能力综合提升等多重功能。

在“形势与政策”课程教学中开展实践教学，有助于增强课程教学的吸引力，提升课程教学实效。在“形势与政策”课程教学中开展实践教学，要贯彻以下几个原则：一是要有针对性。必须针对教学和大学生的思想实际，来确定教学内容和形式，避免盲目性。二是要注重实效性。开展实践教学，要合理确立教学目标，科学选择实践教学形式，避免在此问题上犯形式主义的错误，力求取得良好的实践效果。三是要追求时效性。“形势与政策”课程具有突出的时效性特征，根据这一特征的要求，实践教学必须反映社会发展的实际，体现时代特征，求得理论与实际的统一。四是要坚持灵活多样性。大学生是一个非常活跃的群体，其个性特征鲜明多样，因此，实践教学要有灵活多样性[3]，避免在此问题上出现僵化。

“形势与政策”课程开展实践教学要抓好以下几个环节：一是确立合理的教学目标。要结合“形势与政策”课程教学内容和教学实际，制定其具体的实践教学目标，具体教学目标的确立要有针对性和可操作性。二是周密制订教学计划。制订教学计划，要反映教学活动的针对性和实践活动的具体性，包括实践地点的选择和教学时限的安排等。三是精选实践教学方式。选择何种实践教学方式，要由教学规律和原则、实践教学内容和目标以及实践教学的功能等因素来确定，体现实践教学的针对性、适用性和实效性。四是妥善组织管理教学。抓好实践教学的组织管理这一环，是保证实践教学取得良好效果的重要条件。要建立有效的领导机制，制定科学的管理制度和监控体系，为实践教学顺利开展起到保驾护航的作用。五是及时开展总结评估。对实践教学进行总结评估是实践教学的最后一环，及时梳理实践教学过程，评估得失，有利于巩固升华实践教学效果，拓展实践教学的价值。

四、改进考核方式，创新考核机制

鉴于“形势与政策”课程的时效性、变动性等特点，传统的闭卷考核方式很难全面、客观、真实地检测出“形势与政策”课程教学目标所达到的程度。为此，有必要创新“形势与政策”课程考核方式，以更好地发挥考核对评教评学和促教促学的双重功能。

考核方式的创新应注重联系实际和灵活多样，做到“两个结合”：第一，笔试与口试相结合。笔试易于考核学生对“形势与政策”课程相关知识的识记情况，其突出优点在于便于操作，缺点就是容易导致学生为考而学，临时抱佛脚，对学生养成勤于分析、深入思考的习惯和能力帮助有限。而口试便于考核学生分析思考和解决问题的能力。将笔试与口试有机统一起来，能更好地发挥两种考核方式的长处，弥补彼此的不足。第二，全面性与全程性相结合，将教学过程考核与教学结果考核统一起来。鉴于“形势与政策”课程教学班级规模较大、人数较多、课堂教学时间集中、课程教学内容综合复杂性强等特点，有些内容的教学只能安排在学生课堂集中教学时间之外去进行。考核不能只局限于集中课堂教学结束时的闭卷结果的考核，还要采取相应形式对学生在集中教学时间之外的学习环节加以考核，做到对学生在整个教学过程中的表现进行考核，以体现考核的全面性与全程性。考核学生对课堂集中教学内容和知识的掌握情况，可用闭卷考试，在集中教学结束前安排时间进行。对学生集中课堂教学之外的学习情况和学习内容的考核，可用更加灵活多样的方式进行，例如：开卷论题式考核[4]和互评式考核。实施开卷论题式考核前，教师联系当下国际国内实际和学生的兴趣，确立主题，要求学生围绕主题，收集资料，独立思考，形成自己的观点和想法，言之成理，佐证有据，不能抄袭。实施互评式考核，就是将考核权的一部分下放给学生，互评分为小组长考评和小组成员互评。具体做法是每个班分成若干个小组，每个组由小组长负责，先由小组长对每个小组成员日常参与教学的情况、承担的项目实施情况（包括小组成员在项目中承担的角色、教学活动参与以及完成的情况）进行考评，形成每个学生的小组长考评成绩，然后小组成员之间进行互评，小组所有成员对小组每个学生考评出一个成绩，在此基础上由小组长汇总计算出每个小组成员的小组考评成绩，这两个成绩的综合就形成每个学生的互评式考核成绩。这种考核有利于克服教师无法直接掌握集中教学之外的教学环节学生的学习情况的不足，也有利于发挥学生相互促学、彼此监督的作用。将笔试与口试、过程考核与结果考核等考核形式综合运用起来，建立多元化的考核机制[5]，最后综合形成学生该课程的学期总成绩。这样的考核评价，有利于克服传统单一考核方式所产生的弊端与不足，最大限度地发挥考核对教学的促进作用。

参考文献：

[1] 教育部社会科学司．普通高校思想政治理论课文献选编（1949—2008）[M]．北京：中国人民大学出版社，2008：210.

[2] 吴兆雪．创新思维培养的理论与实践——马克思主义理论教学新视野 [M]．合肥：中国科学技术大学出版社，2004：67.

[3] 本书编委会．高校“形势与政策”课程建设与教学管理创新使用

手册［M］．北京：中国教育出版社，2012：460-601.

［4］刘家祥．创新高校“形势与政策”课程建设模式［J］．思想理论教育导刊，2016，（2）：109-112.

［5］陈鑫，姚丽娜．论高校思想政治理论课有效教学［J］．池州学院学报，2014，（2）：147-149.

影响高校“形势与政策”课程教学实效性的要素分析

石　珉

摘　要：“形势与政策”课是高校思想政治理论课的重要组成部分，形势与政策教育是高校培养高素质大学生的重要途径。教学实效性是“形势与政策”课程的灵魂和生命力，要增强“形势与政策”课程教学的实效性，必须将与“形势与政策”课程教学实效性有关的教师、学生和环境这三个方面的要素有机结合起来，发挥其最佳功能。

关键词：形势与政策；教学实效；教学要素

教学实效性是课程的灵魂和生命力之所在，缺少实效性的课程，对于学习该门课程的学生和教学该门课程的教师而言，都是一种负担。在高校“形势与政策”课程教学中，教学的管理者和实施者长期受到该课程教学实效性问题的困扰，倍感无奈与彷徨。尽管从事“形势与政策”课程教育教学的教师们一直在探索如何破解这个难题，但效果仍不尽如人意，因此，解决这个问题就显得尤为迫切。要增强“形势与政策”课程教学的实效性，必须注重教师、学生和环境这几个关键性的要素，只有将这些要素有机结合起来，形成一个有机的整体，发挥这一系统整体的最佳功能，才能在此基础上进一步增强“形势与政策”课程教育教学的实效。

一、教师要素

毛泽东曾说道：“教改的问题，主要是教员问题。”邓小平曾指出：“一个学校能不能为社会主义建设培养合格的人才，培养德智体全面发展、

作者简介：石　珉（1964—），男，安徽宿松人，池州学院马克思主义学院副教授，硕士，主要研究方向为马克思主义中国化和思想政治教育。

有社会主义觉悟的有文化的劳动者，关键在教师。”教师不仅要给学生传授知识，更要给学生以思想启迪。在形势与政策教育教学中，教师一直居于主导地位。形势与政策教育教学实效性的好坏，一定意义上取决于教师自身素质的高低和对教育教学投入的深浅。教师怎样用丰富易懂的语言将复杂的形势与重大的政策对学生阐述清楚，怎样提高学生分析形势、把握政策的能力，使“形势与政策”课程受到学生欢迎，怎样帮助学生关注现实、驾驭自身等等。这些都离不开教师科学的教育理念、扎实的理论功底、娴熟的教学技巧和满腔的工作热情等。

教师科学的教学理念是增强高校“形势与政策”课程教学实效性的前提条件。理念是行动的先导，教师的教育教学行为总会受到教师教学理念的支配和影响，教师的教学理念还会影响学生的发展，正因为如此，高校“形势与政策”课教师必须秉承先进的教育教学理念并在此基础上不断与时俱进，才能具化为科学有效的教育教学行为，最终促成高校“形势与政策”课程教学目标的实现。

教师扎实的理论功底是增强高校“形势与政策”课程教学实效性的重要条件。“形势与政策”课程是一门涉及多学科知识的课程，学科交叉性较强，具有很强的政治性和知识性等。很难想象，一个缺乏厚实的理论功底的教师，能够引导和帮助学生辨清复杂多变的形势和把握、贯彻执行好国家重大的方针政策，因此，一定意义上讲，“形势与政策”课程的教师，与其他课程教师相比，更应该具备丰富的理论知识。

教师娴熟的教学技巧是增强“形势与政策”课程教学实效的重要手段。鉴于“形势与政策”课程的独有特点，要求教师必须具备驾驭课程教学的能力和技巧：在教学设计和实施方面，教师要善于留出学生思考和发挥主观能动性的空间，注重培养学生的辨别、分析与创新能力；在教学方式的选择上，教师要注重启发式、讨论式、案例式、专题式、网络式和实践性教学等，力求“形势与政策”课程教学生动形象、入情入理、润物无声、潜移默化；在教学目标的设定与实现上，教师要把教学目标和学生的需要有机结合，教学内容的取舍要有针对性和合理性，追踪聚焦社会热点，努力贴近学生实际。

教师满腔的工作热情是增强“形势与政策”课程教学实效的重要保证。“形势与政策”课教师只有具备满腔的工作热情，才会不断地完善自身，转变教学观念，提高自身政治思想素质和业务素质。教师有了教学热情，在工作中才能自觉遵循学生的身心发展规律。“形势与政策”课教学越来越专业化、科学化。要成为一名合格的“形势与政策”课教师，教师就必须有充分的热情，在业务上不断地学习，在学术上不断地进取。在“形势与政策”课教学实践中，教师只有遵循教育教学规律和学生的身心成长规律，才能实现教学过程中的主体教育，提高学生的综合素质和能力。

要激活教师的教学活力，就必须对教师的工作给予足够的肯定、尊重和支持，充分调动教师的教学积极性。肯定就是要对“形势与政策”课程教学给予充分、客观和公正的评价，不能贬低甚至无视“形势与政策”课程的地位与作用。要尊重和支持“形势与政策”课教师，让他们享受到合理的待遇和公正的评价，只有这样，才能让教师享有存在感和价值感，才能激发教师的工作热情，才能让教师全身心投入教学，才能充分发挥教师在教学中的积极作用。

二、学生要素

在“形势与政策”课程教学中，要以教师为主导，以学生为主体。要突显学生的主体性，教师就必须努力激发学生的学习兴趣。教师在教学中必须坚持“教育与自我教育相结合”的原则，强化学生的主体意识，深入启发、引导学生内在的思想政治需求，在教学过程中，让学生主动参与，对于教学内容，教师要让学生主动独立思考和探索，让学生在主动参与的过程中不断收获与提升。

教和学要相互配合，教学才能卓有成效。在高校的“形势与政策”课程教学中，学生希望教师能够与其互动、交流。教师应该根据这个特点，积极回应学生的期待，引导学生参与到教育教学中来。为此，教师要想方设法增强学生的责任感和使命感，要帮助学生端正学习“形势与政策”课的态度，努力克服功利主义，防止在学生中出现“形势与政策”课程教学可有可无的错误思想。教师要帮助学生克服抵触“形势与政策”课的不良情绪，培养学生关心国家大事、了解社情民意的良好习惯。努力激发学生学习“形势与政策”课程的热情和积极性是“形势与政策”课程教学过程中的关键环节。学生只有对“形势与政策”课程感兴趣，才会积极主动地学习，教师的教学方能取得成功。有些“形势与政策”课程的教学效果不佳，往往是没很好地解决这个问题，很多情况是学生听不进去课，教师的教学成了独角戏而变成自己的自言自语。教师要想方设法解决这个问题，就必须要注意以下几点：一是要提高教师自己的教学水平，教师要熟练掌握理论联系实际的教学技巧，创新教学方法，丰富教学手段，吸引学生的注意力和提高学生的关注度；二是教师要注意加强对学生的考核，充分发挥考核对促教督学方面的积极作用，注重考核的全面性和全程性，将结果考核与过程考核、期末考核与平时考核结合起来，以充分发挥考核的功能，这样学生才会与教师很好配合。只有将启发和督促相结合，才能把学生的积极性调动起来，才不至于浪费面对面讲授“形势与政策”课的宝贵资源，让想学好“形势与政策”课的学生感到解渴，让即使不愿学“形势与政策”课的学生也必须在平时注意对“形势与政策”课的学习和思考，杜绝考前临时抱佛脚的现象。总之，对“形势与政策”课程来说，学生的冷漠是首先需要解决的最关键问题，要将学生的学习积极性充分调动起来，使其热爱“形势与政策”课程，这是“形势与政策”课程教学有起色的重要标志和提高教学实效的重要途径。

三、环境要素

环境是一只无形之手，在“形势与政策”课程教学中的作用不可低估。要增强“形势与政策”课程教育教学实效，其中一个重要条件就是环境要配合。“形势与政策”课教育教学不是教与学双方的孤立互动过程，而是要借助高校教学资源运作的大系统中相关要素的配合。在“形势与政策”课程教学资源的大系统中，环境系统相当重要。环境包括社会环境和校园环境。社会环境主要依靠大众传媒和互联网等载体，对形势与政策教育教学发挥作用；校园内部环境主要借助于校园文化建设和校园宣教阵地，对形势与政策教育教学发挥作用。

思想是存在的反映，人的思想的形成往往离不开环境的熏陶。要拓宽形势与政策教育教学面，保证形势与政策教育教学内容的全方位和多角度，保证形势与政策教育教学的及时性，必须充分发挥大众传媒和互联网等载体的作用。现在是一个全媒体、全时空的时代。中央电视台的“新闻联播”“焦点访谈”“社会关注”“媒体聚集”“海峡两岸”等、中央人民广播电台的“新闻和报纸摘要”“半月谈”和各大主流网站等媒体，在进行形势与政策教育教学中是内容生动丰富、信息权威及时、形式丰富多样的好教材。大众传媒和互联网紧密结合，能够成为形势与政策教育教学的有效载体。要充分利用各种载体，从总体上让学生形成对形势与政策的直观认识，培养学生关心形势与政策的热情和兴趣，使学生养成关注社会热点、追踪聚焦时代焦点、关心国家大事的习惯与觉悟，自觉把个人与国家、社会、民族的发展联系起来，形成强烈的时代感、使命感与责任感。

高校要加强形势与政策教育教学的平台建设，承载资源，充分发挥校园网、校内广播台和电视台等媒体的作用。在校内开辟小报宣传栏、宣传橱窗和书画海报等，主动占领校园宣教阵地。各二级学院、系部、班级应订阅重要的报纸杂志，图书馆报纸期刊室应订阅和收藏丰富的报纸杂志。教师要充分利用网络平台建设、微信公众号、微课慕课等形式，最大限度地发挥网络教学等多种教学形式的积极效应。良好的校园环境会有助于高校的形势与政策教育教学，充分发挥环境在高校“形势与政策”课教育教学中潜移默化的作用，是增强形势与政策教育教学实效性的一种有效途径。

参考文献：

[1] 冯波. 马克思主义哲学原理课实效性研究［M］. 北京：中国传媒大学出版社，2006.

[2] 本书编委会. 高校“形势与政策”课程建设与教学管理创新使用手册［M］. 北京：中国教育出版社，2012.

高校思想政治教育资源库建设研究

操国胜

摘　要：新一轮高校思想政治理论课改革的帷幕已经拉开，成功的关键还在于增强针对性、实效性和凝聚力，思想政治教育资源库的建立乃是顺应时势发展和完成课程使命的重要举措；该库内容丰富，载体多样；它的构建是项综合性复杂工程，政治性、专业性强，必须坚持真实性、典型性、导向性、开放性之原则。

关键词：高校；思想政治教育；资源库；建设

2017年2月，中共中央、国务院印发了《关于加强和改进新形势下高校思想政治工作的意见》，丰富和深化了《关于进一步加强和改进大学生思想政治教育的若干意见》。遵照中央文件精神和要求，新一轮高校思想政治理论课改革全面启动，这是建设创新型国家、复兴中华民族的需要，是大学生健康成长的内在需要。而实现预期目标的关键还在于增强课程的针对性、实效性和凝聚力，建立高校思想政治教育资源库乃是顺应时势发展和完成课程使命的重要举措。

一、建立高校思想政治教育资源库势在必行

（一）大学生的思想政治素质关乎国家民族的未来

新陈代谢，不舍昼夜。青年代替中年老年是自然界和人世间的一般规律。作为青年中的佼佼者，大学生历来为党中央所关怀和高度重视，并被

作者简介：操国胜（1963—），安徽潜山人，池州学院党委宣传部长、马克思主义学院教授，研究方向为中共党史和马克思主义中国化研究。

寄予殷切期望。《中共中央国务院关于进一步加强和改进大学生思想政治教育的若干意见》明确指出，大学生是十分宝贵的人才资源，是民族的希望，是祖国的未来。江泽民多次强调，青年兴则国家兴，青年强则国家强；党只有赢得青年，才能赢得未来[1]。胡锦涛同志指出，“一个有远见的民族，总是把关注的目光投向青年；一个有远见的政党，总是把青年看作推动历史发展和社会前进的重要力量。”[2]习近平总书记充分肯定大学生的重要地位，希望大学生“励志勤学、刻苦磨炼，在激情奋斗中绽放青春光芒、健康成长进步”，做到又博又专、愈博愈专，勇于开拓实践，勇于探索真理。大学生的思想道德素质、科学文化素质和健康素质如何，直接关系到党和国家的前途命运，关系到中国特色社会主义事业的兴衰成败，关系到全面建成小康社会和中华民族伟大复兴目标的实现。即是说，中国党和国家宏大目标和使命的实现呼唤并要求大学生具有良好的综合素质。其中，“最根本的是思想政治素质”。换言之，大学生的思想政治素质关乎国家民族的未来。这种过硬的高素质从何而来？它并非天生地冒，而是要悉心培养。

（二）现实生活诸多因素的负面影响挑战大学生思想政治素质的提高

在培养和提高大学生素质的路径中面临着来自方方面面的挑战，绝非一帆风顺。从国外来说，以美国为首的西方大国长期推行“西化”、“分化”中国的政治图谋，凭借经济科技的强势地位，利用经贸往来、文化交流等种种机会，通过影视、互联网等多种方式，加紧对中国进行文化渗透，重点向青年特别是大学生美化和兜售资本主义的价值观，以及资产阶级的民主、自由等观念，企图与我争夺接班人；而经济全球化和信息网络化客观上则给他们提供了相对便利。热心上网而身心尚未成熟，世界观、人生观没有完全形成的大学生很难不受其影响。从内部来讲，一方面，我国正处在社会转型期，生产、生活、分配等方式均发生重大变化，新旧体制、新旧观念的冲突和竞争日益激烈；另一方面，伴随着经济快速发展、综合国力的稳步提升，市场经济的负面效应日益显露，腐败现象大量衍生，拜金主义、享乐主义沉渣泛起，就业形势越发严峻。面对如此复杂的社会情态，面对处处可见的诸多诱惑，大学生又不易抵御其冲击。正因为如此，我们看到，尽管大多数大学生经受了考验、主流是好的，思想道德状况和精神风貌保持着积极、健康、向上的良好态势，但同时，确如中央有关文件所指出的那样，也确有一些大学生享乐主义、极端个人主义滋长，少数人精神空虚、行为失范，有的甚至走上违法犯罪的歧途。在这种背景下，提高大学生的思想政治素质实属不易，放任自流、任其蔓延显然是不妥当的，知难而上、笑迎挑战应是唯一的理性选择。

（三）思想政治理论课改革的内在诉求

以育人为己任的高等院校毫无疑义地承担着培养提高大学生思想政治素质的艰难职责，政治理论课则是实现这一目标的主要渠道。显然，思想政治理论课责任重大，实际效果又是怎样？2005 年 5 月，笔者邀约同人到安徽、江西二省 6 所本专科院校就思想政治理论课教学等问题进行问卷调查。与此同时，我们还和这些院校领导、相关教师举行座谈，就如何提高思想政治理论课教学实效等问题展开讨论。这次调查共发放问卷 2200 份，有效回收 2090 份。统计显示，喜欢上思想政治理论课的占 22.8%，比较喜欢的占 31.2%，两项合计超过 50%。这表明，思想政治理论课虽然进行了多项改革，教师付出了辛勤汗水，也产生了较好效果，但与预期目标之间还是有一定差距的，问题依然存在。至于为什么不喜欢政治理论课，原因多种多样。教师因素占 39.7%，内容因素占 37.2%，家长及社会因素占 13%，版式设计等其他因素占 10.1%。其中，从教师因素而言，认为教师教法单一、照本宣科的占 35.5%，讲授内容单薄、脱离实际的占 43.5%，教学手段落后、陈旧乏新的占 21%。进而言之，造成教师讲课内容单薄陈旧的原因又是什么呢？因素可谓甚多，如“单兵作战”、时间精力有限等，而学校没有集众人之力建立思想政治教育资源库、以搭建丰富内容之平台不能不说是其中之一。

鉴于此，建立高校思想政治教育资源库势在必行。

二、思想政治教育资源库的构成

我们认为，建立思想政治教育资源库要在学校党委、行政的领导和宣传部门的指导下，由社科部或思想政治理论课教学部具体实施。该库应是内涵丰富，外延周详，集专业性、综合性、实用性于一体。为使读者和学界同人对资源库有个清晰的了解，笔者尝试从多角度予以审视和考察。

（一）内容角度

从内容看，资源库由多层次、多方面思想政治教育资源组成。思想政治教育建立在政治学、伦理学、教育学、心理学等相关学科的基础之上，资源的内容应当根据思想政治教育的目标和教育对象的思想实际而确定。思想政治教育目标内在规定的丰富性和教育对象精神世界发展的多方面要求，决定了思想政治教育资源的内容是多方面的、广泛的，其中主要包括理想信念、思想道德、行为规范以及世界观、人生观等多项内容。每一方面又都包括一些具体内容，如世界观教育包括辩证唯物主义和历史唯物主义教育；政治观教育包括基本国情教育、党的基本路线教育、爱国主义教育、形势政策教育；人生观教育包括理想教育、人生价值观教育、成才教育、艰苦奋斗精神教育；历史观教育包括中国革命史教育、中共党史教育、社会主义史教育、国际共产主义运动史教育；法制观教育包括社会主义民主教育、法制教育、遵守纪律教育；道德观教育包括职业道德教育、社会公德教育、恋爱婚姻家庭道德教育、共产主义道德教育；等等。这些内容按照特定的层次结构相互联系、相互作用，构成思想政治教育资源库的内容系统。

（二）时间角度

从时间角度看，思想政治教育资源库涵盖历史和现实两块资源。举凡人类有史以来对大学生思想品德的优化和提高能够产生积极作用的要素，都应纳入思想政治教育资源库之范围。马克思主义经典作家一再重申，先进文化不能建立在空中楼阁中，当以继承历史传统文化为基础，采取历史虚无主义是错误的。毛泽东明确要求，“从孔夫子到孙中山，我们应当给以总结，承继这一份珍贵的遗产。”[3]我们中华民族在5000年的历史长河中，积淀了丰富的思想文化资源，形成了一套较为完备的伦理道德体系，如国而忘家、克己奉公的爱国主义、集体主义精神，以诚相待、言而有信的诚信思想，厚德载物、仁者爱人的仁德宽厚精神，奋发有为、自强不息的进取精神，贵德重义、坚守气节的崇高思想境界。这些传统美德对大学生进行思想政治教育来说无疑是取之不尽的宝藏。在建设中国特色社会主义的伟大实践中，涌现出大量的优秀人物，例如，郑培民、牛玉儒、任长霞、王顺友，以及国家政治、经济、文化、社会生活中的新变化新成就，这些以其实在、鲜活、生动、具体见长，极富有教育意义而载入资源库。

（三）空间角度

从空间角度看，思想政治教育资源库覆盖国内外、校内外，就是说，资源的吸纳来自五大洲四大洋，不受空间地域的限制。对此，需要强调两点，一是国外资源。从理论上讲，学习和借鉴他国思想政治教育成果为我所用是我们党的一贯主张。毛泽东、邓小平、江泽民，还有胡锦涛同志，都是把世界各国优秀文明成果作为建设中国特色社会主义文化的重要来源。从实践看，外国在思想教育方面确实有很多经验和做法值得我们予以关注。正所谓，他山之石，可以攻玉。如我国大学为增强大学生的爱国主义意识，热爱自己的祖国，要求每周升国旗、唱国歌。这项活动的开展本有必要也很有意义，但学生参与程度较低，客观效果不是很好。其中重要原因是其认识上的误区所致，不少大学生认为那是搞形式，发达国家没有实行不照样爱国嘛！殊不知，在美国等西方大国，每逢国庆日、国旗纪念日等都要悬挂国旗、唱国歌，所有参加人员都要面对国旗，背诵“忠于这个国家、保卫这个国家”等誓词和祝词。星条旗在美国受尊重的程度，以及围绕国旗大肆宣扬民主精神的做法，在世界范围内是罕见的。二是校内资源。很多教育工作者对校内资源的开发和利用还没有引起足够的重视，至今仍然是个薄弱环节。其实，校内思想政治教育资源是丰富多彩的，利用得法，效果更为明显。例如，每幢楼房、景观的设计和布置都融入思想政治教育理念，寓意深刻，但学生往往是熟悉外表而不知其内涵，还有学生群体中的好人好事等。教师如果巧妙运用合宜方法，由表及里，深入浅出，生动讲解，学生会感到亲切、新鲜、真实，易产生思想上的共鸣而乐于接受。

（四）资源载体

从资源载体来划分，思想政治教育资源库主要由文字、音像、网络、实物四种类型资源组成。文字类资源包括各种书籍、报纸和杂志。音像类资源包括广播、电视、电影、录音、录像等（如大型电视文献纪录片《时代先锋》《永远的丰碑》《中国出了个毛泽东》《邓小平》，电影《张思德》《大决战》《南昌起义》）。网络类资源除国际互联网外，还包括校园局域网发布的相关信息。实物类资源包括雕塑、各种纪念物以及建筑物等。如人物雕像“人民的教育家——陶行知”，革命文物“朱德的扁担”，学校图书馆、教学楼等。

（五）资源形态

从资源形态来划分，思想政治教育资源库主要由物质形态和精神形态两部分资源构成。物质形态教育资源是指思想政治教育意图或理念固化的实体要素，包括图片、雕塑、纪念物、建筑物等，如中共中央宣传部和教育部确定的爱国主义、社会主义教育基地，革命博物馆的实物展品，毛泽东的故居。精神形态教育资源是指思想政治教育意图或理念以非实体化形式表现的各种要素，既包括一个国家的历史传统道德、民族精神（如井冈山精神、长征精神、延安精神），也内含学校的人文环境、学术氛围、领导方式、人际关系等。

（六）资源呈现的状态和属性

从资源呈现的状态和属性上来划分，思想政治教育资源库由显性资源和隐性资源组成。显性资源是指思想政治教育的目的和作用异常明显、公开示人，学生能够一望而知的各种要素或条件，如高校普遍开设的马克思主义理论课和思想品德课。该课程的目的是广而告之的，就是要提高大学生马克思主义理论修养，养成良好的思想品德，树立科学的世界观、人生观和价值观，坚定中国特色社会主义的信念。隐性资源是指能够对大学生思想道德素质的提高产生积极影响又往往被教师所忽视、呈隐蔽状态的各种要素或条件。这种资源更为丰富，如专业课程中贯穿的民族精神、科学道德、不畏艰辛坚忍不拔的探索精神，教师严谨治学、诲人不倦、关爱学生的人格，学校的学术氛围、文化氛围以及渗透办学理念和意图的建筑等。较显性资源而言，它的长处在于能够有效地消除学生的逆反心理并激发其参与意识，增强情绪的感染性，使价值观和意识形态无意识地渗透到他们的心灵中去。今后，我们要在过往注重运用显性资源的同时，把积极开发和利用隐性资源作为思想政治理论课改革的重要取向。

三、构建思想政治教育资源库必须坚持的原则

思想政治教育资源库的建立是项综合而又复杂的工程，政治性、专业性都很强，需要社会各界和学校领导的大力支持，更有赖思想政治理论课教师缘于高度政治责任感和历史使命感而生发的艰辛求索、无私奉献。在此过程中，积多年之经验，我们感到，必须坚持以下几项原则：

（一）真实性原则

所谓真实性，就是纳入资源库的信息、内容必须真实可信，不夸大、不溢美、不拔高，杜绝虚构，能反映人物和事件的原貌，揭示其本质属性。马克思主义的精髓是实事求是。坚持从实际出发，“不唯上、不唯书、只唯实”，理应成为共产党人和广大教师的操行准则。从大学生心理、思

想特点出发，信息、资源的真实尤为紧要。大学生既有崇尚科学、追求真理的一面，又有喜怀疑、偏激的一面。当我们教育者无意中采用了带有水分的思想教育资源，哪怕99%真实、只有1%虚假，学生也会因之而断然排斥。这么多年来，政治理论、思想品德课效果一直不尽如人意，一个重要原因就是其内容被认为不真实，大话、空话、假话连篇，导致大学生思想心理上的反感而拒绝接受。真实性是建立思想政治教育资源库必须坚持的第一原则，也是最高原则，唯有真实，才有说服力。事实胜于雄辩，事实的说服乃是根本的说服。

（二）典型性原则

从广义上讲，人类创造的一切都是思想政治教育的重要资源，不管何种形态，不管是正面负面，对大学生思想品德的养成都会产生这样那样的作用和影响。但由此不能说，思想政治教育资源库无所不包，无所不至。事实上，每所大学限于人力、物力和财力，不可能、也没有能力（也没有必要）将人世间的一切都纳入资源库。怎么办？只能是对各类资源进行筛选。为此，要注意四点：其一，坚持典型性、代表性原则。所谓典型就是指具有代表性的人物和事件，它具有鼓励、控制、导向、警示等功能，示范力、教育力、投射力、影响力巨大，对坚定信念、端正立场、明辨方向、弘扬民族精神、培植优良品德等起着重要作用，这是一般资源难以企及的。故按照“学马列要精、要管用”[4]的典型性原则选用教育资源乃是正确的选择。其二，适度提炼，升化认知。原生态资源（包括典型事例）大多具有感性、零碎等特点，要达到应有的目标，需要进行理性提炼，在认识上加以深化或升化，揭示其本质特点，促进个别先进典型的境界水平转化为群体自觉的思想和行为。其三，善于发掘校内资源。校内典型是学生最熟悉的，其先进思想和高尚行为，具有很强的感召力，能够产生正面激励作用；又由于先进思想寓于具体事例之中，易于学习和理解，具有很强的说服力，能够产生正面引导作用，使大学生学有榜样，赶有目标，从先进典型的感人事迹和优秀品质中受到鼓舞、汲取力量，在见贤思齐中受到良好的思想政治教育。其四，以正面典型为主，反面典型为辅。在社会生活中，存在着不少反面典型，如“马加爵事件”，这是不以人的意志为转移的。资源库可以适度收入。教育者运用得当会发挥“反面教员”的作用，对教育学生同样有益。

（三）导向性原则

所谓导向性，是指精选的思想政治教育资源必须对大学生思想道德素质的提高和健康成长具有引导、启发、导航的作用。党中央16号文件明确规定思想政治教育的目标是，全体大学生都要确立在中国共产党领导下走中国特色社会主义道路、实现中华民族伟大复兴的共同理想和信念，牢固树立“四个观念”，即祖国观念、人民观念、党的观念和社会主义观念，最终达到个人的全面发展；在此基础上，积极引导大学生中的骨干力量和先进分子树立共产主义的远大理想，确立马克思主义的坚定信念。思想政治教育的这种意识形态性决定着选用资源的政治目的性。它要求做到以下两点：一是资源的取舍要围绕思想政治教育的目的来进行；二是对资源进行严格管理，把好进口关，防止黄、赌、毒等各种有害资源侵蚀大学生的精神家园。做好这项工作，需要政治理论课教师的思想敏锐和智慧，始终把握正确的政治方向，坚持思想性和科学性相结合，做到个人研究无禁区和资源取舍有纪律相统一。

（四）开放性原则

开放性，也可以称为动态性，是指思想政治教育资源库的构建乃永无止境的过程，始终要求资源空间上的全面开放和时间上的及时更新，拒绝封闭和僵化。如果说，资源库建成后可以一劳永逸，那只能是天方夜谭，也是严重违背了唯物辩证法的基本精神。历史不断向前发展，实践也在不断变化，各种新思想、新观念、新资源的大量涌现，必将要求思想政治教育资源的内容与时俱进，不断充实丰富其内涵。为此，思想政治理论课教师要加强学习，不断提高自己的思想政治素质和业务素养，始终使资源库的思想政治教育资源富有时代气息、适应时代发展的潮流，体现时代走向和时代精神。唯有如此，才能满足学生的需要并被其接受和认可，思想政治理论课才会焕发生机和活力。

实践表明，思想政治教育资源库的建立和运用对提高思想政治理论课成效、培养大学生良好的思想政治素质帮助很大，作用显著。鉴于此，我们倡议，各大专院校思想政治理论课教师尽快构建符合各地各校实际情况的思想政治教育资源库；上级主管部门和院校领导从培养合格接班人的战略高度关注资源库建设，加大投入力度，提供政策支持和物质保障。

参考文献：

[1] 共青团中央，中央文献研究室．毛泽东邓小平江泽民论青少年和青少年工作［M］．北京：中央文献出版社、中国青年出版社，2000：324.

[2] 胡锦涛．迈向新世纪　创造新业绩——在共青团第十四次全国代表大会上的祝词［N］．人民日报，1998-6-20.

[3] 中共中央文献编辑委员会．毛泽东选集（第二卷）［M］．北京：人民出版社，1991.

[4] 中共中央文献编辑委员会．邓小平文选（第三卷）［M］．北京：人民出版社，1993.

[5] 国务院新闻办公室会同中央文献研究室，中国外文局．习近平谈治国理政［M］．北京：外文出版社，2014.

应用型高校思政课程地方性实践教学资源体系构建

——以皖南地区为例

檀向群

摘　要： 根据应用型高校立足地方、服务地方的办学要求，思想政治理论课应注重地方性实践教学的内容补充，构建地方性实践教学资源体系在思想政治理论课实践教学中显得十分必要。文章从应用型高校思政课程地方性实践教学资源体系构建的必要性、内容、原则等方面作了一些探讨和构想，以期对思政课实践教学有所帮助。

关键词： 应用型高校；思政课程；地方性；实践教学资源体系

应用型高校伴随着高等教育大众化而产生，它是以本科教育为主体、以应用型人才培养为突出特征的一种“新大学”。突出实践教学环节，培养应用型高素质人才，服务区域经济社会发展是应用型高校办学的基本定位[1]129-130。地方性、实践性、应用型成为应用型高校的办学特色。

应用型高校思想政治理论课为适应地方高校办学特色，体现服务地方、培养应用型人才的办学理念，在教学过程中能够凸显地方性、实践性，其实践教学资源体系构建要做到本土性、实用性。

思想政治理论课地方性实践教学资源体系建设是做好思想政治理论课实践教学工作的基础、前提与保障，“毛泽东思想和中国特色社会主义理论体系概论”（以下简称“概论”）是高等院校思想政治理论课“05”课程方案中的一门重要课程，同时也是高校本科生的一门必修课。高校思想政治理论课是以马克思主义、毛泽东思想、邓小平理论、“三个代表”重要思想和科学发展观等理论体系为主要内容，帮助、指导学生树立积极健康的世界观、人生观和价值观，提高思想道德修养。它承担着提高大学生政治理论素养、树立马克思主义信仰、坚定社会主义信念、增强投身于中国特色社会主义建

作者简介： 檀向群（1972—），女，安徽望江人，池州学院马克思主义学院讲师，硕士，主要研究方向为地方文化建设与思想政治教育。

设的自觉性，做中国特色社会主义建设骨干人才的重要任务[2]117-118。

本文尝试以“概论”课程为例，探讨在应用型高校中构建思想政治理论课地方性实践教学资源体系的一些问题。

一、应用型高校“概论”课程地方性实践教学资源体系构建的必要性

（一）构建“概论”课程地方性实践教学资源体系顺应了应用型高校办学要求

按照“05”课程方案中“一纲一本”精神，“概论”课程理论性强、教学资源构成单一，为更好地达成教学目的，地方实践教学资源成为“概论”课程教学的重要组成部分，“概论”课教师做了很多相关尝试和探求，但由于实践教学的自发性和分散性，“概论”课程实践教学显效不佳。

应用型高校立足地方，打的是地方品牌，培养的是地方人才，在“概论”课程实践教学中构建地方性实践教学资源体系，既是应用型高校教学的属性要求，也是应用型高校的办学定位和办学特色要求。同时由于应用型高校与地方联系紧密，地方资源丰富多样，为“概论”课程实施地方性实践教学资源体系建设提供了可行性和便利性。

以皖南地区为例，皖南区域的地方高校办学特色多是突出徽韵，从黑瓦白墙的徽派建筑、古朴雅拙的徽风文化建设，到浓厚绵延的皖南徽学研究，无一不尽显徽韵，皖南地区丰厚的人文历史地理风貌为皖南地方高校“概论”课程实践教学资源体系构建提供了可资利用的丰富资源。如皖南黄山地区的徽文化、铜陵地区的青铜文化、宣城地区的酒文化、池州地区的佛文化等都为皖南地方高校思想政治理论课实践教学资源中的地方性历史文化实践教学资源体系构建提供支持。又如皖南地区的宣城市、黄山市为全国12处红色旅游区之一，其丰富的红色文化遗产如新四军军部旧址、皖南事变遗址、王稼祥故居、粟裕将军墓等为皖南地方高校思想政治理论课实践教学资源中的地方性红色文化实践教学资源体系构建提供支持。

（二）构建“概论”课程地方性实践教学资源体系凸显了应用型高校的教学实效性

应用型高校立足于区域，以知识、科技、人才带动和服务地方经济社

会发展，强调学校与地方的结合、注重人才培养的实效和技能。新型人才的培养模式要求，使得地方性、应用型、实效性成为应用型高校的办学追求。

由于“概论”课程讲述的是马克思主义基本原理中国化的历史进程，反映了中国共产党在各个时期的马克思主义理论成果。时间跨度大，理论性强，教学过程中难免存在“重理论轻实践，过严谨少亲和”的现象，影响教学效果，需要实践教学加以补正。

地方性资源来自地方，源于学生生活的方方面面，与学生联系紧密，有较强的真实性、感知性和教育性，将之运用到“概论”课程实践教学中，既方便又充实，且具有良好的实效性。地方性实践教学资源能够让师生在教学过程中通过相同情境拉近距离，感受亲和，增强教学效果，达到教学目的。

譬如皖南地方高校学生可通过前往全国爱国主义教育基地——宣城地区的泾县“皖南事变”烈士陵园和新开馆的“皖南事变”史料陈列展览馆实地考察，亲身感悟、缅怀与追忆，结合“概论”课程中的第三章内容，真实体味教材内容，接受精神熏陶，实现教学内容升华，达到教学目的。

（三）构建“概论”课程地方性实践教学资源体系保证了地方人才素养培养

应用型高校的办学目的是向地方输送人才，地方人才培养的首要环节就是培养人才对地方情感的认同，接受和热爱。“概论”课程作为思想政治理论课的重要部分，是实施思想政治教育的重要阵地，地方性实践教学资源能够让学生在地方情境教学中感知家乡的美好，认同对家乡的情感，从而产生深厚的爱家之情，愿意扎根地方，奉献地方。地方性实践教学资源的利用也有利于学生在学习“概论”课程理论知识时理解和把握内涵，通过地方资源中典型案例教学等手段来影响和帮助学生树立正确的人生观和价值观，例如皖南地方高校池州学院学生可通过实地考察池州十景之一“齐山—平天湖”等地方生态绿色资源，能够更深刻地体会“概论”课第八章第四节中的“建设资源节约型环境友好型社会”内容；通过实地领略池州傩文化、九华山佛文化等地方文化遗产资源，则可帮助学生领受传统文化，提升自我素养，树立爱国爱家的思想追求；通过瞻仰泾县“皖南事变”遗址和新四军军部旧址，树立正确的社会主义价值观追求。

“概论”课程实践教学可结合以上因素，将其精神和要求贯彻于教学全过程之中，以地方性为要义，建立适用的实践教学资源体系，使之与理论教学资源体系穿插融合，互为补充，形成合理的“概论”课程实践教学资源体系。按照这种精神要求，本文尝试提出“概论”课程地方性实践教学资源体系构建的初步构想，即以一个地方性为中心，资源二元主体化，三个平台为抓手，四段课堂为空间，五种资源为载体的“一、二、三、四、五”段论。

二、“概论”课程地方性实践教学资源体系的内容建构

（一）把握“概论”课程地方性实践教学资源体系的“一个特性”

从“概论”课程实践教学影响因素来看，地方性资源是应用型高校彰显特色的标点，抓住此项要义，既能体现高校地方特色，又能实现与地方紧密结合，服务于高校的办学宗旨。因此在整个实践教学资源体系构建过程中，应始终把握体系构建中的“地方”性。所有与此关联的区域内经济、政治、文化、社会、环境、历史等各方面内容都可纳入此体系当中。

以皖南区域应用型高校“概论”课程实践教学资源体系构建为例，统辖于皖南区域内的各项事务都可作为今天的“概论”课程实践教学资源内容，例如皖南徽派建筑、皖南民俗、皖南历史、皖南人文地理等，皆可纳入此体系内。在教学中实现地方性要求，才能凸显本专业、本学科、本学校特色，学生在家乡味浓厚的本土资源熏陶下，也容易产生浓厚的家乡情感，有较强的情感归属感，从而树立起主人翁意识，自觉成为地方应用型人才。

（二）构建“概论”课程地方性实践教学资源体系中的“二元主体”

“概论”课程有别于思想政治理论课程中其他三门课程：“思想道德修养与法律基础”“马克思主义原理”“中国近现代史纲要”，它告诉我们马克思主义理论在中国这片土地上结出的理论成果是什么，它的时代脉络随着中国共产党的诞生一直延续到当今，与国家、社会和党的命运紧紧相连。“概论”课程与“思想道德修养与法律基础”相比具有时代性，与“马克思主义原理”相比具有本土性，与“中国近现代史纲要”相比具有革命性。这些构成了“概论”课程地方性实践教学资源体系中最主要的两个主体部分：红色资源和时代资源。红色资源是中国共产党领导皖南人民进行新民主主义革命所形成的革命精神及其载体。它是马克思主义理论中

国化成果的直接体现，也是皖南地方高校在“概论”课程教学中实践教学资源体系构建的首选内容。时代资源是中国共产党运用马克思主义理论结合中国时代发展形成的成果体现，具有时代性、社会性和发展性，也是红色资源的延续和补充。

由两者共同组成“概论”课程实践教学资源体系中的二元化“主体”，二者互为整体，相互补充，是不可分割的有机组成部分。红色资源体现革命性，时代资源体现发展性，它们共同使用于应用型高校“概论”课程实践教学中，成为“概论”课程地方性实践教学资源体系中的二元“主体”。

（三）搭建“概论”课程地方性实践教学资源体系中的“三个平台”

“概论”课程地方性实践教学资源体系内容来源于地方，构建中可以地缘为纽带，搭建校园、地市和区域三个平台。以皖南高校池州学院为例，校园平台主要包括学校历史、校情校貌、校本教材、教师论文著述、优秀师生报道、校园文化等方面。例如池州学院教学工作委员会组编的校本教材《大学生素养丛书》，学院学生勇于救人的事迹、以徽文化为基调的校园文化等都是校园平台下可利用的资源。池州学院地处池州市，地市平台包括池州市的市情、民风、科技、文化、经济、社会等方面。例如池州齐山—平天湖风景区、杏花村、刘街傩戏、东至烈士陵园、池州革命烈士陵园、中共泾青南县委机关旧址等都是地市平台下可利用资源。池州学院地属皖南，区域平台的搭建就以皖南芜湖、马鞍山、铜陵、宣城、池州、徽州六市为基础，皖南区域内的经济、文化、社会等都是区域平台下可利用资源。例如黄山地区的徽文化、铜陵地区的青铜文化、宣城地区的酒文化、池州地区的佛文化等都是区域平台下可利用的资源。

三个平台呈倒金字塔形，以点线绘面，层次分明，交互补充，它的搭建有助于“概论”课程实践教学资源的梳理和整合，保障了“概论”课程地方性实践教学资源体系的有序构建。

（四）构建“概论”课程地方性实践教学资源体系的“四段课堂”

“概论”课程内容丰富，学生人数多，理论性强，可采取不同的情境式教学来催发和促进学生学习的主动性和创新性。根据课堂内外、校园内外、网络平台搭建等实际情况，可将“概论”课程实践教学地点和空间分化为四段“课堂”模式：“第一课堂”指课内实践教学，如品读地方名人著作、重唱地方红歌等一些在课堂上即可完成的实践教学活动，“第二课堂”指校园实践教学，如参观校史陈列馆、校园内调查、宣传等实践教学活动；“第三课堂”指校外社会实践教学，对学校所在区域经济、文化、社会等方面进行调查、研究活动；参观区域内红色革命实践教学基地、新农村实践教学基地等实践教学活动；“第四课堂”主要是指网络虚拟实践教学课堂，皖南区域内的各种资源都可以成为该课堂内容，例如地方文化网站、红色旅游网站、专家讲座视频、文化名人的微博微信、QQ群、论坛、BBS等网络交流平台资源，学生可以随时上网学习，实现无距离、无时间要求的自学模式，成为前三段课堂的补充和支撑。

四段课堂从教学活动覆盖面出发，从第一、第二、第三到第四课堂，成为教学活动范围外延的逐步拓展，四段课堂呈现出不同的教学情境，他们由小及大、由近及远，构成较为完整的思政课程实践教学活动的辐射圈。

（五）梳理“概论”课程地方性实践教学体系中的“五种资源”

地方性实践教学资源丰富多样，大体可分为“红色”资源、生态绿色资源、地方文化遗产资源、地方时代精神资源和校本资源等。“红色”资源包括四个方面：一是革命文化传统，主要包括红岩精神、长征精神、延安精神等；二是非物质层面的，主要包括红色文献、红色歌曲、红色影像和红色标语；三是物质层面的：烈士陵园、文物、博物馆、革命遗址等；四是革命文化产业，主要包括红色旅游、红色纪念品、红色文化开发等。生态绿色资源包括三个方面：一是指一些新技术开发的无污染能源；二是指能够化害为利的能源；三是指可再生资源、可循环资源等。地方文化遗产资源包括两个方面：一是非物质层面的，主要包括地方历史、地方文化、地方习俗、宗教信仰等；二是物质层面的，主要包括文物、建筑、遗址等。地方时代精神资源包括三个方面：一是指时代精神，如开拓、进取、自主、创新等；二是指地方改革大潮中涌现的领军人物、先进人物事迹；三是指地方经济、政治、文化、社会、环境等方面取得的成绩与发展。校本资源包括以下几个方面：一是校园环境、文化氛围建设等；二是校本教材，校内汇编的各种规章制度、手册，精品课程资源等；三是教师论文、著述等；五是学生资源，包括论坛、微博、研究报告、论文等资源。

以“一个特性”“二元主体”“三层平台”“四段课堂”“五类资源”共同构建“概论”课程地方性实践教学资源体系，五者关系互为依赖和影响，并呈现出动态的关系递进，构建成完整的“概论”课程地方性实践教学资源体系，具体如下图：

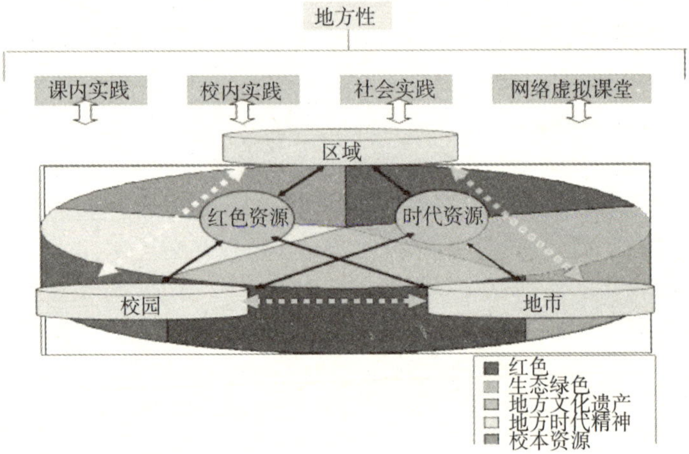

三、构建“概论”课程地方性实践教学资源体系的原则

（一）“以生为本”的原则

“概论”课程地方性实践教学资源体系的构建，要遵从高校学生的需要来确定，资源的选择必须立足于学生的成长和发展，这个既是高校“以生为本”的教育目的，也是科学发展观的核心——“以人为本”的精神贯彻。“概论”课程作为思政课程的主要内容，是高校进行思想政治工作的主要阵地，思想政治工作的目的在于提高学生的思想政治水平、价值判断能力和道德品质修养，这就决定了思想政治工作必须获得学生们的主动参与[3]176-177。在“概论”课程地方性实践教学资源体系构建工作中，要最大限度地体现以学生为本的教育理念，才能激发学生发挥主观能动性，主动参与“概论”课程的实践教学，达到引导和帮助学生树立正确的世界观、人生观和价值观的目的。

（二）就地取材的原则

“概论”课程地方性实践教学资源体系的构建，应就地取材，优先考虑到学校周边地区。以笔者所在的池州学院为例，“概论”课程地方性实践教学资源体系建设应以池州区内为主，其红色资源基地可以方志敏驻军的青阳太平山房、红军活动过的牯牛降红军墙、贵池霄坑的贵西工委遗址、东至高山革命老区等红军遗址为主；生态绿色资源基地可以该校所在的齐山—平天湖景区、万罗山景区、石台牯牛降景区等为主；地方文化遗产资源基地可以贵池杏花村、九华山佛教、贵池刘街傩戏、池州古城墙遗址等为主；地方时代精神资源基地可以池州开发区、贵池区墩上街道罗城村、里山街道元四村等为主；校本资源基地可以校内的校史陈列馆、皖南民俗文化展馆等为主。这种基地群的建设使得“概论”课程实践教学更加便捷，学生更能产生共鸣，教学效果也更加理想。

（三）讲求实效的原则

实践教学作为理论教学的一种有效的补充手段，必须具有实效性。“概论”课程地方性实践教学资源体系在构建过程中，每一份资源的开发和利用，都要通过实践的考验，要跟学生及时交流、沟通，把学生的评价、反馈的意见、教学实效作为体系建设的主要参考因素；在教学过程中，对实践教学资源种类、方法的运用等应倾听广大学生的意见，按照学生的意愿来重新调整、设置和使用。可经常开展一些校内调查问卷活动或是专题采访等活动，以此了解学生对“概论”课程地方性实践教学资源掌握的情况，同时也达到普及宣传“概论”课程实践教学知识的目的。学校管理部门可从现场观摩、课程评价、学生成绩等方面对体系的成效做出评定；校内思想教育工作人员可根据学生反馈、学生兴趣等方面与教师沟通。如此，“概论”课程地方性实践教学资源体系才能发挥实效，使其每一部分和每一环节高效务实。

四、构建“概论”课程地方性实践教学资源体系的途径

（一）多方参与的途径

“概论”课程因其覆盖面广、理论性强，地方性实践教学资源体系的构建就要求高校多个层面参与进来，学校方面可为“概论”课程实践教学资源体系建设精神、原则把关，营造宽松、和谐的教学环境，为“概论”课程教师实践教学开路、搭桥。教学管理部门应制定具体详细的“概论”课程教师实践教学资源开发、利用、管理的规章条例，“概论”课程实践教学成效的评价机制，让“概论”课程教师在资源建设中做到有章可循、有据可依。“概论”课程教师应全体参与到实践教学资源体系建设工作中

来，分工协作，各司其职。学校思想政治工作人员应搭建好平台，及时反馈学生对实践教学资源中的素材、方法等方面的看法和认识，协助“概论”课程教师完善、修整实践教学资源体系的构建工作。

（二）校校合作、校地合作的途径

“概论”课程地方性实践教学资源体系涉及面广，包括皖南六地市，资料庞杂，从历史、人文地理到经济、政治、文化等社会各个方面都在其体系之内。要做好“概论”课程地方性实践教学资源体系构建，就要打通各个市地，皖南区域内资源共享；地方为高校提供便利，高校将成果服务于地方；校校之间互通有无，通力合作；校内各个平台同声和气，创造资源体系构建的良好氛围，使之让全校学生受益。但由于校地之间、校校之间、校内各平台之间诸多条件限制和缺失，使得合作交流无障碍的目标难以实现，为“概论”课程地方性实践教学资源体系的建立提出了一定的难度和挑战。

（三）统一协调，有序分工的途径

“概论”课程地方性实践教学资源体系建设是一个庞大的工程，不仅需要多方合作，还要有统一、整体的规划，细致、有序的分工，该体系建设涉及本土、主体、平台、课堂与资源以及其他各个层面，只有统一认识，在思想上做好充分的准备；细致分工，在工作中认真仔细，分工明确，才能做好这一工作。将地方性融入课堂和资源，主体与平台良性互动，五个部分互为前提、补充，做到协调、贯通，是工作中必须秉持的方法和途径。

参考文献：

[1] 杜茂华．教学应用型大学办学定位与课程建设思考［J］．中国成人教育，2010，(12)．

[2] 孙忠良，吕学芳．“概论”课开发利用地方性实践教学资源的探索——以湘西地区为例［J］．当代教育论坛，2010，(7)．

[3] 刘志纯．论“以生为本”的高校学生思想政治工作［J］．湖北社会科学，2006，(12)．

高校思政课地方课程资源探析

——以池州学院皖南特色思政课程体系建设为例

檀向群

摘　要：地方高校在探索思想政治理论课程教学改革过程应注意地方课程资源的整合和利用，以皖南地域为例，其“红色”课程资源、“绿色”课程资源、地方文化遗产资源都可资利用，以增强思政教学的感染力和吸引力。

关键词：思政课；皖南；地方课程资源

为做好社会转型期大学生思想政治工作，近年来，高校思想政治理论课教学进行了卓有成效的改革。学界对于思政课程教学内容、形式及手段的改革探讨虽然较为广泛深入，但对于思政课程资源及其利用的探索和实践并不多见。思想政治理论课教学的主要目的不在于告诉大学生马克思主义是什么，而在于培养他们对中国共产党执政地位的理解和认同，在于强化大学生的理想信念教育。高校思政课程教学要完成这一教学目标，不仅需要强化课程教学的渗透力，更要注重课程的感染力和吸引力。这就要求教学者既要重视现有一般性的课程资源的开发和利用，更要结合本地区和高校自身的特色，挖掘、整合和依托本土资源，利用身边鲜活的地方课程资源，增强思想政治教育的实效性，从而完成教学任务和达到课程教学目标。

一、地方课程资源

与高等教育界对于课程资源的研究相比较而言，基础教育界对于课程资源的探讨已经相当深入。伴随着新一轮基础教育课程改革，关于中学思

作者简介：檀向群（1972—），女，安徽望江人，池州学院马克思主义学院讲师，硕士，主要研究方向为地方文化建设与思想政治教育。

想政治课程资源的研究和运用成果丰富，对课程资源概念的界定和分类就有多种见解。比如有学者依据课程制约因素将课程资源划分为“原生性课程资源-知识；内生性课程资源-学生；外生性课程资源-社会”。作为基础教育指导性标准的《普通高中思想政治课程标准》中的第四部分实施建议中，更是准确地将课程资源定位为“课程设计、编制、实施和评价等整个课程发展中可资利用的一切人力、物力及自然资源的总和”。其中专门细化了思想政治课程资源的门类：其一是文字与音像资源，包括教科书、时政资源等；其二是人力资源，包括教师、学生和家长等；其三是实践性社会资源等；其四是信息化资源。与此同时，在基础教育对于地方课程的开发过程中，基本上已界定了地方课程资源的概念，即“广义的地方课程资源指的是地方课程开发过程中一切人力、物力和自然资源。狭义的地方课程资源指的是地域性素材”。涵盖地理性资源、生物性资源、乡土历史文化资源、技能性资源尤其是生活类资源等。

地方课程资源具有强烈的地区性、乡土性和特色性。国家非常重视大学生思想政治教育，也专文强调了“要深入挖掘各类课程的思想政治教育资源，在传授专业知识过程中加强思想政治教育”。从现有情况看，包括池州学院在内，地方院校办学一般都定位于地方性、应用型，与此相适应，此类院校通常都拥有着独特、丰富的地方课程教学资源，其范围广阔，含义广泛，立足于地方，服务于高校，是一切具有地方性、本土性资源的总和，大致包括本地区地理环境、风俗习惯、传统文化、经济建设、政治发展等一切具有浓烈的本土性和特色性的校内外课程资源。

地方课程资源可以分为三大类：“红色”资源、“绿色”资源及校本文化资源。“红色”资源，“具体来说，包括两个层面：一是精神层面，主要包括红岩精神、长征精神、延安精神等；二是物质层面，主要包括烈士陵园、文物、博物馆、革命遗址等”。“绿色”资源通常是指一些新技术开发的无污染能源，或是能够化害为利的能源，此处多指与本土经济、文化发展相结合的生态资源。校本文化资源是指为满足本校思政课程教育、教学发展需要而提供的一切有关本校的物质文化资源。

二、皖南特色的思政课程资源

皖南特色的思政课程资源具有一般思想政治类课程共性，如思想性、政治性、社会性、教育性等。同时还具有明显的地方个性特征。这种区域性特色蕴藏在皖南的人力、物力和自然资源中，皖南独特的人文、社会、自然、历史、民俗、经济特征都是这一个性的显现。在勾勒皖南思政课程资源内涵和外延时，除了要重视皖南地域本身已存在的可以直接加以利用的课程资源要素外，还要在此基础上加以提炼，通过加工设计、区别分类、凝炼提升来服务于思政课程教学。

皖南地区留存有大量的思政课程资源。如同“江南”一样，历史文献中的“皖南”是一个伸缩性很强的概念。皖南既是一个自然地理区域，也是一个社会政治文化区域。广义的皖南指安徽长江以南地区，而在狭义的文化“江南”语境中，皖南仅指徽州、池州地区。皖南地处楚头吴尾，素有“程朱阙里，东南邹鲁”的美称。有宋以来，经历代营建，文化昌达精致，经济社会繁荣，明清之际达到鼎盛，形成了以儒家文化为主体的区域特色鲜明的社会文化体系，留下古朴厚重的地域文化遗产。至新民主主义革命和新中国成立初期，皖南人民在党的领导下坚持抗日投身革命和社会主义建设，留下了众多深邃厚重的“红色”遗产。改革开放以来，皖南地区致力于发展生态经济，坚持经济社会发展与资源环境相协调，初步形成“绿色”发展特色。池州学院自校园整体搬迁以来，既传承了原有的文化底蕴，又形成了地域特色鲜明的校园文化标识系统和文化氛围。以上特色资源有的可以直接作为思政课程资源，用以理论教学和实践教学，有些则需要予以选择、加工、充实、提升，丰富教学内容，形成教学特色。这样既能弥补教材的不足之处，又能使教学内容与地区社会发展、学生周边事物相联系，课程教学也会充满感染力。

三、高校思政课程教学中对“红色”资源和“绿色”资源的利用

高校思政课程教学在高校思政课教学体系中，马克思主义理论及其中国化的内容理论性较强，也给思政课教学带来了一定的困难和挑战。在处理“马克思主义基本原理概论”和“毛泽东思想与中国特色社会主义理论概论”教学难点和重点之时，可以考虑充分运用地方课程资源，紧扣“红色”资源和“绿色”资源，充分展示皖南区域特色，从而达到思政课教学目的。

皖南地区散布着众多的“红色”遗迹，很多已被列为国家级、省市级爱国主义教育基地。其中位于宣城地区的泾县“皖南事变”烈士陵园和新开馆的“皖南事变”史料陈列展览馆是全国爱国主义教育基地，中宣部确定的红色旅游1号工程，也是池州学院大学生多年来进行实践教学考察活

动的爱国主义教育基地。除此以外，还有黄山市黄山区八路军北上抗日先遣队纪念馆、黄山市岩寺新四军军部、黟县柯村乡皖南苏维埃政府旧址、屯溪老街中共皖南特委机关纪念馆及各市县烈士陵园。在思政课教学中，皖南“新四军铁军精神”宣讲与相关思政教学内容的结合应该是教学重点，以此来强化理想信念教育。新四军铁军精神内涵在于：同仇敌忾、共赴国难的爱国精神；海纳百川、共同战斗的团结精神；顾全大局、服从整体的全局精神；抓住机遇、开拓前进的创新精神；不屈不挠、英勇杀敌的牺牲精神；自力更生、艰苦奋斗的自立精神；完全彻底为人民服务的公仆精神。在教学内容中、在实践教学活动开展过程中提炼“新四军精神”，可以增强大学生对马克思主义理论的认同感以及对于社会主义核心价值观的认同感，树立坚定的社会主义信念，达到爱国主义教育目的。

皖南生态资源优势明显。党的十六届五中全会召开以后，“绿色”成为当下皖南社会经济发展的主色调。2017 年来，皖南各市县以绿色资源为依托，以绿色产业为载体，充分发挥生态资源优势，走生态经济化、经济生态化的可持续发展之路，着力发展绿色工业、绿色农业、绿色旅游业，大力发展循环经济。尤其是池州学院所处的池州市是我国第一个生态经济示范区。“生态立市、工业强市、旅游兴市”是建设生态经济示范区的主要模式。加快工业生态转型、加快生态旅游发展、加强生态环境保护、加强生态城镇建设、加快生态富民工程是生态示范区发展的重要路径。生态经济示范区的建设实践为正确解决经济社会发展与生态环境保护之难题提供了重要启示。对于马克思主义中国化理论中的“科学发展观”教学，可以结合此类地方课程资源进行剖析和开展参与、体验式实践教学，让学生理解发展绿色经济既是人与自然和谐相处的途径，更是落实科学发展观的具体实践，让学生在体验认同生态文明观、生态伦理观、可持续发展观基础上深入理解科学发展观的内涵和实质，从而实现教学内容转化为情感、态度和思想，实现理论的升华和渗透。在“毛泽东思想和中国特色社会主义理论概论”课程教学中，笔者尝试成立池州“绿色”发展调研小组，在调查的基础上，结合相关内容对“科学发展观”进行讲解，效果明显。

四、高校思政课程教学中的校本资源利用

高校思政课程教学离不开对校本文化资源的利用，传统文化资源源远流长，内容丰富，历史悠久，是思政课程教学中最具价值的资源之一。校

本资源作为思政课程教学资源的一部分，近年来随着高校发展而得到迅速发展，内容多样，拓展空间较大，亦不可忽视对其利用和挖掘。

在对传统文化资源的利用过程中，亦有一个取舍加工的决断，以符合课程教学的要求和目的。皖南区域文化古朴深厚、形式多样、内容丰富、特色鲜明，以徽州文化底蕴最为深厚，具有皖南文化的典型性和代表性，是丰富的地方课程资源。在结合此类资源进行教学时，除了要引导同学们对徽文化的理解和领会，更要注重对"徽文化"精神的提炼和升华，对材料的取舍、提炼。教师根据这个原则，让同学们积极参与，多方面收集、整理材料，并将发掘出来的徽商材料在全班交流、讨论，从中提炼出的"徽骆驼"处事和经营伦理观："吃苦耐劳、勤俭节约、小本经营、由小到大"、"讲道义、重诚信"以及"诚信为本、以义取利"等价值观，让同学们深受启发，这种将传统文化资源融于课堂实践教学之中，不仅活跃了课堂气氛，丰富了教学方式，更让同学们在受教过程中能够身心同感，达到了较好的教学目的。

大学校园文化作为新兴的当代文化，逐渐成为高校思政课程本土文化资源中的一部分，在品德修养类课程教学中，则是唾手可得的绝佳本土文化资源。池州学院作为新兴的本科院校，校园文化自 2012 年 1 月 1 日起正式使用校园文化标识系统，包括校标、校名题字、新校训和楼宇建筑。校训"以孔子为师，以行知为友"体现办学理念、办学目标、追求境界和校园文化精神的凝结、外在体现与奋斗目标。作为一种办学理念，在具体办学实践中，其要旨即明志、修德、博学、重行。校园各楼宇建筑命名典雅深厚。教学楼均以"博"字打头，分别与"文""学""采""雅""识""古""弈""爱""物"组合成；即"博文楼""博采楼""博学楼""博雅楼""博古楼""博识楼""博物楼""博弈楼""博爱楼"。楼名与办学系名均有比拟对应关系。徽派牌坊的题词也是一种大学精神、校园文化的表达，体现了大学教育的价值追求和大学精神，兼具皖南书院特色，体现了"德才兼备、励志敦学、正己修身"的内涵。笔者认为在品德修养类课程教学中要考虑到对于"我们的大学"内涵的挖掘，充分运用校本课程资源，在课堂教学中引导学生在校园文化情境熏陶中受到直观的"文化感染"，从而产生"道德折服"。

对于本土课程资源的挖掘和利用尚有很多环节需要探索和突破。要把地方课程资源转化为教学资源，不仅需要建立地方思政课程教学资源库，还要利用其创新实践教学模式和丰富教学方式方法。另外地方高校的学生基本上来源于地方，如何拓展作为思政课程教学的学生资源也是值得研究的课题。

略论学科教学资源库建设

——以“中国近现代史纲要”的教学资源库建设为例

丁晓腊　黎俊祥

摘　要： 随着现代教育技术的发展，为增强教学效果、推进教学改革，教师教学中应充分利用各类教学资源，建立各学科教学资源库。科技的发展、网络的发达为建立教学资源库提供了充分的条件。在教学资源库的建立过程中，资源的搜集是核心环节，归类整理是实现资源库价值的重要步骤，资源网站或数据光盘是其两大载体。

关键词： 资源库；整理；载体

教学资源库是应用于教学中的各种资源的集合，大致可分为文献资源和多媒体资源两大类，是现代教育技术手段下，教与学的重要素材。随着科技的发展，教学资源的种类和数量日益增多，在教学中的作用日渐凸显，对教学资源的开发与利用已引起人们重视。本文拟以大学本科政治理论课“中国近现代史纲要”的教学资源库建设为例，初步探讨教学资源库的建设。

一、教学中应充分利用各类教学资源

充分利用各类教学资源是教师从事教学工作的客观需要，也是由学科内容所决定的。从事于教学工作离不开教学资源。教学中所利用的各类文献资料是利用最广泛最普遍的教学资源。如不能很好地利用文献资料，就无法从事正常的教学及相关研究活动。除文献资源外，和教学内容相关的多媒体资源（图片、视频、音频、统计表、示意图等），不仅可以增强学

作者简介： 丁晓腊（1979—），女，安徽庐江人，庐江县第四中学教师；黎俊祥（1981—），男，安徽金寨人，池州学院旅游历史文化学院副教授，博士，研究方向为中国近现代史基本问题。

生的感性认识，而且也是教学中不可或缺的内容之一。如介绍甲午中日战争时，双方交战示意图的展示不仅能够清晰地向学生展示战争进程，而且方便了教学，否则，教师可能说得口干舌燥，而学生却连基本的战争态势都弄不清楚。又如我们要展示祖国悠久灿烂的文明，你不提供一些玉器、青铜器、瓷器、建筑物等实物图片，如何能让学生理解？可见，对于某些学科、某些课程而言，必须充分利用各类教学资源。

充分利用各类教学资源也是采用现代教育技术手段的需要。随着教学改革的深入，现代教育技术手段越来越为教育工作者所重视。现代教育技术手段的采用最核心的并不是技术手段本身，而是通过技术手段所展现出来的教学内容与教学理念。如果不能利用教学资源，只是将原先黑板书的内容腾挪到投影上，现代教育技术就失去了其真正的利用价值。因此，为了使现代教育技术能更好地为教学服务，务必要充分使用各类教学资源。如在“中国近现代史纲要”的教学中有选择地提供每章之后开列的阅读文献，通过对原始文献的指导阅读，培养学生阅读文献、理解文献的能力，加深对问题的理解，也有利于开展启发式教学，加强师生间的互动。

充分利用各类教学资源是增强课堂效果的需要。在教学过程中展示教材中不可能提供的原始文献以及各类图片、图表、视频等多媒体资源，能给学生以充分的感性材料，激发学生的学习兴趣，活跃课堂氛围，促进学生对知识的理解，有利于知识的传授、能力的培养，进而提高教学质量。比如介绍著名的历史人物，如通过图片的展示和言简意赅的人物介绍，能引发学生的兴奋点，提高学生的兴趣，同时也加强了记忆，引起学生对该人物的关注。笔者在进行《中国近现代史纲要》的教学中，时常展示历史上重要人物的图片及一些评价性文字，收到了较好的效果。例如在介绍著名抗日将领宋哲元时，展示了其相片并配了朱德和彭德怀赠的挽联一副：“一战一和，当年变生瞬间，能大自于天下；再接再厉，后起大有人在，可无忧乎九泉。”并对该联进行解读，从而使学生对宋哲元的抗日经历有了更深入的了解。

充分利用各类教学资源，是推进教师开展教学改革的需要。教学改革以素质教育为重心，以提高学生能力为目的，以利用教学资源为重点的现代教育技术手段为教学改革提供了新的手段。有研究表明，人们单纯从听觉获得的知识能够记忆15%，单纯从视觉获得的知识能够记忆25%。如果视听结合起来进行学习，就能记忆所学内容的65%。由此可见，充分利用教学资源对教学改革的重要作用。

当然，并不是所有学科对教学资源都有很高的要求，比如一些重在分析理解的理论课程对教学资源的要求就不高，但还有大量的注重感性认识或需要提供感性材料才有利于教学的课程，只有采用了各类教学资源才能取得较好的教学效果，比如历史学科的中国通史与世界通史课程、文化史课程及中文学科的艺术导论、美学等课程等。

二、建立教学资源库的必要性与可行性

在现代的教学及教改过程中，对教学资源的恰当利用既然如此重要，教学资源库的建设也必须提上日程。

首先，只有建立教学资源库才能弥补本地各类教学资源的不足。由于各地情况不同，受各方面条件的限制，教学资源特别是文献资源严重不足的情况广泛存在着。目前，建立教学资源库进行共享互补，可简单易行地弥补这一不足。如《四库全书》全文检索版的出版发行，使得这一文化宝库不仅再现中国古典文献的辉煌，而且保存使用方便，扩大了流通范围，可以更好地为教学科研服务。

其次，只有建立教学资源库使教育资源得以整合，才能更广泛服务于教学。目前，对教学资源的搜集、整理及利用往往局限于教师个人。个人经过长期教学活动，虽会形成有个人特色的适合个人教学的资源库，但由于个人精力和接触面的限制，个人的资源搜集不可避免地会有各种局限性，不便于广泛利用。网上众多的教学资源库都存在分散、杂乱无章等弊病，缺乏专人整理，有的则设置了浏览或下载门槛，给使用者带来很大不便。基于此种状况，由专门人士对教学资源进行系统的建设，对个别教师的教学资源库和网上教学资源进行整合，就非常必要。

再次，建立教学资源库是减轻教师劳动量，使各类资源实现共享，更好地为教育服务的必然要求。现代教育技术手段要发挥扩大信息量、增强课堂效果和教学质量等作用，因此教育工作者对教学资源普遍予以重视。虽然个别教师建立了自己的资源库，但如前所述，这些资源库都存在临时、杂乱等弊端。还有许多教育工作者们没有建立自己的资源库，只是在备课时临时搜集整理。这样的重复劳动导致大量的人力、物力及网络资源的浪费。通过教学资源库可以最大程度上解决这些问题。

建立教学资源库在当前的技术条件下也是完全可行的，关键是资源的搜集和整理。在资源搜集方面，网络提供了得天独厚的条件。随着网络的发展，各学科内容的各种资源在网络上广泛流布。各类机构也都重视图书

数字化工作。如《四库全书》《四部丛刊》《二十五史》等古籍文献均有全文检索版本，其他大量的各类古典及现当代文献也为专业人士或业余爱好者制作成电子版。超星数字图书馆、中国期刊网、维普数据等也提供大量电子版的图书、报纸杂志。由浙江大学及中国科学院研究生院等单位共同承担的“高等学校中英文图书数字化国际合作计划（CADAL）”项目，其目的是在“十一五”期间，建设为我国高校教学科研服务的百万册图书规模的数字资源，建成2个数字图书馆技术中心和14个数字资源中心。该项目所建立的网站（http：//www. cadal. zju. edu. cn/Index Search. action），目前，可以自由检索古籍、民国时期的大量文献资料（因版权的原因，当代各类文献资源尚未公开开放）。所有这些，使教育工作者可以在网络上搜集各类文献资源和多媒体资源，建立适应教学要求的资源库。

三、教学资源库的制作方法

教学资源库建设的环节包括资源的搜集、整理归类、建立目录索引和载体制作四个环节，其核心环节是资源的搜集整理。

资源的搜集，应尽可能全面，举凡教材内容涉及或相关的资源均应容纳。有丰富的教学资源库才能发挥更大的作用，为教育工作者提供最大的便利。

资源搜集后，首先面临的问题是如何对搜集到的资料进行整理归类。一般可以按照资源的类型和课程内容两种方法进行。按照资源类型编排，可将之分为文本、图片、视频、声音等；后一种则是根据课程内容的实际需要对资源进行适宜于教学的整理。前种方式在制作方面比较简单，但是不利于使用；第二种方式便于教育工作者利用但是稍嫌复杂，整理不易。为了实现资源整理的最优化，一般将资源类型与课程内容结合起来进行规划。

在建立《中国近现代史纲要》教学资源库时，笔者根据教材的内容设计了资源组合，以“维新运动”的资源库建设为例，整理了以下资源：文本资源：谭嗣同《仁学》摘录；梁启超：《变法通议》《戊戌政变记》《新史学》摘录；张之洞《劝学篇》摘录；康有为、梁启超、谭嗣同、严复、慈禧、光绪、翁同龢、张之洞、荣禄、袁世凯等人的人物简介。

视频：杨天石主讲：《戊戌变法与近代中国》；电视剧：《戊戌风云》。

音频：《上下五千年——戊戌变法》。

图片：康有为、梁启超、谭嗣同、严复、慈禧、光绪、翁同龢、张之洞及其《劝学篇》、荣禄、袁世凯、六君子图像、《孔子改制考》《新学伪经考》《仁学》书影以及《应诏统筹全局折》、京师大学堂、谭嗣同就义图、谭嗣同就义诗

示意图：《维新运动发展示意图》《变法内容示意图》

研究性资源：茅海建的《戊戌变法史事考》；黄彰建的《戊戌变法史研究》

汤志钧：《戊戌变法人物传》等。

搜集整理的环节结束之后，即开始了资源库的制作。这一环节在很大程度上决定着资源库的受欢迎程度。资源库的制作应符合以下条件：一是便于使用者进行整库检索乃至于库中文本资源的全文检索；二是资源库应专门编辑有详明的分类目录和分类索引；三是便于使用者携带和随时查阅；四是便于传播利用；五是具有一定的开放性，可供使用者根据自身需求增减资源。

当然，以上要求限于人力物力技术方面的条件，很难完全满足，但资源库做到便于利用当为最基本之要求。

资源库的载体有两种，一是建立网站供资源发布，使用者可随意浏览并下载；一种是将资源刻录成 DVD 进行保存传播。两种方式各有优劣。以网站形式发布可以最大范围内供人利用，充分发挥资源的作用，免去他人辛勤搜索之苦；同时也更有利于制作者与使用者之间的互动交流，有利于资源库的完善。但这种方式需要专门服务器，需要管理者、维护者，需较高的财力人力物力。刻录为 DVD 光碟形式，成本低廉，制作方便，但缺少开放性，不便于传播及互动交流。

近几年来，网络的发展为我们提供了第三种建立资源库的方式，即充分利用网络上的免费空间（免费视频空间、免费相册及免费存储空间）建立各类教学资源。相对于免费视频空间和免费相册，在建立资源库上免费网络存储空间具有更大的优势。当前，网络上各类存储空间不下数十种，但都有存储总量、单个文件大小、访问量及访问自由度等各种限制。这些存储空间各有优势，要充分利用其特点，有选择性地共享某些资源，以弥补光盘存储的不足。

总之，教学资源库的建设，首先应全面地搜集各类教学资源，其次对教学资源进行分类、编排，最后则是整合各类资源，运用合适的载体予以发布共享。学科资源库的建立会对该学科的教学尤其是多媒体教学起到事半功倍的效果，某些课程建立完善的教学资源库势在必行。

参考文献：

[1] 孙显元．高等学校教师教学科研方法［M］．合肥：合肥工业大学出版社，2005.

[2] 彭立．多媒体课件制作与教学资源应用［M］．长春：东北师范大学出版社，2001.

[3] 倪波、张志强．文献学导论［M］．贵阳：贵州科技出版社，2000.

利用皖南红色资源进行大学生党建工作研究

——池州学院大学生调查问卷分析

檀向群

摘　要：皖南红色资源丰富多样，是皖南高校进行思想政治教育尤其是党建工作的主要资源阵地。文章基于对皖南高校池州学院大学生问卷调查数据，分析皖南红色资源在皖南高校党建工作的现状，并提出了利用皖南红色资源进行皖南高校学生党建工作的途径。

关键词：皖南；红色资源；大学生；党建

十八届三中全会报告明确提出："建设社会主义文化强国，增强国家文化软实力，必须坚持社会主义先进文化前进方向，坚持中国特色社会主义文化发展道路……要完善文化管理体制，建立健全现代文化市场体系，构建现代公共文化服务体系，提高文化开放水平。"[1]12皖南红色文化遗产，作为我国历史文化宝库中的重要组成部分，是承载皖南地区中华民族精神和优秀传统文化的重要载体，是中国共产党领导皖南人民在长期革命斗争中形成的先进文化，成为构建皖南地区现代公共文化服务体系中的重要内容。发掘和整理皖南地区红色文化遗产资源，凝练皖南红色文化精神，对推动皖南高校学生党建工作，促进高校文化建设，提升思想政治教育工作水平，培养优秀地方应用型人才具有积极作用。

高校大学生有丰富的情感、价值取向，他们当中大多具有崇高的远大理想和目标，愿意为国家、为人民服务奉献，但由于社会环境的转型和复杂化，很多大学生价值观呈现出多元化和不确定性。高校学生党建工作如何在校园环境内引领大学生树立积极健康的价值观、加强学生党员党建工作，用生动直观的形式解读党的伟大精神，让学生有精神归属、情感认同，自觉向党靠拢，自觉以党性要求自己，是本课题着力解决的问题和基本意义。

作者简介：檀向群（1972—），女，安徽望江人，池州学院马克思主义学院讲师，硕士，主要研究方向为地方文化建设与思想政治教育。

一、皖南红色资源及其精神凝练

皖南地区民风醇厚，风景秀丽，是红色资源内容丰富的“老革命”地区。仅红色革命遗址就有近900处，其中省级爱国主义教育基地17处，国家级爱国主义教育基地1处。皖南红色文化遗产是指依托于皖南地域内，中国共产党领导皖南人民在民主革命时期形成的精神成果和观念形态，主要包括物质和非物质文化遗产两方面。

物质文化方面，包括皖南各地（芜湖、马鞍山、铜陵、宣城、池州、黄山市六市）的革命遗址、遗物，革命纪念场所及革命文献等以物质载体形态出现的革命精神（见表1）。

表1　皖南红色革命遗址[2-6]

地区	序号	名称	级别（爱国主义教育基地）
马鞍山市	1	濮塘革命烈士陵园	省级
	2	和县西梁山烈士陵园	省级
芜湖市	3	芜湖市烈士陵园	省级
	4	无为县烈士陵园	省级
	5	新四军七师师部旧址纪念馆	省级
	6	繁昌县烈士陵园	省级
宣城市	7	宣城市烈士陵园	省级
	8	泾县王稼祥故居纪念馆	省级
	9	新四军军部旧址纪念馆	国家级
黄山市	10	中共皖南特区委员会旧址纪念馆	省级
	11	中国工农红军北上抗日先遣队黄山纪念馆	省级
	12	黄山区烈士陵园	省级
	13	岩寺新四军军部旧址纪念馆	省级
	14	皖浙赣省委驻地旧址	省级
	15	皖南苏维埃政府旧址	省级
池州市	16	东至县烈士陵园	省级
铜陵市	17	铜陵市新四军抗战史迹陈列馆	省级

非物质文化方面，主要表现为不以物质为载体的红色文学作品、红色故事、红色歌谣、红色制度等，主要指其可以传承瞻仰的红色精神（见表2）。

表2 皖南主要红色精神

名 称	内 涵	特 征
皖南事变	团结统一，海纳百川，义无反顾	团结统一
铁军精神	勇敢无畏，坚忍不拔，解放思想，实事求是	坚忍不拔
王稼祥精神	淡泊名利，严谨勤奋，朴实无华，孜孜不倦	严谨勤奋
叶挺精神	不怕牺牲，不屈不挠，坚持信仰与真理，视死如归	坚持信仰与真理
柯村精神	追求真理，不畏艰险，敢于斗争，不怕牺牲	敢于斗争
谭家桥精神	不怕牺牲，坚定信念，敢于斗争，英勇顽强	英勇顽强

二、池州学院学生党建工作利用红色资源现状分析

（一）调研的基本情况

本次调研主要抽取了池州学院进行问卷调查，调研工作从2013年4月起至2014年5月结束。本次问卷调查共发放调查问卷220份，收回问卷204份，调研情况的相关数据如下：

年级：大一、大二19人，占9.3%；大三、大四185人，占90.7%。

性别：男生82人，占40.1%；女生122人，占59.9%。

政治面貌：团员53人，占25.9%；党员（预备党员）141人，占69.1%；非党员10人，占5%。

专业背景：理工科70人，占34.3%；文科134人，占65.7%。

表3 被调查对象的基本情况

变 量	具体指标	百分比（%）	变 量	具体指标	百分比（%）
年级	大一、大二	9.3	性别	男	40.1
	大三、大四	90.7		女	59.9
政治面貌	团员	25.9	专业背景	理工科	34.3
	党员	69.1		文科	65.7
	非党员	5		其他	0

（二）大学生对皖南红色资源的认知度调查

（1）大学生是否了解地方红色资源。调查数据显示，对皖南红色资源表示非常了解的学生有 8 人，占 3.9%；较了解的有 71 人，占 34.8%；不太了解的有 115 人，占 56.4%；认为无所谓的有 10 人，占 4.6%。由此可见，大学生对皖南红色资源的认知程度比较低（见表4）。

表4　大学生是否了解皖南红色资源

选　项	人　数	百分比（%）
非常了解	8	3.9
较了解	71	34.8
不太了解	115	56.4
无所谓	10	4.6

（2）大学生了解地方红色资源的来源途径（多选）。从调查来看，在对皖南红色资源了解程度方面，7.3%的人表示非常了解，70.5%的人表示比较了解，21%的人认为表示了解很少，1.2%的人表示不了解（见表5）。调查发现，对地方红色资源较了解的同学对党史也能有较为深入的了解。而学生党员（预备党员）在两者间均表现出较为熟悉的了解程度。

表5　大学生了解地方红色资源的来源途径

信息来源	人　数	百分比（%）
党课、政治理论课、“形势与政策”课等学校教育	176	86.2
电视、报纸、广播、网络等媒体	177	86.7
社会实践活动	107	52.4
家人的耳濡目染	96	47.0
其他	41	20.0

（3）大学生了解或参观过的地方红色资源。调查显示，主动会去了解的占45.6%；学校组织会去的占49.8%；不会去的占4.6%（见表6）。这说明大学生有一定的主观意愿，但地方红色资源在高校中的利用情况不容乐观，还需要高校党建部门和党建工作人员合理引导，提高学生的积极性，进一步开拓新途径和新平台。

表6　大学生了解或参观过的地方红色资源

选　项	百分比（%）
主动去了解	45.6
学校组织会去	49.8
不会去	4.6

（4）地方红色资源在党建工作中的作用。调查得知，59.3%的同学认为很重要；33.8%的同学认为一般。在学生党员（预备党员）中认为很重要的占62.4%；认为一般的占37.6%（见表7）。非学生党员的认为很重要的占68.3%；认为一般的占31.7%（见表7）。这说明，大学生普遍认为地方红色资源在学生党建工作中能够发挥重要作用，对地方红色资源在学生党建工作中的利用前景和成效均抱有乐观态度和一定期望，有较强的主观能动性。

表7　地方红色资源在党建工作中的作用

<table>
<tr><th>变　量</th><th>具体指标</th><th>百分比（%）</th><th>变　量</th><th>具体指标</th><th>百分比（%）</th></tr>
<tr><td rowspan="2">学生党员群体</td><td>很重要</td><td>62.4</td><td rowspan="2">非学生党员群体</td><td>很重要</td><td>66</td></tr>
<tr><td>一般</td><td>32.6</td><td>一般</td><td>31.7</td></tr>
<tr><td rowspan="2">学生群体</td><td rowspan="2"></td><td colspan="2">很重要</td><td colspan="2">59.3</td></tr>
<tr><td colspan="2">一般</td><td colspan="2">33.8</td></tr>
</table>

（三）皖南红色资源在皖南高校党建工作中的利用情况调查

（1）党建工作利用地方红色资源的必要性。调查数据显示，42.2%的同学认为很有必要；50.0%的同学认为较有必要；3.4%的同学认为没有必要；4.4%的同学表示不关心（见图1）。这说明大学生对地方红色资源在学生党建工作中的利用是非常认同的，为皖南高校党建工作途径与方法提出了新要求和新任务。

（2）哪些地方红色资源会对大学生入党产生重要影响。调查得知，69.6%的同学选择地方红色革命人物；59.6%的同学选择革命纪念馆；42.6%的同学选择革命历史遗迹；44.1%的同学选择红色歌曲、故事、书籍；31.8%的同学选择红色音像资料（见图2）。这说明，对地方红色资源的利用不仅仅限于参观和考察，多方面、多途径对红色资源的利用更加符合高校大学生党建工作的需求。

（3）学生党支部是否利用过地方红色资源。调查数据显示，21.5%的同学表示很多次；50.4%的同学表示一般；23.5%的同学表示很少；4.6%的同学表示从不。在回答参加过几次党支部红色文化实践活动的时候，74.4%的学生党员（预备党员）表示在两次以下（见图3）。这说明在皖南高校党建工作实际践行中，对地方红色资源利用较少，与前文大学生对党建工作对红色资源利用期望有一定差距，对今后的学校党建工作提出一定的要求。

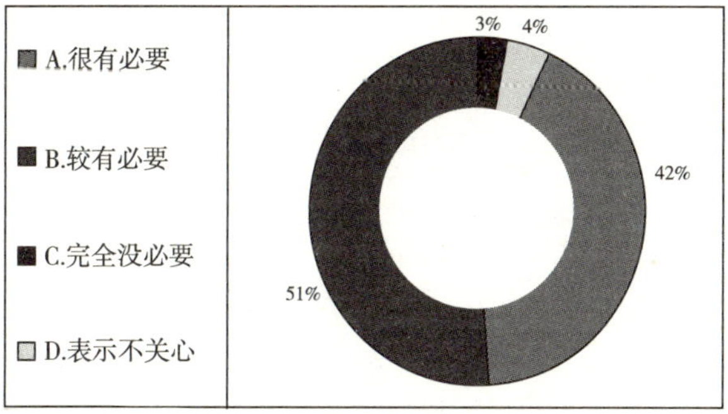

图1　党建工作利用地方红色资源的必要性

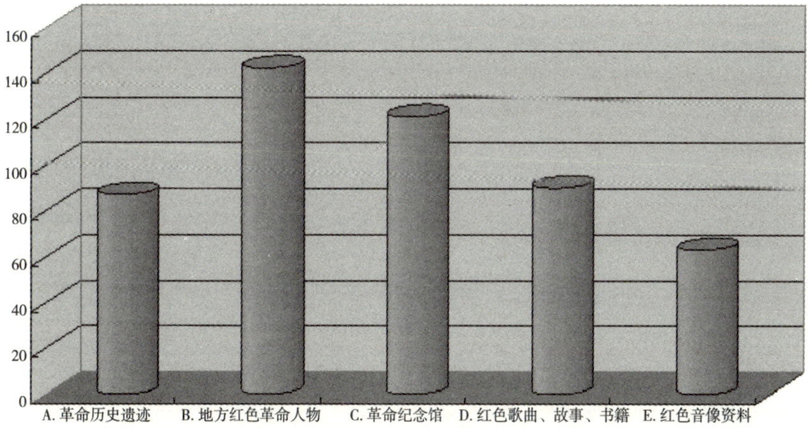

图2　哪些地方红色资源对大学生入党产生重要影响

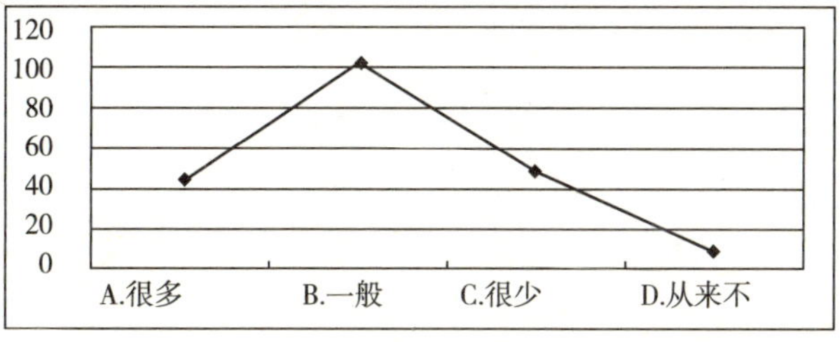

图3　学生党支部是否利用过地方红色资源

（4）高校哪类组织活动会涉及红色资源利用。从调查来看，66.6%的同学认为学生党支部组织活动会利用到地方红色资源；17.1%的同学认为团学组织活动会利用到地方红色资源；9.8%的同学认为社团组织活动会利用到地方红色资源；6.5%的同学认为班级或院系活动会利用到地方红色资源（见图4）。这说明，高校大学生认为高校学生党建工作利用地方红色资源有一定的必要性和合理性。

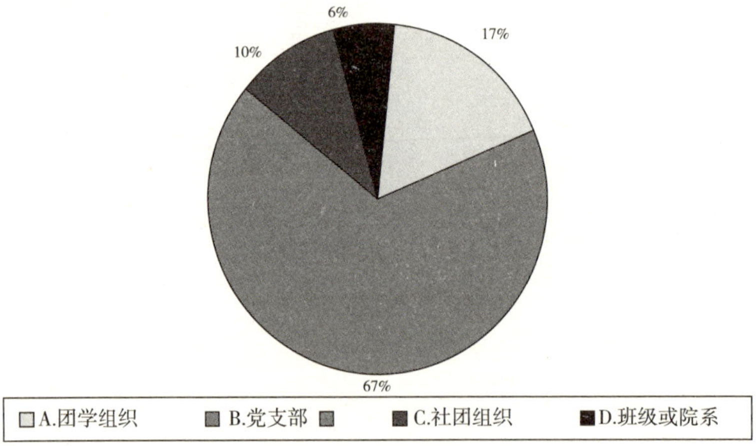

图4　高校哪类组织活动涉及红色资源利用

（5）党建活动中，地方红色资源利用最有助于提高哪方面的认识？调查得知，58.8%的同学选择党性认识；55.8%的同学选择责任担当；53.4%的同学选择党的历史教育；48%的同学选择时代精神；6.3%的同学选择其他；1.9%的同学表示不清楚（见图5）。

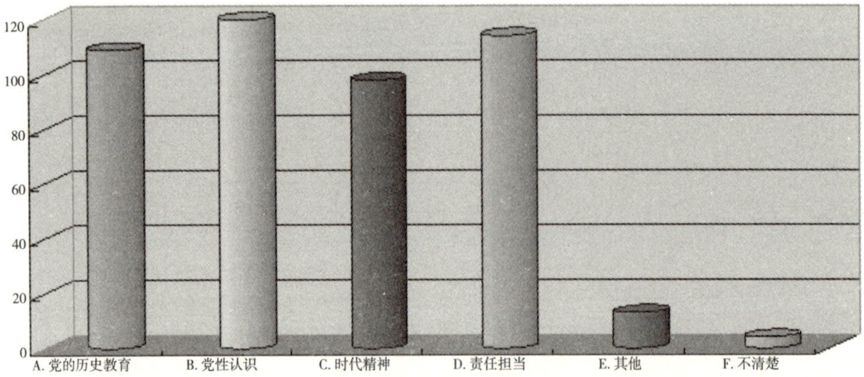

图5　地方红色资源利用有助于大学生提高哪方面的认识

三、皖南高校利用地方红色资源进行大学生党建工作的途径

地方红色资源为皖南高校大学生党建工作提供了丰富的本土性内容和素材，成为皖南高校学生党建工作地方品牌打造的有力支撑。高校要结合地方红色资源进行学生党建工作，使之行之有效，达到工作目的，就要有一些科学、实效的途径和方法。

调查显示，学生党建工作以什么样的形式出现最能接受一题中，72%的同学认为各类社会（红色）实践性活动最能让人接受，此选项显著高于其他选项。学生党建工作以何种社会实践活动形式利用地方红色资源。调查数据显示，77.4%的同学选择实践考察；64.7%的同学选择红色旅游；53.4%的同学选择观看音像资料；43.1%的同学选择红歌传唱；40.1%的同学选择革命故事演讲；39.2%的同学选择书报研读；38.7%的同学选择讨论学习（见图6）。

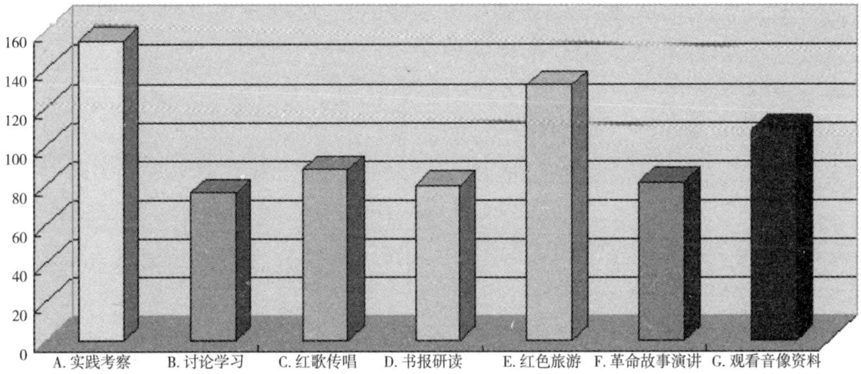

图6　党建工作以何社会实践活动形式利用地方红色资源

就党员教育中的重点抓手是什么，81.3%的同学认为党员教育应重点抓理想信念教育；就如何继续提高党员的理想信念教育，调查得知，71%的同学认为定期开展红色主题实践活动是继续提高理想信念教育的主要渠道。

结合以上调查数据分析，一般而言，皖南高校应结合本地域内红色资源内容及特色，按照大学生的实际愿望和需求，采取其喜闻乐见的方式或方法，发挥地方红色资源资政育人的功能，达成党建工作目的。具体而

言，主要有以下几个方面的途径：

（一）营造高校校园红色文化氛围，打造校园红色文化品牌

大学生党建工作重在培育学生的理想信念，党的理想信念教育不仅要让大学生耳闻目睹，还要将之入手、入脑、入心。地方红色资源是理想信念教育的最佳资源和途径，让地方红色资源走进校园、走进课堂，在院校机构、党团组织的领导下，结合院校活动、党团活动、主题活动等形式，将地方红色资源引进学校，形成特色鲜明的红色作品，营造学校红色文化氛围。例如校园内可摆放地方红色人物雕像，校园一角可设置地方红色文化回廊等。还可以就近参观纪念馆、革命遗址，并邀请工作人员来学校举办讲座等等。皖南高校应充分利用丰富的红色资源，积极开展独具特色的教育活动，让同学们回顾历史，缅怀先烈，树立正确的世界观、人生观和价值观。

（二）充分发挥高校专业特色，深入开展形式多样的红色教育

皖南高校依托于皖南，地方资源的支撑作用明显，高校的学生党建工作应依托于地方红色资源，利用形式多样的红色教育方式达到党建目的。各院系可根据自身需求和专业特色来深入开展党建工作。例如文科院系可开展一些研读、交流、讨论等方式的红色活动；理工科院系可开展一些实践考察类的红色活动。按照各院系的特点，也可开展一些特色鲜明的红色教育。例如池州学院艺术系，可收集池州地区的红色歌曲，对其中的一些优秀传统文化成果（例如罗城民歌、青阳腔、傩戏等）可作一专题解读和研究，通过表演、会演方式将之呈现在广大同学面前，达到琴瑟共鸣的教育目的。政法管理系则可通过经典诵读、理论研讨等方式，对地方历史名人、红色书籍做深入研究，通过组建“皖南红色文化研究协会”等组织，定期开展活动，形成作品汇集，定时汇报、展出，引领学校红色文化研究潮流。

（三）利用网络环境，打造红色党建第二课堂

当代大学生基本离不开网络，网络成为他们主要的一种生活方式。红色资源党建工作可以通过学校网站、论坛、BBS、博客、微信等方式，定期发起红色专题讨论，并进行积极引导。同时利用网络视域环境，将地方丰富的红色资源进行共享，例如红色影视音像、红色视频课程、专家访谈、红色人物传记、地方红色作品等，学生在观看红色影视后发表评论，

在轻松的环境下学习了解地方的一些红色资源，既达到党建教育目的，又没有任何压力。这种融娱乐性、教育性为一体的学习方式，既能让红色资源轻松进课堂，又能让学生学中有得，是学校红色党建工作中的有力支撑和依托。它既增强了党建工作的魅力，又让广大学生愿意去亲近和加入，是广大学生和学生党员喜爱的教育方式。

参考文献：

[1] 中共中央宣传部理论局．十八届三中全会热点问题权威解读：中央有关部门负责人接受媒体访谈报［M］．北京：学习出版社，2013.

[2] 中共池州市委党史研究室．池州市革命遗址通览［Z］．池州：池州市委党史研究室，2011.

[3] 中共芜湖市委党史研究室．芜湖市革命遗址通览［Z］．芜湖：芜湖市委党史研究室，2012.

[4] 中共宣城市委党史研究室．宣城市革命遗址普查报告［R］．宣城：宣城市委党史研究室，2012.

[5] 中共马鞍山市委党史研究室．马鞍山市革命遗址普查报告［R］．马鞍山：马鞍山市委党史研究室，2012.

[6] 盛学峰．中国黄山旅游：分析与展望［M］．合肥：合肥工业大学出版社，2005：156-158.

后　记

池州学院马克思主义学院的前身是1989年成立的池州师范专科学校马列主义教研室和思想品德教研室，后与池州师专政教系、池州学院政法管理系合署办公。2012年3月，学校设立思想政治理论教学研究部，承担全校思想政治理论课的教学和研究工作；2016年7月，正式更名为马克思主义学院。从马克思主义学院的创立到发展，从思想政治理论课教育教学到马克思主义理论学科建设，“名师工作室”成员贡献了各自的智慧和努力。2016年，“名师工作室”被立项为安徽省高等教育振兴计划教学改革与质量提升计划“弘扬核心价值观名师工作室”项目，是对池州学院马克思主义理论学科建设和思想政治理论课教育教学工作的有力推动。

《经营思政课：地方高校的探索与实践》既是“名师工作室”成员也是池州同城高校思政课教师在思想政治理论课教育教学领域的探索和实践的成果。工作室成员涵盖池州学院、池州职业技术学院和池州卫生健康职业学院三校的马克思主义学院所属教师和承担思政课教学任务的骨干教师。围绕思想政治理论课教学质量的提升，三校在科研项目申报、思想政治理论课实践基地共建、同城高校思想政治理论课教学活动安排等方面进行了充分的交流，形成了一些成果，《经营思政课：地方高校的探索与实践》即为其一。该论文集从思政课目前面临的问题入手，定位思政课教师价值引领与理念涵养，从理论教学、实践教学、网络教学、考核评价等方面进行多元探讨，研究了地方高校思政课教学模式改革、思政课教学方法和艺术、地方性思政课教学资源挖掘与运用，展示了地方高校思政课教师经营思政课的努力与成就。

习近平总书记在全国高校思想政治工作会议上的讲话提出的“三个因”和“三个遵循”等对思政课提出了新的要求，为全国高校思政工作改革指明了新的方向。因事而化、因时而进、因势而新，就是要求地方高校积极探索思政课教学新特色。“地方性知识”融入和滋养国家性课程“思想政治理论课”是一个宏大的命题，学术界对于其理论和实践的探索才起步。我们结合池州本地地方性知识资源，初步探讨了思政课教学的地方特色，下一步我们将继续努力争取取得更多的成果。

论文集的编辑出版过程中，得到了池州学院党政领导特别是党委副书记孙晓峰教授的大力支持和指导，得到了池州学院教务处、科技处、国资处和马克思主义学院等部门的大力协助，在此一并致谢。限于水平，不足之处，敬请广大读者和专家批评指正。

编　者